本书系国家社科基金青年项目“西部农村留守儿童日常文化生活的现状与对策研究”（项目编号：13CSH064）最终成果。

农村留守儿童日常文化生活的现状与对策研究

卢俊勇　著

西南师範大學出版社
国家一级出版社　全国百佳图书出版单位

图书在版编目(CIP)数据

农村留守儿童日常文化生活的现状与对策研究 / 卢俊勇 著. — 重庆：西南师范大学出版社, 2021.8

ISBN 978-7-5697-1047-2

Ⅰ. ①农… Ⅱ. ①卢… Ⅲ. ①农村—儿童—文化生活—研究—中国 Ⅳ. ①D432.7

中国版本图书馆CIP数据核字(2021)第146665号

农村留守儿童日常文化生活的现状与对策研究

NONGCUN LIUSHOU ERTONG RICHANG WENHUA SHENGHUO DE XIANZHUANG YU DUICE YANJIU

卢俊勇 著

责任编辑：段小佳

责任校对：黄丽玉

装帧设计：观止堂_未氓

排　　版：瞿　勤

出版发行：西南师范大学出版社

网址：http://www.xscbs.com

地址：重庆市北碚区天生路2号

市场营销部：023-68868624

邮编：400715

印　　刷：重庆市联谊印务有限公司

幅面尺寸：170mm×240mm

印　　张：17.75

字　　数：269千字

版　　次：2021年8月 第1版

印　　次：2021年8月 第1次印刷

书　　号：ISBN 978-7-5697-1047-2

定　　价：68.00元

序 言

大工业生产背景下，工厂代替家庭和邻里成为产业中心，直接改变了农村儿童尤其是农村留守儿童日常生活方式。在传统农业社会条件下，学校教育、日常生活发挥着训练农村儿童的智力和道德的重要作用。在这种环境下，学校强调知识积累，专注于书本，有一定的合理性。学校教育的缺点，如教育内容与农村儿童的日常生活的相关性低、不提供训练判断和思维能力的活动，在很大程度上被儿童校外的日常生活所弥补。但随着改革开放的深入，越来越多的农村居民向城市迁徙，大量田地被荒废，农村儿童失去了参与日常活动的机会，这在客观上剥夺了农村儿童的教育主要来源。然而，学校仍然以书本知识积累为目的，无视农村儿童生活方式的改变。这就导致农村儿童的智力和道德发展既得不到来自学校教育的训练，也得不到来自日常生活的滋养。农村儿童正常的生理、心理、情感、社会交往的需要得不到满足，正常发展受阻，甚至歪曲发展，以至于衍生出众多农村儿童问题事件。一些儿童四处闲逛，拉帮结派地在村头巷尾赌博、喝酒；一些儿童三五成群地做一些有安全隐患的恶作剧，引发火灾或触电事故，造成严重后果；一些儿童开始留恋网吧，沉迷于网络色情和暴力游戏；一些儿童将大部分时间花在看电视上，过早地接触成人内容，思想和感情早熟，容易出现早恋现象。对电视机的沉迷同样也会带来儿童近视和肥胖的问题。更严重的是，由于缺少必要的劳动，一些农村儿童放学后处于无人监管的状态，容易变得无所事事、衣来伸手、饭来张口、“四体不勤，五谷不分”，甚至厌恶劳动、鄙视劳动，养成自私懒惰、好逸恶劳的不良品行。

诚如杜威(Dowey,J.)所正确认识到的那样,学校学习仅仅是教育中相对肤浅的一小部分。但由于它可以区分和突显人在社会中的地位,我们往往会夸大学校学习,而忽视日常生活中的学习。从时间分配来看,除去睡觉的33%,儿童在学校学习的时间仅有14%,其余的53%都在参与家庭和社会活动。换句话说,很大部分的学习发生在校外。所以,“只关注学生目前在校所用时间会忽视许多在其他情境中开展引导性学习的机会”。柯尔曼(Coleman,J.S.)认为,在儿童因需要得不到满足而走上歧途之前,学校在满足儿童学习、情感和社会需要中发挥着越来越重要的作用,被认为是最有效果和最有效率的学习场所。因此,正确地引导农村儿童,尤其是父母外出打工由祖辈或亲戚监护的农村留守儿童,帮助他们积极地、高效地利用日常生活学习是今天农村学校的应尽之责。实行寄宿制的封闭式管理,用大门将学校与社会隔离起来,用围墙将儿童与生活隔绝开来,对儿童来说百害无一利。学校教育的最终目标是要帮助学生把在学校学到的知识迁移到家庭、社区和工作场所等日常环境而非将两者隔绝起来。面对农村社会的变化,学校教育应该超越围墙,关心儿童在校外都做了什么,在儿童社会化过程中发挥更加积极的主导作用,将儿童的校内校外经验统一起来,主动采取有效策略干预和引导留守儿童在日常生活中的学习,弥补学校教育的不足。学校教育应该在积极适应农村儿童生活变化的同时,参与农村社区的改造,为遭受文化困境的农村留守儿童提供补偿性的文化体验及其他体验,促进他们正常社会化。要平等地对待所有人;有差别地对待不同的人;优先补偿处于社会最不利地位的人。

传统上,农村儿童如何度过日常时间是家庭的责任。即所谓的,出了课堂就与教师无关,出了校门就与学校无关。教师把注意力完全放在校园的有限领域内,比如学生各科目的考试成绩是否有了提高。他们将儿童在生理、情感、智力、社会、道德方面的问题看作学习成绩不佳的原因,事实上,这些问题正是学校教育只关注课堂的结果。我们本末倒置,将结果看作了原因,导致不能从根本上解决农村留守儿童的问题,只停留在表面和暂时。从本质上看,农村留守儿童问题反映的不仅仅是留守儿童的问题,更是普遍的教育问题——学校教育与日常生活的分裂导致儿童的学校教育经验与生活经验的分裂,而学校并未对儿童生活的变化做出有力回应,在儿童社会化过程中缺位。在简单的传统农业社会中,这种危害并不大,但在当今城镇化的社会背景下,这种危害是致命的。

总之,问题的关键在于学校如何应对发生深刻变化的儿童生活,如何主动将日常生活与学校教育统一起来,在儿童社会化过程中发挥关键的引领作用。并且,随着人类知识和技术以及学校教育的快速发展,日常生活经验和学校教育经验之间的不恰当割裂越来越严重。它无疑向我们提出了一个新的紧迫课题:学校如何避免有意识的专门学校学习与无意识的日常生活学习的分裂,找到一种方法,确保非正式和正式教育类型的合理平衡。

前言

一、研究综述

农村留守儿童,是我国在工业化、城镇化过程中产生一种特殊的、独有的现象,是指由于父母双方或者一方外出打工而被留在农村家乡,并且需要其他亲人或者委托人照顾的处于义务教育阶段的六至十六周岁的儿童。农村留守儿童的监护类型主要有四种:一是单亲监护,即父母一方外出,由另一方在家照顾孩子;二是隔代监护,即父母外出,由祖辈来抚养孩子;三是亲戚或邻居监护,即由外出父母信任的亲戚、邻居或朋友照顾留守儿童;四是同辈或自我监护,即父母外出后,由年龄稍大的哥哥、姐姐充当留守儿童的监护人或留守儿童自我监护。

由于监护人自身精力、能力、素质有限,不能很好地照顾农村留守儿童,使得儿童的身心出现了非常严重的危机。主要表现在五个方面:一是体质虚弱。由于饮食习惯不良,营养得不到保障,留守儿童身体的发育受到严重影响。二是学习滞后。留守儿童学习缺少辅导与监督,往往缺乏自觉性,逃学和辍学的很多,学习成绩多位于中下等。三是心理失衡。研究表明,与一般儿童相比,留守儿童的心理健康水平更低,各种心理问题更为突出,性格发展不健全。表现为内心封闭、情感冷漠、行为孤僻、缺乏爱心、胆小、自卑、任性及叛逆等。四是行为失范。留守儿童正处于身心快速发展的时期,对外界充满了好奇和新鲜感。由于缺乏父母的亲情关爱和教育指导以及社会支持，道德约束的缺失对留守儿童造成了道德观念、道德行为方面的负面影响。部分留守儿童缺乏道德感，沾染上不良的习惯，犯罪的比例较高。五是安全堪忧。由于缺乏家庭、学校和社区的有效监管，儿童的安全常识一片空白，极度缺乏水电使用常识、交通安全知识、自我人身安全保护意识，往往容易成为被侵害的对象。

尤其严重的是，农村留守儿童规模庞大。2017年3月底以来，民政部、教育部、公安部在全国范围内联合开展农村留守儿童摸底排查工作，发现，农村留守儿童数量为902万人，超过90%分布在中西部省份。其中，由祖父母(外祖父母)监护的约有805万人，占89.2%；由亲戚朋友监护的约有30万人，占3.3%；一方外出务工另一方无监护能力的约有31万人，占3.4%。约有36万农村留守儿童无人监护，占4.0%。从范围看，东部省份农村留守儿童约有87万人，占全国总数的9.65%；中部省份农村留守儿童约有463万人，占全国总数的51.33%；西部省份约有352万人，占全国总数的39.02%。从省份来看，江西、四川、贵州、安徽、河南、湖南和湖北等省的农村留守儿童数量都在70万人以上。[①]这就意味着，研究留守儿童教育问题的意义已超出了学术研究的范畴，关乎弱势群体的基本生存状况、近千万农村儿童的健康发展、农村基础教育的未来。农村留守儿童的现状，已经引起了全国各个层面对他们的重视，成为专家学者们重点研究对象之一。然而，分析研究结果，我们可以发现形势堪忧。第一，已有研究缺乏针对性和可行性，多是宏观研究，从理论到理论，对留守儿童生存现状起不到实际改进作用。第二，已有研究缺乏创新性。近年不断涌现的众多成果，尽管主体各不相同，但视野狭窄、方法单一，研究的背景与最终结论，都有较多雷同。这反映出了留守儿童问题研究效度的严重缺失，留守儿童生存状态令人担忧。贵州毕节出现的留守儿童被闷死在垃圾箱的事件，无疑是一个活生生、血淋淋的教训，也拷问着学者们的良心：我们能为我们的留守儿童做些什么？如果我们不能从专业

①新华社.全国农村留守儿童精准摸排数量902万人 九成以上在中西部省份[EB/OL].(2016-11-09)[2017-12-05].http://www.xinhuanet.com/politics/2016-11/09/c_1119882491.htm.

视点出发，提出一个切实可行、从根本上解决留守儿童问题的方法，就难以避免类似事件的再次发生。

鉴于此，本书力图从现有的研究思路中跳出来，将研究重点放在留守儿童日常文化生活方面。我们知道，已有研究多将关注焦点放在留守儿童的学校生活，却无视他们的日常生活，显然这种做法不能有效地促进农村留守儿童的社会化，不利于社会的安定，会对我国社会造成严重威胁。本书从文化哲学的视角出发，以西部农村留守儿童日常文化生活为突破口，基于文化生活方式的基本认识，从人与自己、人与他人，以及人与社会三个维度入手，构建优质的、积极向上的日常文化生活，帮助西部留守农村儿童形成对自我、他人及社会的正确认识，促进他们悦纳自我、接受他人、顺应社会，加强他们对社会不良风气、习惯的认识与抵制能力，提高他们的心理素质，充实他们的精神世界，增强他们对生活的热爱、对家庭与社会的责任感，进而从深层次增进他们对学习重要性的认识，提升他们学习的动力，提高他们的学习成就。最终，引导西部农村留守儿童形成一种积极、健康、乐观、上进的生活方式，从而更好地促进他们的社会化。

二、本书主要内容

本书分为五个部分。第一、二部分主要是理论研究。第一部分是概念阐释，分析农村留守儿童日常生活的意义、现状、对策和展望。第二部分是本质探究，在社会发展和产业转型的背景下重新理解农村留守儿童日常生活的改变以及这种改变对他们的正常社会化的不利影响。从文化哲学的角度提出，农村留守儿童日常生活问题在本质上是一个儿童经验分裂的问题。而第三、四和五部分则主要是从社区改造、学校重建和教师培养三方面具体论述如何促进农村留守儿童经验的统一。第三部分：农村社区改造。主要包括家庭、邻里、同辈群体和社会传媒等四大层面。第四部分：农村学校重建。主要包括课程、教学目标、教学方式、教学人员、小班化和家校合作六大层面。第五部分：农村教师培养。包括农村教师在儿童社会化中的作用、农村教师应该发挥的角色与功能、农村教师应该具备的核心素养,以及农村专家教师的培养。

三、本书在方法上的创新程度、项目特色和主要建树

本书结合事实调查和理论分析,是目前关于农村留守儿童日常生活的一部系统化的专门的学术著作。

1.在立论根基上,本书认为,大工业生产直接导致了农村儿童尤其是留守儿童日常生活方式的改变,阻碍了他们的正常社会化。而学校固守书本知识教育,忽视儿童生活方式的改变,导致众多农村留守儿童问题的出现,甚至是悲剧的产生。因此,要从根源上解决农村留守儿童的社会化问题,就要确保他们日常生活经验和学校教育经验的统一。

2.在研究方法上,本书采用了文化学、哲学、社会学、心理学和教育学方法,从多角度、多方位进行研究,使本项目在方法上具有多学科交叉、融合的特色。比如,在对农村留守儿童日常生活问题的意义和起源研究上采用了文化学视野,从儿童经验的角度进行阐释,有深度厚度;在对农村留守儿童日常生活问题的内涵剖析上采用了心理学和社会学视野,从儿童社会化角度进行研究,有说服力;在对农村留守儿童日常生活问题的解决对策探究上采用了教育学视野,从课程重构、教学改革和教师培养角度进行分析,有操作性。

3.在项目特色上,本书一改传统研究的单一化视角,将农村留守儿童日常生活与学校教育紧密结合起来。从本质上看,农村留守儿童日常生活问题不是一个孤立的问题,儿童经验是一个整体,学校经验影响日常经验,反之亦然。因此,促进农村留守儿童日常经验与学校经验的平衡,是解决农村留守儿童日常生活问题的根本之策。

4.在观念创新上,本书认为,学校学习仅仅是教育中相对肤浅的一小部分,农村留守儿童很大部分的学习发生在校外。所以,只关注他们的学校教育会忽

视对他们日常生活的引导。学校若不关注儿童在生理、情感、智力、社会、道德方面的问题，将导致农村留守儿童问题的解决只停留在表面和暂时。换句话说，农村社会现状迫使我们不得不思考这样一种问题：在发生改变的儿童日常生活环境下，学校教育应该做出哪些方面的改变以适应这种变化。

5. 在理论阐释上，本书认为，随着城镇化建设和产业转型的加快，我们不得不承认，农村教育面对的社会环境已经非常不同了。因此，学校教育应该超越学校围墙，关心儿童在校外都做了些什么，主动地采取有效策略干预和引导留守儿童的日常生活，弥补其日常生活的不足。学校的最终目标是要帮助学生把在学校学到的知识迁移到家庭、社区、工作场所等日常环境而非将两者隔绝起来。

6. 在学理主张上，本书认为，农村留守儿童问题，反映的并不仅仅是留守儿童问题，而是普遍的教育问题——学校教育与日常生活各自为政，导致儿童日常生活经验与学校教育经验发生分裂，而学校教育对发生在儿童日常生活中的深刻变化没有做出有力的回应，在儿童社会化过程中缺位。如果说，在简单的传统农业社会中，这种危害并不大，那么，在当今普遍城镇化的社会文化背景下，这种危害将是致命的。

本书的主要贡献是：对西部农村留守儿童日常生活与学校教育严重割裂这一重要问题做了比较系统的描述、分析和概括，并从社区改造、学校重建、教师培养等维度分析建构了应对问题的策略体系。

本书基于一些农村留守儿童作为弱势儿童群体正在遭遇的文化困境的理性批判，对农村留守儿童日常生活的意义、现状进行了比较深入的阐释，并主张：为了适应农村儿童生活的变化，农村学校应该改变传统的作息时间，实行全年和全天开放制度，为农村留守儿童提供活动场所；农村学校应该充分利用学校的校舍与设备，在课程中引入农村儿童感兴趣的活动，弥补儿童社会生活实践的匮乏；农村学校作为一种社会机构，应参与农村社区改造，改造农村家庭环境、邻里环境、同辈环境、传媒环境等，为农村儿童创建优良的日常生活环境。成果指出，农村学校必须开发农村独特的自然资源，通过农业活动组织学校课程，利用农村人力资源开展学校课程，使学校教学基于农村儿童的日常经验，以增强农村儿童的日常经验。

本书基于农村儿童日常生活问题现状与学校课程、教学领域的对策分析，提出当前农村教师培养应该注意强化农村教师在儿童社会化过程中的作用，要使农村教师能够满足农村留守儿童的基本需要，为农村儿童提供个性化发展环境，促进留守儿童的脑、体劳动结合与校内、校外生活的统一。为此，农村教师必须具备对农村儿童的理性同情，以及农夫的身手、科学的头脑、改造社会的精神等核心素养。以上系列观点，具有一定的创新意义。尤其是笔者主张，当前农村学校不应该推行全科教学，而应推行专家教学，这对当前大力推行的相关教育政策的实施效应评估与前瞻性优化具有较好的启发与参考价值。

四、学术价值和应用价值

首先，在研究对象上，本书实现了突破，首次对西部农村留守儿童的日常生活进行了具体而深入的研究，填补了国内和国际研究空白。使西部农村留守儿童日常生活从原来的自由自发、无人监管的状态进入有组织、有计划的引导之中，得到家庭、社区和学校的共同关注，更好地促进农村留守儿童的社会化，满足他们在生理、心理、情感、社会、道德、审美和理智方面的需要。虽然研究的对象主要是西部农村留守儿童，但是，研究得出的结论以及解决农村留守儿童问题的策略与方法，对于全国范围内农村留守儿童问题的解决同样具有适用性。

其次，在方法上，首次将农村留守儿童日常生活问题放在了宏大的社会背景中进行分析，扩宽了对此问题的认识，深化了对此问题的理解，使人们能够以一种全面综合的视角审视农村留守儿童问题，进而找到更切实有效的解决策略。

再次，本书打破了传统二元论思维，认为农村留守儿童日常生活是儿童完整经验的一部分而非全部。所以，农村留守儿童日常生活这个问题不是自足的和封闭的，应该将农村留守儿童日常生活与学校生活结合起来，从综合的、联系的视角看待和处理西部农村留守儿童日常生活。换句话说，农村留守儿童日常生活与学校生活应该相互作用、相互强化，实现自由的给与取，唯有如此，农村留守儿童的正常社会化才能得到保障。

最后，正是由于笔者深入理解了农村留守儿童日常生活的本质及其关系，所以，本书所提出的对策具有较强的现实针对性和可操作性。比如，关于农村家庭、邻里、儿童同辈群体和社会传媒的改造，关于学校课程、教学、师资和小班化的改革，以及农村师资培养等等，都能够切实有效地优化农村留守儿童日常生活，促进他们正常社会化，使他们获得与其他孩子同样的成功的机会，达成个性与社会性的有机平衡，实现潜能开发最大化的同时为社会做出应有贡献。

五、调查简介

本书中的研究课题申报获得成功后，课题组选取了四川省开江县××乡的农村留守儿童陶某作为主要研究对象。从2013年到2019年，课题组成员通过实地考察、电话联系、QQ、微信以及写信等各种方式对陶某进行了长达6年的跟踪研究。并且连续三年，也就是在2015年、2016年、2017年的暑假，由课题主持人对放假在家的陶某做了实地的蹲点观察。通过这两种方式，课题组成员对陶某进行了仔细的观察与研究，获得了大量西部农村留守儿童日常生活的素材。

陶某，女，汉族，出生于2005年1月。陶某母亲在生下陶某后，由于家庭经济压力，在陶某不到两个月时离开家乡，与陶某父亲赴广州打工。虽然夫妻俩都外出务工，收入不高。

父母在外，照顾孩子的重任则落在陶某爷爷奶奶的身上。陶某从小就由爷爷奶奶照顾，又缺少母爱，因此备受爷爷奶奶的宠爱，甚至后来慢慢发展为溺爱。

陶某在成长的过程中，养成了一些不良的饮食习惯。小的时候只能吃奶粉，抵抗能力明显不如母乳喂养的小孩，经常会感冒、发烧。孩子父母打工挣的钱，寄到家里后，爷爷奶奶也是尽量满足陶某各个方面的需求。有些小孩子喜欢吃零食，爷爷奶奶怕陶某羡慕，也是经常买很多零食让陶某吃。但是，零食的质量与营养就不敢保证了。当然，爷爷奶奶也没有相关方面的知识与经验，觉得只要小孩喜欢吃就行了，也没有去考虑会对身体造成什么样的不良影响。由此，陶某渐渐地形成了一些不良的饮食习惯。比如，喜欢吃白糖，达到了每顿饭都离不开白糖的地步。吃米饭要拌白糖，喝水要放白糖，吃稀饭也要放白糖，甚至只要想起来，就去吃一口白糖。后来，小孩子12岁时脖子附近出现了一块大的黑斑，可能与早期的糖尿症状有关。知道这一点后，家里的人就开始严格控制陶某吃糖了。

除了不良的饮食习惯之外，陶某也基本上不参与日常生活。陶某过的是一种“饭来张口、衣来伸手”的生活。家庭中的事务，陶某一概不参与。洗衣服，爷爷奶奶怕陶某掉到河里被水冲走；晾衣服，爷爷奶奶怕她没有力量，举不起撑衣杆；也从来不让陶某去帮助家里买一些日用品，怕陶某在路上摔着，被摩托车撞到。

首先，由于缺少参与日常生活的机会，不劳动，陶某慢慢地养成了贪图享受、不爱劳动、厌恶学习等不良习气。陶某除了与小孩玩外，几乎所有的时间都是用来看电视。陶某最喜欢看当时火热的《喜羊羊与灰太狼》，还和奶奶一起看电视连续剧。这样一来，陶某的思想慢慢成人化。当然，这里的成人化不是成熟，而是开始关注成人世界中的一些事情，而这些事情本不是一个小学生应该关注的。比如，亲戚朋友的收入，父母与祖父母之间的矛盾，自己的吃穿打扮，等等。再加上陶某奶奶喜欢讲一些附近村子的年轻人在外面通过非法的手段获得大量金钱的故事，这更是让陶某关注金钱，以及金钱带来的物质享受。后来，我们在接触陶某的过程中，陶某明显表现出对物质享受的渴望，对精神方面的追求则漠不关心。据爷爷奶奶说，陶某小学成绩就不怎么样。陶某的老师曾向陶某奶奶反映：陶某在学习过程中不专心，很多同学都会的东西她学不会。到了初中，成绩仍然没有起色，有时数学甚至考10多分，外语考30多分，语文考50多分。2019年参加中考，成绩才389分，这个分数低于当地任何一所高中的录取分数线。

其次，由于极少参与日常生活，也慢慢地形成了冷漠的性格。由于从小到大几乎从来没有参与家庭劳动，对于劳动的艰辛、生活的不易，陶某是没有任何概念的。陶某上初中时，成绩很差。家里的人为了让她好好学习，激发她的学习动力，也是下了很大的功夫。陶某的母亲，每逢寒暑假时，哪怕再忙也会抽时间来对她开展思想工作。陶母利用有限的休息时间给陶某讲述自己打工的经历，就是为了让她知道生活的艰辛。但是，由于陶某没有在日常生活中受到这方面文化的滋养，对母亲的劝说无动于衷，甚至反问："我没有打过工，你给我讲这些有什么用呢?"还认为母亲抛下自己外出打工不是为了生计，而是因为讨厌自己。对父母、爷爷奶奶没有丝毫的关心，不要说对长辈嘘寒问暖，甚至连简单的问候都没有。母亲外出打工，很少接到陶某的电话，如果有电话，就是要钱。

再次，由于从小缺少父母的陪伴，陶某缺少安全感，性格内向、胆怯，缺少主见。陶某从小到大由爷爷奶奶带大，极少参与日常生活劳动，自己的大大小小的事情都是奶奶说了算，故而处理事情毫无主见。举个例子，陶某的成绩一直都不是很好，考上高中都有很大的困难。陶某又想读书，于是老师建议她去读艺术专业，学习绘画。但是，她的母亲觉得学费太高，反对她读美术。询问陶某的意见时，她却是摇摆不定。当着母亲时，陶某说要读文科，当着爷爷奶奶以及老师时，又说想读美术。家里人为了她读书的事情，分成了两派，争吵不休。现在上了高中，依然没有定论。其实，根据我们对陶某的观察，她是非常喜欢美术的。但是，由于缺少主见，对自己的喜好都没有一个明确的认识。

此外，陶某还有撒谎的习惯。家里给了她钱去交学费，但是她没有将钱交给老师，留着自己买零食或者别的东西。钱用完了，没法交差，只好撒谎说家里没有给钱，然后就找外公外婆或者其他亲戚借。甚至一度借钱近千元之多。初中时，她的母亲特地在家里陪伴她学习。爷爷奶奶又到外地去做清洁，挣钱来养家。但是，陶某几乎不给60多岁的爷爷奶奶打电话，甚至一年只打一次电话。问她为什么不打，她说没有电话怎么打。但是我们在与她的母亲聊天的过程中了解到，她班上的很多同学都有手机，陶某甚至借同学的手机来打游戏。当问到她为什么不给爷爷奶奶打电话时，陶某说同学的手机她不能用来打电话。这显然是在说谎。其实陶某的母亲也有手机，陶某的家里也安装了固定电话，但是她极少给祖父母打电话。

最后，陶某爱慕虚荣。对学习不感兴趣，只关注享受。在生活上挑三拣四，格外注意自己的穿着。陶某的亲戚中有些经济条件较好的经常给她买一些打折的衣服，但是她死活不穿，说是不好看，然后让家里又花很多钱去给她买衣服、鞋子。她的鞋子有时甚至价值300多元一双。

不过话说回来，虽然存在着各种各样的问题，但是陶某终究还只是一个小孩，她还有时间去体验生活，在生活中不断地磨砺自己，完善自己。当然，我们在研究的过程中，也对陶某进行了适时的心理援助以及经济上的支持，希望她看到，除了家人外，还有很多人在关心她、关注她。这有助于她重拾信心，克服困难，在今后的人生道路上越走越稳。

总之，作为一名典型的农村留守儿童，陶某的身上存在着各种各样的问题。课题组通过对陶某的深入细致的观察与研究，再结合其他学者对农村留守儿童的相关调查研究，可以大致地了解极少参与日常生活给他们带来的不良后果，日常文化生活与学校生活割裂对他们的发展带来的不良后果。通过对陶某的观察研究，我们可以非常清楚地看到农村留守儿童问题是如何产生的，分析这些问题的成因，可以有针对性地提出解决农村留守儿童问题的策略与方法，促进农村留守儿童健康快乐地成长，促进他们更好地社会化。

目录

第一章　概念阐释

二三十年前,家庭是农村的产业中心,一家一户自给自足。每天放学回家,农村儿童自然而然地参与日常劳作,包括做饭、插秧、收割、放牛、放羊、喂猪等。然而,随着我国工业化进程的加速,农村社会发生了翻天覆地的变化。这些变化直接带来了农村儿童日常生活方式的改变。越来越多的农村居民进城务工,农田被荒废,农村儿童既不能参与,也观察不到家里的农事耕作,放学后他们无所事事。一些农村儿童沉迷于网络游戏,一些农村儿童将大部分的日常时间都用于看电视,一些农村儿童放学后在街头巷尾到处游荡闲逛,暴露在危险环境中,沾染上一些不良行为习惯,诸如赌博、抽烟、喝酒、打电子游戏等。一些留守女童,甚至因为课余时间无人监管,而受到坏人的诱骗。农村社会现状迫使我们不得不思考这个问题:在发生改变的农村社会环境下,农村学校应该做出哪些方面的改变以适应农村社会生活的这种变化。

长期的实践经验表明,我们不能忽略儿童校外社会生活中的智力训练和品格建立的因素。日常生活是儿童了解社会生活的主要途径。没有任何为了感官训练而开设的实践课能够替代来自儿童日常事务中的敏捷的完整的感官训练。没有任何为了训练而开设的科学课能够替代儿童在日常生活中通过对动植物的照顾而获得的动手能力训练。这也就是为什么,我们常常看到一些没上过学的人也能够生活得很好,因为他们在日常生活中至少保留了本能的常识和判断能力,能够在实际生活环境中加以运用,获得了从经验中学习的能力。

诚如科尔曼所正确认识到的那样,在儿童因需要得不到满足而走上歧途之前，学校在满足儿童学习、情感和社会需要中发挥着越来越重要的作用，被认为是最有效果和最有效率的学习场所。[①]面对农村社会环境的变化，农村学校不应该独善其身，而应该积极地推进改革以适应农村社会的变化。在发生深刻变化的农村社会环境下，农村儿童日常生活现状如何？放学回家后，农村儿童都在做些什么？农村儿童日常生活对农村儿童教育有哪些作用？农村学校如何应对农村儿童日常生活的改变？这些问题应该是每一个关心农村教育的人应该思考的问题，它们是当前解决农村教育问题的核心和关键。今天的农村学校应该帮助农村家长建立正确劳动价值观，确保农村儿童以正确方式参与日常生活；应该利用农村日常社会活动统整学科教学，弥补农村儿童日常生活参与机会的缺乏；应该利用闲置资源，创建手工坊、实验室和车间，补偿农村儿童日常生活动手机会的缺失。

第一节　农村留守儿童日常生活的意义

儿童是生长中的人，是发展中的人，他们通过参与日常生活，在智力、技能、情感以及道德等方面，能获得长足的发展。对于农村留守儿童而言，他们获得的知识、技能、情感体验以及道德思想与品质，属于人类文化方面的内容，具有促进他们社会化的作用。在这种意义上来说，农村留守儿童的日常生活就具备了文化的意蕴。

二三十年前，生产不是在工厂，而是分散在各个村庄，劳作和制造都是通过手工、人力和畜力而非机械生产，有机器也是非常简单的那种。市场是当地的而非遥远的。每个村子里都有作坊，用来磨面粉的、用来榨油的、用来酿酒的、用来打铁的、用来做衣服的、用来制鞋子的等等。生活用品的制作和买卖都可以在附近村子里完成，儿童很容易看到，也很容易接近。在这样的环境中，儿童有许多

①Coleman, J.S.Families and Schools[J].Educational Researcher, 1987, 16(6): 32-38.

机会直接接触自然和生活的材料，获得处理生活事务的方法。

在那时，家庭是产业中心，是所有典型产业活动的聚集地。衣服、粮食和简单日用品都是在家里完成。在家庭中，儿童不仅能亲眼看到，还能参与日常生活事务。儿童不仅能参与水稻、小麦的播种与收获，还能看到和参与磨制面粉、制作馒头的过程。不仅能参与油菜和黄豆的播种与收获，还能参与菜籽油压榨和豆腐的制作及买卖过程。通过这些活动，儿童不仅能掌握作物生长的条件和环境，还能学会称量和数字计算。儿童不仅参与牛、羊、猪的饲养过程，还能参与牛、羊、猪的生殖和买卖过程。不仅能看到自己身上穿的衣服和鞋子如何由裁缝和鞋匠制作完成，还能学会自己动手将破旧的衣服鞋子缝补好。通过这些活动，儿童的动手能力得到了锻炼。这些都是农村儿童获得教育的不可多得的重要机会。更重要的是，日常劳作的成果都是实实在在的有形之物，可以为儿童提供判断自身工作成败和改进工作的标准，提高他们自我判断的能力和进一步参与日常劳作的动力和热情。

农村留守儿童日常生活有以下几方面的意义：

第一，参与日常生活是农村儿童获得知识的过程。日常活动的过程就是儿童肢体同周围环境之间积极地相互作用的过程。在参与日常活动的过程中，农村儿童用感官熟悉物质的特性，如颜色、硬度、形状、数量、温度、湿度等，了解植物、动物、石头、金属和天气的知识。到集市上买卖物品，农村儿童获得了数量观念和计算原则。通过养猪、喂鸡鸭、放牛羊等劳动，农村儿童了解到猪、鸡、鸭、牛、羊等动物的习性，掌握了它们生长过程中的知识，了解到家禽对人类生活和生产的意义。用苏霍姆林斯基的话来说即是："不经过积极的努力、不经过劳动就不能发现和认识自然的奥秘。"[①]任何的课堂讲解都替代不了来自儿童日常活动中的知识和经验。只要儿童投入日常活动中，知识的获得是必然的，也是必需的。

第二，参与日常生活是农村儿童动手能力训练的过程。与来自学校的专门

①[苏]苏霍姆林斯基.把整个心灵献给孩子[M].唐其慈，等译.天津：天津人民出版社.1981：313.

感官训练任务不同，日常活动对农村儿童有内在价值，他们感兴趣，愿意用眼睛去观察、用双手去触摸、用大脑去探索、用工具去解决。在完成日常活动的过程中，农村儿童的感知、记忆、想象、判断力自然获得训练。此外，筑田、挖水沟、培植果树、栽种蔬菜，用木头、竹子、藤条制作桌子和凳子，用布条制作鞋子，这些活动都是训练观察力和手眼协调能力的有效途径。

第三，参与日常生活是农村儿童思维形成的过程。"儿童劳动得越多，大自然奥秘在儿童的意识面前暴露得也就越多，他们碰到新东西、不懂的东西也就越多。而不懂的东西越多，思想就越活跃；困惑不解——这是最牢靠的思维'引火线'。"[①]农村儿童要达成一定的农事目的，肯定遇到困难，这时他们需要边劳动边思考，边思考边劳动。在日常活动中，他们必须独立操作材料，自主地、创新地制订计划，从而获得结果，还通过行动去检验和修正错误，这些过程恰恰是反省思维形成的过程。苏霍姆林斯基认为，劳动在智育中起着极其重要的作用。那些双手灵活的儿童，热爱劳动的儿童，能够形成聪敏的、好钻研的性格。手所掌握的和正在学习的技艺越高超，儿童、少年和青年就越聪明，他对事实、现实、因果联系、规律性进行深入思考和分析的能力就表现得越鲜明。[②]

第四，参与日常生活是农村儿童个性展示的过程。儿童在劳动中发挥、显露和发展个性。[③]一旦劳动开始引起极大的个人乐趣时，儿童的个性就会显现出来。在日常劳作中，农村儿童学会了表达自己的观念和思想，能够以自身独特的方式参与家庭劳作，发现自己的长处和劣势，找到自己感兴趣的问题，体验到成就感和自豪感，这些情感进一步刺激他们克服困难，探究更广泛的领域、获得更深入的知识、掌握更熟练的技能，建立更坚定的自信心。

第五，参与日常生活是农村儿童品行养成的过程。参与日常生活使农村儿童在劳动中理解生活的意义，认识自己的责任和义务，为自己的劳动而自豪，珍

---

①[苏]苏霍姆林斯基.把整个心灵献给孩子[M].唐其慈，等译.天津：天津人民出版社.1981:314.

②[苏]苏霍姆林斯基.给教师的建议[M].杜殿坤，编译.北京：教育科学出版社.1984:77.

③[苏]苏霍姆林斯基.帕夫雷什中学[M].赵玮，等译.北京：教育科学出版社.1983:362.

惜自己和他人的劳动成果——这样的劳动是道德教育的真正开端。通过劳动，农村儿童感到自己的劳动能够改变家庭生活现状，使家人的生活过得更好。于是，他们就会竭力地去做得更好，从而形成锐意进取和刻苦勤奋的品质。在日常生活中，每一个家庭成员在工作中都有自己的责任和分工，农村儿童参与日常活动，能够形成他们考虑他人想法的习惯和意识，学会将家庭的一般利益摆在自身利益之前，建立责任和义务的意识。家庭成员之间有共同的精神，参照共同目的调节自身的行为，以共同的需要更多地交换思想和看法，增进共同的情感，这一过程能够培养儿童集体意识和社会能力。更重要的是，儿童通过参与社会生活实践，能够了解社会生活的过程和意义，深刻地理解他生存于其中的世界的意义，以及自己在社会中的作用和价值，形成社会视野和社会同情心。

第二节　农村留守儿童日常生活的现状

工业化的加速极大地改变了农村社会，也随之改变了农村留守儿童日常生活的方式和内容。那么，今天的农村留守儿童到底过着什么样的生活？存在什么样的问题？这些问题对他们的社会化又有什么影响？本节将对这三个方面一探究竟。

一、农村留守儿童日常生活方式的变化

由于大量劳动力外出，农村田地被荒废，农村留守儿童因此失去了来自日常生活的道德和实践的训练，几乎没有机会和途径去了解基本的生活现实，包括社会的、物质的和经济的现实。过去来自家庭和邻里的教育的机会消失了，他们观察不到整个过程，不知道东西来自哪儿，如何做成的，去哪儿，有何用处。至少在教育的目的上，校外环境已经失去了许多它从前的教育特征。如果我们仍然任

由环境自然地对儿童施加影响，发生在农村留守儿童身上的悲剧将会越来越多、越来越严重。换句话说，在农村儿童缺乏来自日常生活的正面的影响和刺激时，学校应该转变已有功能和角色而非一如既往地灌输知识。更重要的是，在日常生活中，书本不再具有稀缺的价值，纸制和电子版的书籍、报纸和杂志铺天盖地、应有尽有。图书馆、书店、电脑使得个人可获得的信息总量无限扩大，信息的传播也更快捷、方便，打开电脑，来自世界各地的信息扑面而来、目不暇接。在今天，儿童获得教育的机会太多而非太少，学校不再是儿童接近文化知识和外部世界的唯一途径。

然而，尽管农村环境已经发生了翻天覆地的变化，学校的材料和方法却没发生大的改变，仍然停留在传统农业社会时期。农村学校仍然独善其身，关上门来，专注于书本，这是不对的。那么，农村社会的变化到底对农村留守儿童日常生活方式造成了哪些影响？带着这样一个问题，我们对农村留守儿童日常生活进行了初步调查，结果如表1-1：

表1-1　农村留守儿童日常生活活动类型及比例

活动类型	参与社会生活	游戏	看电视	游荡闲逛	完成家庭作业
所占比例	10%	10%	20%	30%	30%

第一，参与社会生活。与过去农村儿童将绝大部分时间用于参与家庭和邻里社会活动相比，现在的农村儿童只有10%的时间参与日常劳作，比如做饭、插秧、收割、放牛、放羊、喂猪等。而那些由祖辈抚养的双留儿童，基本不参与日常劳作。一方面是因为现在的农民，尤其是丧失劳动能力的老人基本不从事农业劳动，其主要责任就是看护孙辈。另一方面是因为出于对孙辈的疼爱，老人基本不会让小孩参与劳动，怕他们累着苦着，难以向他们的父母交代。

第二，游戏。从内容上看，在校外，儿童的游戏绝大部分都是在模仿成人的社会生活和重现周围的社会环境。模仿性游戏最大的教育价值在于教会儿童注意他们的生活环境和过程。在游戏中，儿童通过仔细观察，很容易模仿、复制周围的成人生活。并非所有游戏都具有同等价值，儿童周围成人生活的状况直接决定了儿童游戏的质量。如果环境不好，儿童学到坏习惯和错误的思维方式，通过游戏在现实中留存下来，一旦习惯固定下来就不容易改变，还容易被环境持续强化。比如，过家家很容易复制和模仿周围成人粗鲁粗俗的行为和习惯，因为在游戏中，儿童的注意力更集中，更容易将粗鲁粗俗的行为和习惯固定在记忆和习惯中，延续粗鲁粗俗的行为。如果儿童周围的成人生活中充满了赌博、酗酒、打架、斗殴、封建迷信、陈规陋习，他们在日常生活中连续地看到这些事情，那么，儿童则会通过游戏将行为和态度固定下来，形成习惯，以至于阻碍儿童的未来发展。

第三，看电视。文明越发达，文化发展越复杂。电视节目中的商业、艺术、娱乐等因素同时吸引着儿童的注意力，而如果他们不加以区分地接受这些内容，必然走向思想混乱。由于缺乏必要的监督和引导，很多儿童沉迷于内容不佳的电视节目，对他们未来经验的发展造成了不良的影响。比如，一些电视节目超过了儿童的理解水平，导致他们早熟。一些电视节目充满了暴力和色情的内容，充斥着反教育的经验。更严重的是，电视节目将大量语言和文字信息直接灌输给儿童，导致儿童变得被动，相信得多而知道得少，懒得动手操作，盲目地接受他人意见。儿童缺少独立思考和亲身实践的机会和时间，好奇心和敏锐力减弱，对现实的自然兴趣也减弱，以至于对现实不感兴趣，整日闭门看电视。另一方面，长期静坐看电视，必然也会减少儿童户外活动的时间，对身体健康造成不利影响。

第四，游荡闲逛。对他人关心的需要是人的基本需要。人从出生的那一刻开始就有社交的需要。由于父母长年不在家，留守儿童每天下午放学回家，家里空无一人。因此，他们普遍感到孤独。加上缺少参与日常劳作的机会，农村儿童无事可做，于是，他们放学索性不回家，在街头巷尾到处游荡闲逛，聚众拉帮结派，暴露在危险的环境中，接触到对健康和道德有害的人和事，沾染上社会中的一些不良的行为和习惯，诸如赌博、抽烟、喝酒、打电子游戏等。一些留守女童，甚至因为无知而上当受骗。

第五,完成家庭作业。调查发现,农村留守儿童将30%的日常时间用于完成家庭作业。从性质上看,留守儿童的家庭作业仅仅是机械重复和训练,延续和加强学校的学习,它们对儿童自身已有经验没有正面价值和真正的意义,不能帮助他们学以致用,刺激校外新的观察和学习。因此,它们是孤立的学习,脱离儿童生活经验的任务,而非儿童经验的有机生长物,也就不能扩展和加深日常经验,不能在日常经验中起作用。一旦在脱离儿童日常经验的情况下布置家庭作业,它的教育性便丢失了,仅仅成为外在的、武断的强加,变成遥远的、死的、抽象的任务,与生活不相关,与儿童的兴趣不相符,与他们听到的、看到的和感受到的事物缺乏真实的联系。尤其是小学一到四年级阶段,60%—80%的家庭作业都是抄写生字词、笔画笔顺和遣词造句,完成数字的加减乘除运算,没有实质性内容,旨在训练读、写、算的常规技能,牺牲了创新和发明的能力。不仅浪费儿童时间,造成儿童缺少户外活动时间,对身体健康造成损害,而且形成被动接受和盲目服从的态度和习惯,对现实生活中的事情不感兴趣。总之,家庭作业必须具有教育性,必须作为儿童日常经验的自然生长物,引导儿童全面发展,帮助儿童表达当下的潜能和冲动并运用到日常经验中。

二、日常生活方式变化对农村儿童社会化的影响

从日常生活中获得智力和伦理训练,是传统农村儿童受教育的主要途径。传统农村学校专注于书本知识,与农村生活无关,这种农村学校教育的缺陷往往被来自农村儿童日常生活的智力和道德训练所弥补。然而,随着工业化进程的加快,生产向城市集中,家庭不再是经济单位,也不再是培养人的主要场所,它在教育中的作用发生了改变。农村社会的变化直接改变了农村儿童日常生活方式。

第一,农村儿童日常生活方式的改变,截断了农村儿童教育的重要来源,他

们失去了过去来自家庭和邻里的教育机会。在工业化大生产背景下，机械工人代替手工工人。柴米油盐酱醋和鸡鸭猪牛肉都直接在超市购买，而非自家或邻近作坊。即便有一些作坊，也都是机械生产，不同于往日的简单手工生产。儿童看到的仅仅是成品，只看得到小麦被装入料斗和磨好的面粉自动装入桶里，看不到整个过程，看不到小麦如何被播种和收割，如何被送到磨坊研磨，然后，利用风车和簸箕将粗皮除去，最后被石磨磨制成面粉。换句话说，今天的农村儿童不仅不了解生活材料从何而来、如何加工、往哪里销售，也不了解生活的意义，衣食住行对生活的价值在哪儿，个人在社会生活中应该发挥什么样的作用，如何处理人与人之间的关系。而这些问题恰恰是人之为人的根本，是教育的核心。

第二，农村儿童日常生活方式的改变，阻隔了他们接触社会现实、了解社会生活、参与社会实践的机会，截断了他们的教育补充性来源。二三十年前，家庭是主要生产单位。放学回到家，农村儿童自然而然地参与日常家务和生产劳动，比如锄草、施肥、打猪草、洗衣、做饭等。在这些活动中，他们能观察和体会到人与自然、人与人之间的关系，得到智力和道德训练的机会。但今天的农村儿童既不能看到也参与不了社会生活实践，缺少了解社会和参与生活的过程。这对他们的全面发展无疑是有害的。

农村儿童日常生活方式发生了改变，学校教育却没有随之改变，而仍然以书本知识积累为目的。这导致很多农村儿童的智力和道德发展得不到来自日常生活的滋养。很多农村儿童的正常需要得不到满足，正常发展受阻，甚至歪曲发展，以至于衍生出众多农村儿童问题事件。翻开报纸、打开电视，农村儿童悲剧事件频繁发生。

三、农村留守儿童日常生活中存在的问题

心理学家认为，父母的亲情是其他任何情感也替代不了的，没有亲情的教育是一种残缺的教育。由于日常生活中亲情缺失，留守儿童普遍存在与父母情感

交流过少和“情感饥渴”的现象，导致留守儿童对生活的满意度下降，感受不到爱与被爱，不利于儿童形成健全、独立的人格和个性，进而引发问题行为甚至犯罪，严重影响到留守儿童身心的健康发展。又由于受监护人自身精力、能力和素质有限，不能够很好地照顾农村留守儿童，使得儿童在身体、情感、社会、道德和智力等方面的发展受阻，问题众多。儿童是我们的未来，数量庞大的农村留守儿童，他们能否健康成长，成为社会的合格人才，将决定整个社会的安定和繁荣。因此，农村留守儿童引起了国家和政府的高度重视，留守儿童问题也成为学术界一个不能不解决的紧迫课题。教育学、人口学、社会学、心理学和法学等不同领域的学者，都对农村留守儿童展开了研究，取得了丰硕的成果。众多的学者通过大范围的调查和个案研究发现，农村留守儿童在身体、情感、社会和道德发展方面存在着诸多的问题，并分析了其中的成因。

（一）身体问题

受自身精力与能力限制，监护人不能为农村留守儿童准备营养丰富的膳食，也没有太多时间来关注农村留守儿童的个人卫生。由此，农村留守儿童身体发育所需营养得不到保证，而且个人卫生状况较差，更容易感染病菌。故而与非留守儿童相比，农村留守儿童身体素较差。具体分析其原因如下：

其一，农村留守儿童缺乏身体健康意识。农村留守儿童缺乏基本的生理常识。他们不知道身体是如何发育的，不知道身体在不同时期需要哪些营养，更不明白良好的饮食习惯对强健体魄的形成的作用。与此同时，农村留守儿童的监护人受时间和精力的限制，也无法对农村留守儿童的身体健康倾注更多的关注与关心，健康意识淡薄。

其二，农村留守儿童没有形成健康生活习惯。首先，缺少良好的饮食条件与习惯。受经济条件限制，监护人的精力与素质缺乏，没有合理地安排农村留守儿童的膳食。农村留守儿童食物种类单一，营养结构较为简单。特别是在一些经济落后地区，农村留守儿童缺少肉食以及牛奶，营养得不到保障，身体的发育受到严重影响。除了饮食条件差之外，很多农村留守儿童没有养成良好的饮食习惯。很多农村留守儿童没有多喝水的习惯，导致身体缺水进而影响新陈代谢，诱发痔疮等疾病。还有一些农村留守儿童缺少引导与监督，存在着挑食与偏食的习惯。这些儿童，或偏爱高热量、高脂肪的食物，长成小胖墩儿；或偏爱垃圾食物，导致营养不良，长成小萝卜头，瘦弱矮小。其次，睡眠时间不够。有些偏远地区的农村留守儿童，上学路途遥远，天不亮就要起床上学，下午放学之后还要做家务活，这样一来，正常的睡眠时间难以保证。除此之外，还有一些农村留守儿童缺少监管，喜欢看电视，每天看电视到深夜，睡眠时间偏少，严重影响睡眠质量。再次，个人卫生情况差。由于缺少双亲的关怀，留守儿童个人卫生状况堪忧。一些农村留守儿童一身衣服一穿就是好几天，换洗频率低，沾满灰尘与细菌。还有些农村留守儿童，很少洗澡，指甲不清理，脸也不洗，也没有养成漱口的习惯，更不要说勤洗手，这就会使得病菌乘虚而入。学者发现，“留守儿童沙眼、视力低下、龋齿、腿型异常发病率均高于非留守儿童”。①最后，由于缺乏锻炼，农村留守儿童的运动量不足。良好身体素质，离不开坚持不懈、合理锻炼。但是农村留守儿童缺少有意识的引导，更没有可供其进行锻炼的体育器材，普遍缺少锻炼，身体素质较差。

（二）心理问题

由于缺少父母的关爱，监护人与教师又没有能力对农村留守儿童进行心理疏导，与一般儿童相比，留守儿童的心理健康水平更低，各种心理问题更为突出，存在着以下问题：

第一，缺少信心。留守儿童无法正确认识父母离开家乡进城务工的行为。他们并不认为父母是为了让他们过上更好的生活，而是因为不喜欢他们，所以才把他们丢给别人看管。而且，有些父母在外务工，由于工作压力大，身心俱疲，一定程度上也忽略了平时与子女的沟通。这样一来，农村留守儿童往往会认为父

---

①周遵琴，李森，刘海燕．留守儿童身体健康状况及影响因素分析——以贵州省为例[J]．贵州民族研究，2015(06)：29-33．

母不够关心自己，甚至抛弃了自己。一种被遗弃的感觉占据了农村留守儿童的心理，使得他们“自信心方面显著地不如父母都在家的儿童。”①

第二，精神紧张。留守儿童会独自面对成长中各种身体、心理和学业方面的问题。由于缺少父母的帮助和支持，这些对他们来说未曾遭遇过的问题会导致他们精神压力过大，过于焦虑、害怕、空虚和孤独，对他人敌对和排斥。

第三，心理悲观。由于父母不在家，农村留守儿童渴望得到父母的关心、爱护和照顾，希望寻求来自父母的安全感、家庭生活的幸福感。但是这些需求长期得不到满足，农村留守儿童负面情绪日益累积，产生较强的无助感。长此以往，农村留守儿童就会对周围的人与事产生消极的看法，形成悲观心理。农村留守儿童虽然非常想念父母但也只有忍受与父母的长时间分离，留守经历对他们的心理造成了一定的负面影响，使得农村留守儿童性格呈现出不稳定性，逐渐变得内向、消极悲观。②

第四，情感表达能力差。除了缺少与父母的沟通和交流之外，农村留守儿童的生活环境往往封闭而单调，缺乏新鲜和丰富的刺激。他们没有太多的课外书籍，没有益智的玩具，也没有多样的儿童节目，只有较少和长期固定的交往对象。这样的生活环境不能给农村留守儿童提供充分的情感表达机会，严重地影响着他们语言和情感表达能力以及情绪控制能力的发展。

第五，逆反心理严重。农村留守儿童对父母的依恋和思念之情得不到很好的表达，日常生活中不良情绪不断积累，长期得不到正常途径的发泄，久而久之，积聚成反社会情绪和倾向，把对父母的依恋和思念转化成了对父母的怨恨和对社会的敌视，通过一些消极的方式表现或发泄出来。

（三）行为习惯

缺少了必要的家庭参与和与父母的沟通，农村留守儿童普遍缺少社会规范

---

①周宗奎，孙晓军，刘亚，周东明．农村留守儿童心理发展与教育问题[J]．北京师范大学学报（社会科学版），2005(1)：71-79．

②吴小叶，高彩霞．贵州省黔东南地区留守儿童心理状况调查报告——对凯里市、麻江县、雷山县部分少数民族乡镇留守儿童的调查[J]．贵州民族学院学报（哲学社会科学版），2008(05)：111-115．

意识，对是非对错缺乏必要的认识，仍然处于未社会化的“天真”阶段。农村留守儿童的生活环境存在着诸多不良诱惑。儿童天生好奇，对外界充满了好奇感和新鲜感，但由于缺乏必要引导，容易受到外界不良环境的诱惑，从而引发多种行为问题：

第一，抽烟酗酒。许多农村成人有抽烟和酗酒的习惯，农村留守儿童在缺乏必要引导的情况下，很容易模仿这些不良习惯，身体健康受到不良影响。

第二，违纪行为。由于父母外出务工，农村留守儿童缺乏有效监管和引导，在学校不遵守规章制度，撒谎、小偷小摸、制造纠纷、打架斗殴，在家里不听从监护人的教导，与监护人吵架打架，甚至离家出走。与非留守儿童相比，在校内和校外，与成人和同辈群体的关系上，留守儿童的表现都较差，暴力和斗殴事件也更多。

第三，流连网吧。由于关爱、交流和安全需要长期得不到满足，情感需求得不到满足，不良情绪得不到有效的发泄，农村留守儿童，尤其是男生，沉迷网络，将自己心里的苦闷向网友诉说，或是借助网络游戏寻求感官刺激。

第四，拉帮结派。在家庭中，与监护人关系不和谐，在学校里，受到同学和教师的不公正对待，一些农村留守儿童开始逃学，四处游荡，加入不良团伙，参与打架、赌博等不良活动，甚至走上抢劫、杀人的犯罪道路。与非留守儿童相比，农村留守儿童犯罪的比例较高。2004年，公安部的调查就显示了两个“大多数”：全国未成年人受侵害及自身犯罪的案例大多数在农村，其中大多数又是“留守儿童”。①

（四）学业成就

农村留守儿童成绩普遍较差，这是教师对他们的普遍印象。大部分农村留守儿童的学习成绩处于班上中等以下水平，其中超过80%属于中等以下水平，仅仅约20%的农村留守儿童成绩处于中等及以上水平。在农村留守儿童中，

①裴小梅.“留守儿童”犯罪的社会干预——“留守儿童”犯罪引发的思考[J].河南师范大学学报(哲学社会科学版)，2008(02)：128-131.

60%以上小学生和70%以上初中生存在学习障碍问题,对学习有畏难情绪,不想读书,以各种借口逃学和辍学①。调查发现,近年来,农村留守儿童的逃学率和辍学率均呈上升趋势。深入分析可知,造成这种状况的原因主要有以下几个:

第一,父母的低期望。许多农村留守儿童父母自身文化程度低,只有小学或初中文化水平,他们难以理解教育在儿童成长过程中所起到的作用,对子女在学业方面的要求不高,期望值偏低,仅仅希望子女在顺利完成初中学业后便外出务工。根据皮格马利翁效应,父母的期望值与孩子的学习积极性成正比,父母的期望越高,孩子的学习积极性越高,反之则低。父母对孩子的低期望往往通过态度和行为传达给孩子,使得孩子在学习上缺乏动机和热情,自暴自弃。

第二,教师的低期望。家长的低期望往往通过言语和行为传递给教师,比如,不参加学校组织的家长会和活动,不配合教师的教育方案,对教师的建议不理睬等。农村教师的教学责任和压力过大,在工作之余还需要从事农务以补贴家用,抽不出更多时间和精力来干预农村留守儿童的学习,更不用说对农村留守儿童进行深入细致的观察和个别关注。因此,对于那些父母低期望的农村留守儿童,教师的期望自然也就低了,只希望他们不惹是生非,不打扰其他同学。在教师的低期望下,农村留守儿童对自己的要求也就越来越低,丧失学习的积极性,甚至自我放弃。

第三,生活环境的贫乏。农村留守儿童出生和生活环境的单一、贫乏剥夺了儿童智力发育所需要的丰富刺激。交流的便利在一定程度上改变了农村环境的封闭和闭塞,但农村儿童的优秀生活环境资源仍然是十分贫乏的。农村缺少图书馆、博物馆和科技馆等公共文化设施,缺少丰富的儿童节目与活动,这些在客观上都导致农村儿童视野狭窄、经验贫乏,不善交流和表达,影响到农村儿童智力和情感的发展。

第四,日常生活中的主流价值观和话语体系与学校的相冲突。农村儿童生活在偏僻的农村,与现代社会隔离,保守性较强。一些农村社会甚至仍然保留着

①范先佐.关于农村"留守儿童"教育公平问题的调查分析及政策建议[J].湖南师范大学教育科学学报,2008(06):11-17.

传统的生活方式，与现代高科技社会宛若两个世界。生活在这样的日常环境中，儿童在未入学之前已经形成了一些语言习惯和思维方式，当他们进入学校，学校又实行另一套语言习惯和思维方式，这个时候，冲突就出现了。比如，一些儿童在日常生活中形成了迷信的思维方式，学校又要求他们形成科学的思维方式，冲突就是必然的。又比如，一些儿童在日常生活中习得了方言，学校又要求他们学会普通话，冲突也是必然的。诸如此类的文化冲突，很好地说明了为什么越来越多的农村留守儿童学业成绩差，存在较多学习障碍，越来越多的农村留守儿童宁可选择逃学和辍学，也不愿意在学校继续读书。

（五）人身安全

改革开放以来，农村家庭的传统教育作用受到了削弱，而学校教育仍然坚持传统的书本知识学习，导致儿童缺乏正常的社会化途径，他们的生理、智力、情感、道德和社会的发展需要得不到满足，对各种社会规则和规范不了解，缺乏基本的生活和安全常识。因此，农村留守儿童在各种危险面前缺乏基本的自我保护意识和能力，在各种不良影响面前，缺少基本的自我约束和克制能力，成为牺牲品。比如，缺乏水电使用常识，发生溺水、触电等意外事故。又比如，缺乏法律法规知识、交通安全知识，面对欺凌手足无措，遭到拐卖和性侵害，甚至被杀害或成为伤人者、杀人犯。统计显示，2014年，“有49.2%的留守儿童遭遇过意外伤害，比非留守儿童高7.9个百分点，遭遇割伤、烧伤烫伤、被猫狗抓伤咬伤、坠落摔伤和蛇虫咬伤、车祸、溺水、触电、中毒、火灾、自然灾害等各种意外伤害的留守儿童比例都高于非留守儿童，其中前四项比非留守儿童分别高5.3、1.6、3.9和3.1个百分点”。[①]

①张旭东，孙宏艳，赵霞.为留守儿童守住一片天——关于农村留守儿童群体存在问题及对策的调研报告[N].光明日报，2015-06-19(5).

第三节 应对农村留守儿童日常生活改变的对策

在传统农业社会中，家庭和邻里是生产和教育单位，通过口耳相传、耳濡目染承担着重要的族群文化传承的职责。在这样一种农村社会条件下，学校专注于书本，有一定的合理性。学校材料不与儿童日常经验相关，不训练判断和思维能力，不提供材料和过程的知识，在传统农业社会，这些学校教育的缺点在很大程度上被儿童校外生活所弥补。然而，工业革命导致了大规模的劳动力迁移。农业让位于制造业，简单的手工业则由过程复杂和自动化运作的机械大生产所代替。由此也就改变了家庭的作用，家庭不再是不断更新的经济单位，也不再是培养人的主要场所。换句话说，城镇化进程和大工业生产砍断了儿童教育的补充性来源。在这种情况下，必须改革农村教育，重新调整传统的学校组织和方法，使它们能够有效地回应农村社会物理的、社会的、道德的和环境的巨大改变。

第一，改变传统的学校作息时间，应对农村日常生活方式的改变。农村社会的变化，第一个明显变化就是作息时间的改变。大量农村人到城市务工，春播秋收、日出而作日落而息对今天的农村儿童而言已经失去了实质性意义。众所周知，学校放暑假的初衷是为了让儿童能够帮助家里干农活，然而，现在农村人都外出打工，即使在暑假也基本没有农活让儿童参与。也即是说，长达两个月的暑假已经缺少了其存在的社会条件，需要做必要的调整。我们建议向国外学习，将全年分为春夏秋冬四个部分，放假分为春假、夏假、秋假、冬假。这样一来，一则能够有效地避免儿童在假期无所事事；二则更方便学校安排专门的教师负责在假期组织有益的儿童活动；三则能够有效避免学校学习的突然的、长时间的断裂，促进学校学习自身以及学校经验与日常经验的连贯性。农村学校实行全年和全天开放制度，为留守儿童提供活动场所。无论是放学后，还是假期里，学校的大门永远为儿童敞开，免费为学生提供各种游乐设施、场所和器材，安排专门的指导教师，确保学校永远是儿童最安全的庇护所，避免农村儿童误入歧途，养成不良的行为习惯,甚至走上犯罪的道路,成为社会的负担。专门的指导教师可以由学校教师、退休人员或师范生、志愿者来承担,以减轻教师的负担。还可以组建“大学—农村学校联盟”,一方面可以为师范生提供接触和了解农村学生的机会,另一方面也可以解决课外活动缺乏指导教师的难题。总之,学校是社会的机构,教师是社会的代言人。当我们明明已经知道农村儿童缺少必要监管和引导的时候,却又若无其事地在下午放学的时候将他们无情地赶出校门,或在寒暑假将学校的大门重重紧锁,袖手旁观地任由他们在村头巷尾成群结队地游荡,沾染不良习气,受到坏人的引诱,这是学校教育的失败和教师工作的失职。

第二,充分利用学校的校舍和设备,弥补农村儿童日常生活中社会生活实践的缺失。农村社会的变化直接导致了农村儿童来自日常生活的智力和道德训练的机会消失了,截断了他们接触现实、了解社会生活、参与社会实践的途径。我们必须重新找到场所和机会,为他们提供明确的有价值的智力和道德的训练,满足儿童活动、交流、制作、创造的需要,开发他们的观察、创新、建构性想象和逻辑思维的能力。在我国,传统上,农村实行村村有小学的政策,此后,又推行撤点并校,农村学校的校舍出现了大量闲置和荒废现象。农村学校应该利用这些闲置和荒废的校舍,为儿童组织各种有益的活动。比如,手工工作坊。为儿童提供缝纫、烹饪、制陶、编织、修鞋、印刷、木工、车工等活动的场所,了解不同产业的要求,熟悉其中一两种产业的过程。比如,学生休闲集会场所。一方面,为学生们提供开发和展示自身才华的场所,另一方面为留守儿童提供相互倾诉和交谈的机会,减少孤独感。比如,学生社团活动场所。根据兴趣和能力组建不同的学生社团和俱乐部,定期开展各种实践和探究活动。女子俱乐部可以探究如何缝制一件日常衣物,男子俱乐部可以开展学校废物回收项目或创建校报,定期面向不同读者(学生、教师、社区人员、家长)刊登不同主题(卫生、健康、教育等)的宣传材料,等等。比如,科学实验室。帮助农村儿童了解日常生活中各种产业的基本原理和过程,不仅知道怎样做,而且知道不同产业在生活中的地位和价值及它们之间的联系，建立起对各种产业的智力兴趣。此外，教师和学生还可以在校内或校外找一块空地，饲养一些小动物，如小鸡、小鸭、蚕等，或者种一些小植物，如豌豆、白菜、菊花、玫瑰花等。学生通过观察、记录、交流和研究，掌握材料和过程的知识，形成审慎反思的思维方式和习惯。总之，通过开展这些丰富多彩的活动，弥补日常生活中社会生活实践的缺失，可以增进农村儿童对社会生活世界的了解，体验农村劳动的价值及对生活的作用，从而更加尊重与热爱农村和农村人，遏制当前大量人口涌入城市的现象。

“儿童的智慧在他的手指尖上。”①然而，传统教育思想认为，学校是学习知识的场所，将动手和动脑对立起来，认为动手干扰动脑，不让农村儿童参与动手活动，认为动手活动简直是浪费时间。现代心理学研究表明，儿童学习的方式主要是从做中学，儿童做事的过程恰恰是他们学习知识、掌握技能和训练思维的过程。事实上，在成人看来重复单调的家务活动和农业劳动，对儿童来说也充满着无穷的乐趣，能够满足他们的探究欲和好奇心。因此，农村学校应该利用闲置资源，创建手工坊、实验园和车间，带领农村儿童走出学校、走出教室到田间地里和饲养场去研究。一方面，它能够帮助农村儿童形成正确运用书本知识的能力，而非仅仅是积累书本知识。比如，探究如何饲养家畜，如何预防家畜瘟疫，提高鸡鸭牛羊的抗病能力，如何选种，如何开展粮食作物种植研究，探究如何提高水稻、棉花和花生的产量，预防病虫害等，这些都是运用生物学、植物学和化学知识的宝贵机会。比如，将来自实验室的科学研究成果定期刊登出来，面向农村社区人员出版，编写农业生产知识和技能方面的宣传材料，这又是运用语文知识的真实机会。另一方面，它能够培养农村儿童动手能力，养成他们热爱劳动和劳动人民的品德。就整个社会来看，科学家毕竟是少数，大部分人肯定是工人、农民等，从事机器操作、食品生产、加工、运输和销售，使用工具进行模具设计和加工，这些都要求熟练的动手能力。儿童通过触摸、操作和摆弄各种材料和工具，从做中学，在动手中动脑，从活动中体验到劳动的乐趣和成果。

①[苏]苏霍姆林斯基.给教师的建议[M].杜殿坤，编译.北京：教育科学出版社，1984:77.

第三,学校参与社区改造,为留守儿童创建优良的日常生活环境。人受环境的深刻影响。过去的农村儿童日常生活环境简单,富有教育意义。当下的农村环境在继承了社会发展的优点的同时,也引入了众多来自现代文明的不良因素,对儿童的发展造成伤害。在农村儿童的发展过程中,我们是任由偶然的家庭和社会环境来随意决定,还是为他们的健康发展而主动设计环境,其结果是大不一样的。我们从来都不是直接教育人而是通过环境的间接途径。学校是社会的机构,应该主动地为社区和儿童服务。农村学校应该充分利用自身的物力和人力优势,参与社区建设,通过为留守儿童监护人举办讲座、印发宣传册,和社区成员共同讨论儿童教育问题,激发农村家长对教育的更大兴趣,帮助社区成员认识到自身言行可能对儿童造成的不利影响,自觉规范自身言行。为社区办实事,发起牛奶运动、菜园运动以及治理水污染和乱倒垃圾的现象,组织儿童参与美化社区环境的活动,改造社区物理、智力和道德的环境,从而让社区成员真正认识到学校的存在对社区繁荣的重要意义。

第四,农村教室应该利用儿童的日常生活环境作为教育资源。传统教育将学校作为专门的学习知识的场所,忽略了与儿童的日常生活世界的联系。好心的教师做着与学生们的日常生活毫不相干的教学工作,学生们在生活里最关心的事却被教师们看作是与学校不协调的东西。在脱离儿童日常生活经验的情况下,将时间和空间上都很遥远的抽象学科知识喂给学生,导致学生的个体创新性和个体独特性没有得到利用和有效引导。从本质上看,教育与经验紧密相关,教育是经验的持续不断的改造。有效教学必须研究儿童的需要和特点、社区对学校的可能贡献,利用日常生活环境,帮助儿童构建有价值的经验。教师首先应该了解不同儿童的不同经验,找出一个教学主题下可以利用起来的儿童熟悉的日常经验,进而将校内和校外经验统一起来,使儿童直接地、平常地将经验带到学校又能学以致用。教师必须非常熟悉当地的社区环境,物理的、历史的、经济的、产业的环境,都可以加以利用,变为教育资源。比如,植物、山川、河流、名胜古迹、经济、文化、职业、语言、风俗、习惯、节日、庆典等。

第五，学校课程引入农村儿童日常生活感兴趣的活动。学校教育的目的就在于复现儿童的校外经验的典型方面，扩大、丰富和逐渐阐释它。学校不是将儿童从日常活动的环境转移到仅仅积累知识的环境，而是将他们从相对盲目的活动和偶然的关系转移到经过选择和有引导的环境，使日常活动理智化，使日常经验不再是暂时的，从而帮助留守儿童理解自身以及世界。作为成长中的个体，儿童的最大需要便是如何生存下来，适应环境。因此，儿童的兴趣都是围绕生活，与生活相关。儿童对纯粹外在的事情不感兴趣，对他需要了解的事情感兴趣，他的兴趣和他的需要是一致的，否则，他便存活不了。[①]因此，农村学校的课程应该围绕吃穿住行等主要社会生活活动类型，引入更多的代表典型社会生活活动的内容，比如，手工、木工、金工等，引导他们形成正确的社会生活态度和习惯。这样做有以下好处：一是增加学校的吸引力，减少辍学。大量调查都显示，当前，农村儿童尤其是留守儿童的辍学率出现逐年升高的趋势。事实上，深入了解可知，留守儿童辍学，经济的原因仅仅是外在的表现，更深层次的原因在于学校对留守儿童缺少吸引力。二是为学校学习提供动机和目的，避免枯燥和机械，提高儿童学习的投入度和专注度。学校通常在脱离日常生活的情况下，直接地、突然地向儿童灌输知识，造成他们对学校学习的反感。在学习中，动机是肯定要提供的，它不是来自教师的威逼利诱，而是来自儿童自身的兴趣和目的。三是避免儿童注意和模仿日常生活中的粗俗粗野的事情。只要学生在学校能做的事情具有足够的吸引力，他们必定会将他们在学校里做的事情带到家里去。他们将会忘记去模仿家庭和邻里粗俗粗野的事情，而将注意力集中到学校安排的更好的活动上。

①Dewey，J.Schools of Tomorrow[M].NY：E.P.Dutton & Company，1915：301.

第四节　农村留守儿童日常生活的展望

自从人类产生以来，在儿童社会化过程中，日常生活都发挥着主要的和基本的教育作用。然而，工业化大生产的发展在导致大量农村儿童成为留守儿童的同时，也改变了他们的日常生活，割断了他们的来自家庭、邻里和同辈群体的社会化环境和经验，而学校教育却仍然专注于书本和符号知识的学习，从而导致众多留守儿童悲剧事件的发生。事实上，广泛地看，随着社会的发展，不仅是农村留守儿童，那些非留守的农村儿童和城市儿童的日常生活也发生了深刻变化，对此，学校教育也应该做出有力回应，在儿童社会化过程中发挥更加积极的主导作用，弥补和补偿日常生活的不足，而非独善其身。

一、农村留守儿童问题反映的是普遍的教育问题

时代已经非常不同了。随着文化的发展和社会的进步，现代工业社会的日常生活变得越来越复杂，儿童不仅难以接近，也难以理解。在生活中学会生活，对儿童而言，越来越难。儿童仅仅通过直接参与的方式实现自身的社会化变得越来越不现实。它表明，非留守儿童也存在着与留守儿童同样的社会化困境。面对这样一种情况，学校教育应该明确地将阐释和引导儿童的日常生活作为自身的应有责任，而非独善其身。

第一，从家庭方面来看，家长的工作不仅在空间上远离儿童，而且也超出了儿童的理解能力。儿童看不到也参与不了家长的工作，而且儿童通过游戏和模仿也越来越不能复现成人工作的全部意义。与此同时，快节奏的生活和谋生的压力，使家庭成员之间的交流和互动机会变得越来越少。社会学家艾利·霍希柴尔德是这样描写这种形势的：“尽管人们都在谈论教育孩子的重要性，但当前的文化氛围不太适合那些把孩子放在首位的家长。这并不是因为家长不像从前那

样爱他们的孩子了，而是因为‘工作文化’的发展，冲淡了‘家庭文化’。”[①]工作之外，手机、电视、电脑的出现，又占用了成人很多闲暇的时间和精力，冲淡了家庭文化。占有型的社会文化导致很多成人忙着去追逐车子、房子，而很少有机会与儿童互动和交流，这在很大程度上剥夺了儿童社会化所需要的来自家庭的那部分关键经验。

第二，从邻里方面来看，传统农业社会，儿童交往的面较狭窄，限于本村或邻近村庄。然而，在现代社会，交通便利、资讯发达，除了家庭、邻里之外，社区、街道、商场、电视、电影和网络都对儿童社会化造成重要影响。各种政治的、经济的、文化的、宗教的、科学的影响同时冲击着儿童，混乱和分心是必然的。与传统农业社会日常生活的朴实、简单相比，现代工业社会的日常生活在更加方便、快捷的同时，也变得更加复杂，各种坏的影响乘虚而入。在这样一种环境下，在毫无准备的情况下，儿童赤裸裸地暴露在各种不良影响下，更有甚者成为无辜受害者和凶残杀人犯。

第三，从同辈群体方面来看，社会的急速发展加速了人口的快速流动。如果说传统农村社会儿童的同辈群体主要限于本村或邻近村落，那么，今天的儿童的同辈群体可能已经通过电视、网络、QQ、微信等渠道延伸至全国乃至全球。这在给儿童带来多元观念和经验的同时，也带来不同的社会标准和价值取向，对儿童的社会化造成冲突和矛盾。在这样一种情况下，如若没有正确的引导，各种极端和叛逆行为的出现是必然的。

因此，农村学校应该帮助农村家长建立正确劳动价值观，确保农村儿童以正确方式参与日常生活。在传统上，儿童如何度过日常生活时期是家庭的责任，与学校无关或者说关系不大。然而，在变化了的农村社会环境下，农村学校必须考虑许多从前应当由家庭关心的问题——农村儿童在校外都做了些什么。毋庸讳言，在今天，“劳心者治人，劳力者治于人”的传统社会的等级思想仍然坚固地存

①[美]波伊尔.基础学校——一个学习化的社区大家庭[M]//.吕达，周满生.当代外国教育改革著名文献(美国卷·第四册).北京：人民教育出版社，2004：37.

在于农村。体力劳动和体力劳动者仍然受到一定程度的轻视甚至是蔑视。在农村，即便有一些农活可以干，在“万般皆下品、唯有读书高”的错误观念指导下，留守的爷爷奶奶也基本不让儿童去干，只要他们一心一意读书，考上一个好大学。一些农村家长甚至在“唯考试论”价值取向下，片面追求分数，将家务和农活全部包干。“书中自有黄金屋，书中自有颜如玉”，是一些农村家长的座右铭。他们教导孩子，只要努力读书，考上好大学，脱离农村，跳出农门，一辈子就可以不用干农活了。农村家长的这些思想和行为导致农村儿童轻视劳动、厌恶劳动和不珍惜他人劳动成果。要改变这种状况，一方面，农村学校应该通过讲座、培训、传单或会议的形式，帮助农村家长建立正确的劳动价值观，抛弃封建传统等级观念。另一方面，农村教师应该负责该农村社区的一部分人群，通过家访和实地调查等形式，了解农村儿童日常生活的现状，了解他们参与日常劳动的具体情况，包括日常劳动的数量和方式。通过讲座或专题培训的方式协助农村家长正确认识儿童参与日常劳动的意义、价值和形式，帮助农村儿童以正确的方式适量地参与日常劳动，使农村儿童的日常劳动发挥应有的教育价值。

二、农村留守儿童的未来研究重点

另一个儿童日常生活变化值得专门提出：随着社会的发展和文化的进步，知识在日常生活中获得广泛的应用，从吃穿住行到交通，只要脱离开科学知识的运用，生活马上陷入瘫痪状态。这既给学校教育提出挑战，同时也是机遇。机遇在于，学校学习与日常生活紧密相关，而非仅仅是一些遥远的、抽象的事实和原理。比如，从前的物理和化学学习，就是学习一些古代伟人的发明和发现，儿童看不到它们与自身生活的联系，学习变得没有意义，缺乏动机和兴趣，而现在，物理和化学知识在日常生活中的应用可以说是无处不在。挑战在于，无论在城市还是在农村，日常生活变得越来越复杂，超越了儿童的理解能力，儿童通过直接参与的方式很难理解到其中的过程和意义。比如，打开煤气便有了火，打开水龙头就有水，打开冰箱就有牛奶和鸡蛋，而这些东西是怎么来的，仅仅通过儿童日常生活的接触是无法真正了解到的。比如，大米直接放到电饭煲就成为米饭，将鸡肉放到烤箱就出来烤鸡，将衣服放到洗衣机，后放入烘干机就直接变成干净、干燥的衣服，如此等等。这些问题一直困扰着他们的小脑袋，儿童非常乐意去了解，它们对儿童的生活非常重要，这也是儿童了解生活过程的重要机会。

因此，农村学校应该利用农村日常社会活动统整学科教学，弥补农村儿童日常生活参与机会的缺失。一方面，它能够改变农村学校死气沉沉的现状，使书本知识的学习获得意义和动机。比如用缝纫统整教学。通常数学课中关于分数和比例的教学比较枯燥乏味，学生学得没有兴味，教师教得有气无力。而一旦将缝纫引入课程，分数和比例的学习就成为必须了解的知识，在给家人缝制衣服的过程中，儿童自然而然地学会了分数和比例。比如用烹饪统整教学，可以化解农村学校数学、物理和化学教学的抽象，使儿童利用书本知识帮助家人做出美味而又有营养的饭菜，让农村儿童看到学校学习对日常生活的好处，他们自然愿意去学习。另一方面，它能够为农村儿童提供了解社会生活的渠道，帮助农村儿童在生活中学会生活。如同游泳只能在水中学会一样，学会生活只有在生活中进行，而不可能在脱离生活的情况下，通过书本知识而习得。用陶行知的话来说即是，“事怎样做就怎样学，怎样学就怎样教”①。春播秋收、栽秧割谷和养猪放牛是农村儿童日常生活的主要活动，他们最熟悉，与他们的生活最接近。农村学校引入这些活动，不仅为农村学校重组提供了契机，也为农村儿童提供了了解生活与学会生活的机会和途径，确保农村儿童经验的完整性和连续性。

三、农村社区改造与农村学校重建协同发展

如同鱼的生长离不开水一样，人的发展离不开特定的环境。如果说动植物的生长离不开合适的物理环境，那么，人的成长离不开社会环境。如前所述，社

①陶行知．教学做合一[M]//．方明．陶行知教育名篇．北京：教育科学出版社，2005.133.

会从农业社会向工业社会发展的过程中,农村儿童的日常生活环境发生了巨大的改变。首先,农村日常生活变得更加科学化。儿童直接参与社会生活,既看不到生活的过程,也理解不了生活所依赖的科学原理,比如,洗衣机的工作原理、热水器的工作原理和烤箱的工作原理,等等。在这样一种情况下,如果缺乏专门的讲解和阐述,留守儿童仅仅依靠自身是无法理解到其中的工作原理的。其次,农村日常生活变得更加复杂。今天的农村社会既延续了传统社会的一些腐朽的东西,也带来了现代社会的一些不良的因素。尽管这些因素在各方努力下正在逐渐退出农村社会,但是,这毕竟是一个长期的过程。在这样一个新旧过渡的混杂阶段,让农村儿童放任自流,他们成为各种恶势力的残害对象是很可能的结果。再次,农村日常生活变得更加开放。由于传统农村社会传媒不发达,网络没连通,农村人的交往圈子仅仅局限于本村或邻近村庄。而当今,电视、电话和网络,不仅将村与村联络起来,而且将一个小村与整个地球联络起来。因此,往日偏僻、封闭的村子不再偏僻、封闭,而是朋友遍天下,这在给农村儿童带来新的信息和观念的同时,也带来不同的看法和价值观念。如何将各种不同的价值观念统一起来,确保农村儿童在学校、村庄、街道、游乐场和超市都以同样的社会标准和观念生活,也是新时代背景下农村儿童教育应该思考的问题。

综合以上几方面可知,在发生了变化的社会情况下,学校教育要创建一个更好的社会而非延续现有社会,应该在积极适应农村儿童生活变化的同时,参与农村社区的改造,为农村儿童的社会化提供一个健康的环境。一方面,农村学校和教师应该深入了解发生在农村儿童日常生活中的变化,通过调整学校教育的目的、课程、方法和材料等方面积极地适应农村社会的改变。另一方面,农村学校和教师应该肩负起应有的社会责任,投入到农村社区的改造之中,带领儿童参与农村社区物理环境和社会环境的优化,一则为儿童提供良好的生活环境,促进他们的健康成长,二则树立儿童集体意识,培养责任感,加深对农村人和农业劳动的热爱,从根源上遏制大量人口盲目涌向城市的趋势。

因此,教师应该发挥重要的专业责任,为农村儿童创建优良的日常生活环境。农村教师应该负责该农村社区的一部分人群,通过家访和实地调查等形式,了解儿童的家庭和社区情况,如家庭和社区是否有良好的卫生和伦理环境,哪些言行和做法是错误的,可能对儿童造成哪些伤害,应该如何改进,等等。与此同时,农村教师应该利用专业技能,为儿童权益呼吁,形成正确的社会舆论。如果说,在传统农业社会,教育儿童需要整个村子的人的努力。在今天,教育更需要整个社会成员的努力。我们每一个人,包括父母、售货员、餐厅服务员、教师、校长、企业主、节目主持人或明星、运动员都应该以儿童利益为先,自觉规范自己的言行,以身作则、言传身教,注意日常的言谈举止,考虑自己的言行可能对儿童造成的影响。一方面,教师应该呼吁教育部门对儿童节目和网络进行必要的监督和管理,净化儿童的视听环境,制定相应的标准,规范儿童节目的录制和播放。另一方面,教师应该积极向教育主管部门反映,呼吁其修建更多的可供儿童游乐和活动的安全场所,建立一个安全的环境以满足他们活动和游戏、交流和交往的需要。

第二章　本质探究

日常生活对农村留守儿童的教育价值不可低估:通过参与社会生活,儿童了解了社会生活的过程,体会到社会生活的意义,真真切切体验到生活中的真善美,智力、道德和情感都能得到发展。而目前农村留守儿童的日常生活中出现的诸多问题,从本质上看,反映的是儿童经验的割裂和对立。从儿童的角度看,他们在学校不能完全地运用日常生活中的经验,离开学校后又不能将学到的知识自由地运用到日常生活中,这对他们的社会化有很大危害。从社会的角度看,学校教育成为名副其实的“僧院式教育”,浪费教育资源和时间精力。因此,要从根本上解决农村留守儿童日常生活中存在的问题,关键在于将农村儿童校内和校外经验统一起来,相互支持、相互强化而非各行其是。那么,我们如何从本质上理解农村留守儿童及他们的社会化困境?如何深入解析农村儿童的日常经验和学校经验的对立和统一?本章将从理论探析上对这几个问题进行论述。

第一节　文化困境视野下的农村留守儿童

从根本上看,要解决农村留守儿童日常生活问题,首先要解决农村留守儿童是谁的根本问题。自20世纪80年代以来,随着改革开放政策的推行,农村留守儿童现象和问题已经出现,只是那个时候,留守儿童不多,问题也不严重。随着改革开放政策的深入和城镇化建设的推进，越来越多的农民工进城谋生，越来越多的农村儿童成为留守儿童。2017年3月底，民政部、教育部、公安部在全国范围内联合开展农村留守儿童摸底排查工作。根据国务院《关于加强农村留守儿童关爱保护工作的意见》对农村留守儿童的定义，摸排的对象是父母双方外出务工或一方外出务工另一方无监护能力，无法与父母正常共同生活的不满十六周岁农村户籍未成年人。经过精准摸排发现，不满十六周岁的农村留守儿童数量为902万人，超过90%分布在中西部省份。其中，由祖父母（外主父母）监护的约有805万人，占89.2%；由亲戚朋友监护的约有30万人，占3.3%；一方外出务工另一方无监护能力的约有31万人，占3.4%。约有36万农村留守儿童无人监护，占4.0%。从范围看，东部省份农村留守儿童约有87万人，占全国总数的9.65%；中部省份农村留守儿童约有463万人，占全国总数的51.33%；西部省份约有352万人，占全国总数的39.02%。从省份来看，江西、四川、贵州、安徽、河南、湖南和湖北等省的农村留守儿童数量都在70万人以上。①从总数来看，农村留守儿童是一个庞大的群体，他们的未来将直接影响到国家的未来。因此，能否处理好留守儿童问题将直接决定教育均衡和社会和谐的水平。

一、农村留守儿童正在遭受文化困境

童年时期是人的发展过程中可塑性最强的阶段。一个人的整个一生，从出生直到离开人间的那一刻，他所面临的苦恼的根源全在于这一生命阶段。不管这生活是纯洁的还是污浊的，是温和的还是粗暴的，是平静的还是充满风浪的，是勤劳的还是怠慢的，是功绩卓著的还是无所作为的，是迟钝而优柔寡断的还是敏锐而富有创造的，是麻木不仁的、畏首畏尾的还是富有远见的，是建设性的还是破坏性的，是和睦待人的还是生性好斗的，是惹是生非的还是给人以安宁的，他与父亲、母亲、兄弟姊妹及其他家人的关系，与社会和自然的关系，主要取决于

①新华社.全国农村留守儿童精准摸排数量902万人 九成以上在中西部省份[EB/OL].(2016-11-09)[2017-12-05].http://www.xinhuanet.com/politics/2016-11/09/c_1119882491.htm.

他在这一年龄阶段的生活方式。“假如儿童在这一年龄阶段遭到损害，假如存在于他身上的他的未来生命之树的胚芽遭到损害，那么他必须付出最大的艰辛和最大的努力才能成长为强健的人，必须克服最大的困难在其朝着这一方向发展和训练的道路上避免这种损害所造成的畸形。”①如果我们看不到人类发展的这一自然和神圣的起点，我们将看不到人类发展的方向，以致只能建立空中楼阁。世界知名的神经精神医学专家、纽约精神医学中心研究部主任克莱恩（Donald F. Klein）曾说，研究显示，早年丰富和有反应的环境是影响智力的因素之一。在“愚蠢”的环境（环境中缺少刺激）下长大的孩子很快就懂得不要冒险。在这种环境下形成的小心谨慎、不发问、保持被动的态度，自有好处，但是对脑力的发展毫无裨益。与此不同，在一个聪明、有反应的环境下长大的孩子会学到另一套技巧。如果孩子懂得利用周围环境，他们会较早脱离对父母的依赖，有征服感，有自信。而且好发问，爱解释，富想象力，肯解决生活中的问题。这种态度可能会造成大脑内部的变化。目前我们仍停留在猜测阶段，但是睿智的环境很可能形成新的神经突触和更发达的大脑皮质。②换句话说，聪明的环境可能造就聪明的个人。

农村留守儿童正处在身心发展的关键时期，然而，由于生长环境的限制，他们正在遭受严重的文化困境，导致他们不能正常社会化。调查显示，农村留守儿童在身体发育、营养水平等方面弱于非留守儿童，同时与非留守儿童相比，留守儿童在教育监管方面也处于缺位状态。长期得不到父母关爱、与家人缺少交流以及家庭贫困共同促使留守儿童社会化道路遇到障碍。研究显示，留守儿童在情感表达、社会交往、自我效能感和学习能力等方面较非留守儿童弱。有学者认为，低收入家庭学生学习成绩不佳的原因在于家庭的无组织性、贫穷和缺乏有效的概念习得，也因为这些，学生在早期生活中缺乏其他生活知识与文化。实例是，成绩差的儿童通常出生于言语表达贫乏的家庭或缺乏某些促进概括能力发

①[德]福禄培尔.人的教育[M].孙祖复，译.北京：人民教育出版社，1991：40.

②[美]阿尔文斯·托夫勒.第三次浪潮[M].黄明坚，译.北京：中信出版社，2006.110.

展经验的家庭。[①]学校计划的主要目标是为所谓遭受文化剥夺的学生提供旨在弥补其认知与知识欠缺的文化经验及其他经验。家庭是儿童社会化的主要场所和途径,通过家庭活动参与,儿童形成社会观念、情感和智力。然而,留守儿童从小缺少家庭活动参与的环境和机会,导致他们不能顺利地实现社会化,获得社会生活所需要的能力和品行,形成了一些反社会的品行。

国外研究表明,那些出身于贫寒家庭的孩子在教育上仍然是文化困境中的弱势群体。在美国,贫穷与富裕家庭的孩子在学校设备和课程上存在着较大的差异,教师素质上存在着较大的差异,在教育资源和社会资源的获得上存在着较大的差异,这些都是不争的事实。那些出生在良好家庭背景的儿童享受的教育机会要远远超过其他儿童。无数的研究都已经表明,家庭收入状况和父母受教育的程度是决定学生成就和教育结果的两个最重要的预测因素。调查发现,贫困学生集中的学校与富裕学生集中的学校相比,学生学业成就普遍差一些。更重要的是,贫困往往还同时限制了学生获得校外学术资源和社会性支持。研究和实践都告诉我们,那些处于经济地位劣势、文化水平较低的家庭的儿童将来成功的机会一般而言会少于那些出生在经济地位和文化水平较高的家庭的学生。美国研究发现,对贫困学生来说,存在于他们成功道路上的障碍更多不是学业上而是心理上的,来自每天由于贫困遭受的不公平待遇的影响。[②]在现实中,贫困的孩子,往往家长文化素质比较低,经济收入比较少,常常受到歧视。因此,学校应该帮助学生学会管理情绪,开发学术思维,善于与他人交往,克服困难,使学校成为社会和情感学习的环境。美国的众多研究和报告一致指出,很多贫困学生往往缺乏家庭的支持,甚至会受到来自家庭的负面影响。在解释儿童学业成就差别的最近调查中,研究者得出结论:与学校具备的各种人力、物力和财力比较,儿童所处的经济和社会背景之不同可以更多地解释这些学业成就差别。

---

①[美]詹姆斯·科尔曼.教育机会均等的观念[M]//.张人杰.国外教育社会学基本文选.上海:华东师范大学出版社,2009:154.

②Noguera, P., Darling-Hammond, L., Friedlaender, D. Equal Opportunity for Deeper Learning[R].Jobs for the Future:Deeper Learning Research Series.2015.3.

二、农村留守儿童是最容易受伤的群体

研究发现，留守儿童由于缺乏必要的应对危险的常识和自我保护意识及能力，无力抵御外界的凶险，容易发生溺水事故、交通事故和其他危及人身安全的事故。据统计，中国每年有近5万名儿童死于意外伤害，其中大部分是留守儿童；2014年的一份调查数据显示，49.2%的留守儿童在过去一年中遭遇过不同程度的意外伤害。[①]“甘肃校车特大事故”中死亡的20个孩子绝大多数是留守儿童。溺水和交通事故成为留守儿童非正常死亡的两大隐患。仅2013年6月一个月的时间，全国共有15个留守儿童意外溺亡，而这还是“不完全统计”。另一个危险是“被性侵”。有媒体盘点了中国十大留守儿童被性侵的事件，这十个案例中，被侵犯女童年龄最大的11岁，最小的只有3岁。根据全国妇联2013年发布的一份留守儿童调查报告，广东是留守儿童高度集中的省份之一，占全国留守儿童总数的7.18%，频繁有女童被性侵的报导。据新京报调查，宁夏灵武市一个村庄内，一年间有12名幼女在村里的幼儿园被教师性侵，其中11人为留守儿童。在只有100多户人家的村庄中，这意味着约十分之一的家庭受到伤害。另一方面，他们不仅对多种外部的不良环境缺乏必要的防范，还容易受各种外界不良影响引诱，仇视社会，具有反社会倾向，最终走向犯罪道路，给社会稳定带来不利影响。

三、农村留守儿童是社会弱势群体

研究表明，农村留守儿童通常家庭经济条件差，父母文化素质低下，他们的家庭和社区能够为他们提供的社会化资源非常少，而且这些资源当中很多还可能对农村留守儿童社会化造成伤害。他们获得的社会经验往往与主流的价值观、语言体系、核心词汇、科学知识、思想观念、思维方式有别，充斥着与主流话语

---

①青少年群体报告：去年49.2%留守儿童遭遇过意外伤害[EB/OL].(2014-11-30)［2017-11-05］.http://politics.people.com.cn/n/2014/1130/c1001-26120076.html.

体系有别的地方性方言和俗语，甚至包含了一些错误的、迷信的和反社会的成分。导致贫困家庭儿童进入正规学校学习后，不能适应代表主流文化的学校环境，对教师所传授的主流文化不理解，甚至与主流文化体系相冲突，造成部分农村留守儿童不能正常社会化。国外的很多动物实验也都证实了这一结果：

赫布（Hebb,D.）采用赫布-威廉斯动物智力实验方法比较了实验室里养在笼中的白鼠与自己家里供玩赏的白鼠解决问题的能力。结果表明，作为玩物喂养的白鼠优于实验室中笼养的白鼠。汤普森（Thompson）和赫伦（Heron）用狗进行了类似的实验。把几只断了奶的小狗放到实验室笼子里喂养至8个月，把同窝生的另外几只小狗放在家里作为玩物喂养同样长的时间，然后把它们合并到养狗场再喂养10个月，当它们长到18个月的时候，用赫布—威廉斯式迷津测定，结果是作为玩物在家喂养过的狗比在实验室笼养过的狗解题能力强。事实表明，家养狗相对笼养狗的优越性比家养白鼠相对笼养白鼠的优越性要明显得多。这就是说，幼年经验对成年解题能力的影响程度可以表示为大脑的一个比例函数。在这里存在着一种很大可能性，就是被剥夺文化的贫民窟的孩子可能类似实验室的笼养动物，而在有教养的中产阶级家庭长大的孩子则可能类似家里喂养的玩赏动物。这种可能性提醒人们：如果及早丰富学前的早期经验，就可以解救遭受文化困境的孩子，给那些出生在贫民窟的孩子一个比较平等的竞争机会。蒙台梭利（Montessori,M.）在罗马圣罗伦佐创办的“儿童之家”和她在那里发展的教育方法提供了一种消除文化困境的途径，也是为达到这一目标所做出的极好的努力。

丹尼斯发现在德黑兰的一所孤儿院里，视听输入的单调明显延迟了儿童运动器官的发育。在那里，60%的孩子到2岁时还不能坐起来，85%的孩子到了4岁还不能行走。对于这个结论，人们都感到十分惊讶。人们往往可以将食物摄取与身体发展情况联系起来，但是，很少将视听输入与运动器官发展连接起来。它表明，个人是否完全实现自身潜能，取决于有机体与环境连续的相互作用。心理发展在很大程度上与有机体所在的周围环境密切相关。

研究发现，在发展的最初阶段，如果有机体的某种经验被剥夺的时间越长，或者说某种信息交流被剥夺的时间越长，就越能够造成某种永久性影响。例如，克鲁兹（Cruze）的研究表明，在暗室里喂养5天的小鸡能很快恢复发展其应有的啄食准确性；但是在暗室喂养20天，每天只有15分钟外出啄食的小鸡，以后不仅不能改善还会永久丧失啄食准确性。此外，帕迪利亚（Padilla）曾让刚孵出的小鸡8天或更长时间不啄食，结果小鸡完全丧失了啄食欲望和啄食能力。虽然尚未窥破其中的奥妙关系，但对儿童教育有明显的启示：文化剥夺的时间越长，造成的影响越深。[①]这就促使人们认真考虑丰富学校环境，以解救文化剥夺，解救得越早越好。

另一些动物实验也解释了低收入家庭儿童学业成绩通常较为低下的原因。在一项经典研究中，把老鼠放到一个杂居环境中，该环境充满物体，能为老鼠探究和玩耍提供充足的机会。物体每天都在变换和重新摆设。在更换物品的时间里，动物被安放到另一环境中，该环境摆设另一组物体。因此，像在纽约下水道中或堪萨斯田野里真实世界的老鼠一样，这些老鼠具备相当丰富的经验，能通过这些经验提取信息。一个对照组的老鼠被放在一个典型的实验室环境中，在空荡荡的笼子里独自生活或与一两只老鼠一起生活。对于老鼠来说，这个环境显然是单调而缺乏真实情境的。这两种场景有助于确定经验是如何影响正常大脑和正常认知结构的发展的，同时也能够观察到当动物的关键体验被剥夺时会发生什么状况。当老鼠成长到青春期后，让两组老鼠接触学习经验。在复杂环境中长大的老鼠一开始就比其他老鼠少犯错误，它们也能很快学会不犯任何错误。在这一意义上，它们比在剥夺环境的老鼠更聪明。如果给予正面的奖励，它们比单独关在笼子中圈养的动物在应付复杂任务时表现得更加突出。显然，学习改变了老鼠的大脑：在复杂环境中生活的动物，它们视觉皮质中每个神经细胞的突

①[意]蒙台梭利.蒙台梭利幼儿教育科学方法[M].任代文，译.北京:人民教育出版社，2001:40-42.

触拥有量比在标准笼子里圈养的动物高出20%—25%。[①]

19世纪70年代著名的科尔曼报告对教育机会平等的问题进行了大规模的调查,揭示了家庭背景和学业成就之间的关系。其结论是,学校之间资源分配的差异,只是学业成绩差异的一小部分。造成学生成绩差异的最大原因不是学校的教学材料、设备、课程和教学法,而是学生的家长是否受过良好的教育,是否来自富裕的家庭。克里斯托夫·杰克斯在1973年对学校的重要性做出的结论,被许多人认为是事实,而不是假设。杰克斯甚至得出结论说,学校的改革对减少学生在认知方面的不平等是起不了什么作用的。并且,他认为,在解释学生之间所取得的教育成就的差异时,学校间的差异可以忽略不计。学生与学生之间在教育成就方面的差异只能用社会经济地位和智商来解释。也就是说,学生表现上的差异是由学校外部,而不是学校内部因素引起的。一个孩子带进教室里的背景就决定了他或她在那儿的表现。[②]如果没有高质量的教育来有效地引导每一个人的特长和潜能的发挥,而不仅仅是那些处境优越,出生在经济、社会地位高的家庭中的孩子的特长和潜能,那么,社会的前途将不堪设想。

既然现在是民主社会,人人生而平等,不存在一些人在身份和地位上高于另一些人,一些人在身份和地位上低于另一些人,那么,机会平等就是必不可少的。机会平等指为每一个儿童提供机会和环境,使得每一个儿童的天赋和潜能得以完全发展。然而,人在遗传上的差别使我们明白,机会均等并不等于同等对待,而恰恰是差别对待,不同的人采取不同的方法,为了促进这种机会均等,应当使每个人都有同样的机会实现其特有的潜力,而不因其出生环境进行人为的、外在的限制。

---

①[美]约翰·D.布兰思福特,等.人是如何学习的:大脑、心理、经验及学校(扩展版)[M].程可拉,等译.上海:华东师范大学出版社,2013:105-106.

②[美]约翰·I.古得莱得.一个称作学校的地方[M].苏智欣,等译.上海:华东师范大学出版社,2006:4-5.

第二节 农村留守儿童社会化困境的起源

农村留守儿童问题是当前国家、政府和社会高度重视的问题,也是当前教育研究的热点。翻开文献,留守儿童研究成果铺天盖地,打开网络,众多留守儿童报道扑面而来。研究者和关心留守儿童问题的有识人士纷纷提出了自身的看法和建议:一些人认为,政府应该加大对农村教育的投资,鼓励更多社会工作者和心理工作者深入到农村;一些人认为,农村学校应该加强道德和安全教育,增设心理辅导的课程;一些人认为,政府应该鼓励离乡农民工回乡创业;等等。深入分析可知,诸如此类的解决办法都只是表面的和暂时的,有些甚至是不可行、不现实的。从本质上看,农村留守儿童问题并不是单一的留守儿童问题,它反映的恰恰是普遍的教育问题——社会转型带来了儿童日常生活的巨大变化,而学校却对这种变化视而不见,仍然自顾自地进行书本和符号知识的教育。近年来媒体报道中发生在留守儿童身上的各种自杀、被杀和杀人悲剧正是儿童日常生活与学校教育各行其是的必然结果。

一、儿童社会化和学校教育的危险性

众所周知,在原始社会,学校还没产生之前,儿童的社会化主要是在以学徒式参与家庭和部落的社会生活和生产过程中完成的。比如,在和父亲打猎的过程中学会打猎,了解打猎的过程和工具的知识,在哪里可以找到猎物,用什么工具对付哪种猎物,在哪里设置陷阱,如何设置陷阱,设置哪种类型的陷阱等。在和母亲收集食物的过程中知道哪些果子可以吃,哪些果子有毒不能吃,什么季节可以采集到什么果子等。在与母亲制作衣服的过程中了解整个衣服制作的过程。在与父亲修建房屋的过程中了解房屋建造的整个过程,用哪些材料,如何建造更结实、牢固的房子。在参与部落传统庆典节日中,了解部落的观念和信仰。在与同辈儿童玩耍和游戏的过程中重现和复制成人的社会生活。正是通过参与日常生活中的活动，儿童同化部落成员的目的、知识和情感，使自己成为部落的一分子，将部落的成功和失败作为自己的成功和失败，将部落的目的、信念和观念作为自己的目的、信念和观念。正是通过这样一个过程，儿童完成自身的社会化。用社会学家的术语来说，这个过程是儿童形成共同理解和相似思维(like-mindedness)的过程。事实上，儿童在生活中学会生活，通过直接参与社会生活获得社会化，这种方式并非仅仅存在于原始社会和野蛮民族，在学校教育已经十分发达的今天，它仍然是儿童社会化的基本的和重要的途径。然而，这一点却经常被忽略。

后来，随着社会的快速发展，文化积累越来越多，儿童的能力与成人社会所积累的文化成就之间的差距越来越大，仅仅通过儿童的直接参与越来越不能确保儿童习得成人社会的成就，于是，专门的机构和专门的人开始从事专门的儿童教育工作——学校和教师。换句话说，没有正式学校教育，要将复杂社会的已有成就传递给下一代，变得越来越困难。从本质上看，儿童参与日常生活，无论是以直接参与还是间接游戏的方式，它们至少是个性化的和有意义的，这些品性在很大程度上解决了日常生活教育机会的狭窄问题。相反，正式的学校教育却非常容易变成遥远的、死板的和抽象的，与日常生活不相干。换句话说，日常生活学习至少是实用的，可以运用到实践生活中，影响到儿童的品行。而学校教育却远离日常事务和对象，独立自存，具有专门的、外在的和人为的性质，对儿童的日常思维和行为不产生更多影响。它表明，当社会文化的积累增多，越来越多地以书面符号的形式储存起来并且在学校教育中占据主要地位的时候，学校教育与日常生活相脱离的危险就越来越明显。

二、农村儿童社会化的途径

自从学校教育产生以来，一些人就已经开始在谴责学校教育与日常生活相脱离，对生活没有意义，不影响儿童的品行。然而，日常生活与学校教育却能够各自为政而又相安无事。其根本原因就在于,如上所述,在传统社会中,儿童社会化的主要场所和途径在日常生活。换句话说,儿童社会化的很大部分是在他们的日常生活中完成的。而一旦儿童的来自日常生活的社会化机会突然消失了,儿童的社会化发展将会受到灾难性打击。于是,就出现了新闻媒体上频频报道的留守儿童悲剧事件。应当说,当下发生在留守儿童身上的这些悲剧恰恰是学校教育与日常生活各自为政的必然结果,是危害性集中、尖锐、突出的表现。

在农村留守儿童的日常生活中,家庭、邻里和同辈群体是他们社会化的主要来源。第一,家庭中农村留守儿童的社会化。儿童通过参与家庭劳作,获得必需的智力、社会、情感和道德的发展。了解了生活的意义和过程,掌握了生产材料和工具的知识,获得了分享和合作的能力和情感。通过参与家庭活动,在与父母的交谈和接触中,以潜移默化的方式,儿童形成了基本的思维和行为习惯:勤劳、上进、尊重、合作、独立等。第二,邻里中农村留守儿童的社会化。在观察村子里其他成人劳动的过程中,儿童了解到世界上的工作是如何完成的,其意义和价值何在,他人工作的意义,自己作为一分子如何在社会生活中发挥应有的责任。在与村子里其他成人和儿童的交往过程中,改进和丰富了儿童的已有经验,启发了思想,扩展了视野,学会了包容、同情和接纳他人,尊重他人的意见等。第三,同辈群体中农村留守儿童的社会化。在与村子里其他儿童的游戏和活动过程中,儿童以一种更直观的方式模仿、重现和延续周围成人的生活。

三、农村儿童社会化的阻碍

社会转型割断了农村留守儿童社会化的主要来源——家庭、邻里和同辈群体,剥夺了他们社会化过程中的关键经验,他们在智力、社会、伦理和情感等方面的需要得不到满足,从而引发各种各样的留守儿童问题。

首先,这种变化体现在家庭中。家庭不再是传统的生活和生产的单位而仅仅成为居住的场所,提供休息和睡觉的地方。土地被荒废,儿童基本没有农活可干，失去了参与劳动和交流的机会。劳动和交流的机会的缺乏也就意味着留守儿童缺少了关键的社会化机会和环境，无法了解社会生活和生产的过程，缺少起码的生活和生产常识，难以养成勤劳、上进、合作、同情和尊重等道德品行。

其次，这种变化体现在邻里中。村落和邻里的变化也导致农村留守儿童社会化环境和关键经验被剥夺。农村人口的大面积迁徙使得很多曾经忙忙碌碌的村庄变是冷冷清清，成为名副其实的“空心村”。邻近村落不再有往日热热闹闹的集会，裁缝铺、打铁铺、米面加工房、补鞋店、榨油坊、磨坊、酒厂等场所都消失不见了。以前，这些地方正是农村儿童经常出没、追逐嬉戏的场所。正是在这些地方，农村儿童看到了吃穿住行等基本的生活过程和结果，理解到人为什么要劳动，劳动对自己、对家庭、对他人和对社会的意义和价值何在，从而养成自力更生和勤劳的习惯。比如，看到棉花如何被纺成纱，又如何被织成布，布又如何被裁剪和缝制成漂亮的衣服；看到皮革如何被打磨、钻孔制作成一双双结实的皮鞋；看到一块方方正正的铁板如何被熔化和锻造成锄头和镰刀，并被用到庄稼的播种和收获当中；等等。

最后，这种变化体现在同辈群体中。随着城镇化建设的推进，越来越多的农村儿童随父母到城市读书，奔跑、追逐于村头村尾的同伴所剩无几，留守儿童缺乏必不可少的童年玩伴。往日，与小伙伴们一起捣鸟窝、过家家、捉迷藏、捞鱼、捉蚱蜢、捉萤火虫、捉泥鳅、观察蚂蚁洞、捉蝴蝶、采野果子、捡蘑菇等开心的日子一去不复返，只能怀念。事实上，正是通过儿童之间的这些活动，他们不仅学到了很多自然和生活知识，还学会了交流、分工和合作，形成了一心一意、敢于冒险、克服困难和解决问题的思维和行为习惯。然而，今天，这些快乐、美好而有益的经验都被剥夺了。

总之，处境已经非常不同了。当农村儿童来自日常生活的这一部分教育影响被突然撤除之后，学校教育如若仍然自顾自地专注于书本学习，其危害将以极端的方式呈现出来。

第三节　农村留守儿童社会化困境的化解

“为了更好地使学业成就差别有所缩小，社会就得专门采取措施，来补偿儿童赖以成长的背景之不足，并补偿儿童可能在家中形成的不足。”①让更多的农民工回乡创业、鼓励更多社会工作者深入农村、在农村学校安排心理辅导课程和教师，这些都是解决农村留守儿童问题的策略，却不是根本方法。要从根本上解决农村留守儿童问题，学校教育应该正视农村留守儿童日常生活的巨大变化，在农村留守儿童社会化过程中发挥主导作用，完善他们在日常生活中的社会化环境和关键经验，而非独善其身，专注于书本和符号知识的教育。面对今天农村留守儿童日常生活的深刻变化，学校必须做出相应的改变，否则，农村留守儿童的问题还将进一步增多和恶化。

一、农村学校成为一种社会生活形式

农村本身应该作为一种社会生活形式，来完善农村留守儿童日常生活中合作和交流的环境和经验。心理学研究表明，成人有意识控制儿童的唯一方式是通过控制他们活动的环境，由此控制他们的思维和情感。我们从来都不是直接地去教育人而是通过环境去间接地影响人，这是一条正确的教育原则。儿童社会化所需要的观念、情感和知识，不能通过直接灌输的方式被获得，而只能通过环境的中介作用。最基本、最好的儿童社会化作用来自儿童无意识地参与社会活动。在共同活动中，儿童在完成自己的那部分工作的同时，理解了共同的目的，掌握了材料和方法的知识，获得了需要的技能，形成了社会意识，分享了集体的情感和精神。而之所以传统学校教育没能在儿童社会化过程中发挥应有的作用，原因在于我们忽略了学校作为社会生活的基本原则。事实上，在传统学校，尽管儿童和教师整天待在一起，却并不构成一个集体。尽管师生都在完成上级

①[瑞典]托尔斯顿·胡森.平等——学校和社会政策的目标[M]//张人杰主编.国外教育社会学基本文选.上海:华东师范大学出版社,2009:178.

指定的任务,也不构成一个社会。如同工厂车间的机器都在完成同一件产品的生产却不构成一个集体一样。指令的给与取能够改变双方的行为和结果,却并不形成有目的的分享和兴趣的交流。在这种情况下,无论师生之间的行为如何相互影响,他们都不构成一个真正的社会。①

通过参与社会生活获得种族意识的分享是基本的、核心的儿童社会化途径,无论多么正式和专门的学校教育都不违反这一原则,仅仅在形式上更加组织化,或在某些具体方面更加分化而已。换句话说,教育主要是通过交流而传递种族经验,从而延续社会生活。然而,在传统上,学校被看作是专门的学习的地方。在那里,特定信息被获得、特定的功课被完成、特定的习惯被形成,这些价值都是在为遥远的未来做准备而非儿童当下生活的需要。它们没能成为儿童生活经验的一部分,不具有教育意义,不影响儿童社会品行的形成。因此,要解决留守儿童问题,学校教育应该在儿童社会化过程中发挥积极的主导作用。一方面,学校应该像一个理想的大家庭。彼此相识、相互交流,在共同的活动中,师生之间、生生之间分享共同的目的、观念和情感,有共同的兴趣,能够基于共同目的而调整和规范自身的行为,既知道别人在干什么,也让别人知道自己在干什么,以集体的成功作为自己的成功,以集体的失败作为自己的失败。另一方面,学校应该经常组织一些集体性活动,让儿童有更多的合作和分享的机会。儿童在学校最有用的事情是亲密地接触具有不同个性的人。教育是分享社会意识,交流是一个经验分享、变成共同经验的过程。没有分享,活动的意义便不能被儿童所理解,就不能变成他自身思维和品行的一部分。因此,学校应该多一些相互合作、真诚交流的成分,少一些恶性竞争、被动接受的成分,充分实现经验的给与取,扩大经验的范围,提升经验的质量,完善留守儿童日常生活中合作与交流的环境和经验,满足儿童智力、情感、社会和道德的发展需要。

---

①Dewy,J.Democracy and Education[M].VA:Wilder Publications.2008.10.

二、将基本人类社会活动引入农村课程

将吃穿住行等基本人类社会活动引入农村课程，补偿农村留守儿童参与活动的环境与经验的缺失部分。儿童通过直接参与的方式实现自身社会化。因此，学校必须呈现当下的生活，对儿童而言，它是如此地真实和重要，如同他在家庭、邻里和游乐场一样。然而，在传统学校，活动仅仅以娱乐和获得外在技能为目的，缺乏社会目的和意义，对品行不产生影响。用杜威的话来说即是："他（儿童）像动物一样地被训练而非像人一样地被教育。"①心理学研究发现，在儿童发展中，主动的方面先于被动的方面，表达的方面先于吸收的方面。儿童理解远的事情的能力建立在理解近的事情的能力上，先有后者，然后才有前者。②因此，学校课程应该从儿童熟悉的家庭生活出发，将吃、穿、住、行等基本的人类社会生活类型引入学校，而学科知识的学习则作为这些活动的自然而然的副产品和结果。一方面，这符合儿童心理上的需要。儿童的兴趣都是围绕生活，与生活相关。儿童对纯粹外在的事情不感兴趣，而对他需要了解的事情感兴趣，他的兴趣和他的需要是一致的，否则，他便存活不了。将吃、穿、住、行等基本的人类社会活动引入到课程中不是因为它们可以帮助儿童获得额外的知识和技能，而是因为它们是儿童理解社会生活的唯一正确的方式。另一方面，这符合社会的需要。教育首先是人类的，然后才是专业的。吃、穿、住、行是人类社会永恒的主题，过去、现在和未来，它们都是组成社会生活的基本维度，也是儿童了解社会生活的钥匙和顺利实现社会化的根本途径。然而，传统学校将大量与生活不相干的信息灌输给儿童，学习的社会目的和动机丢失了。当信息的获得和专门技巧的获得不影响儿童社会品行的形成，对日常生活不产生影响的，那么，这些学习是值得商榷的。

因此，通过做饭、纺织、制作、表达和建造等活动，重现农村社会生活，让儿童

①Dewy, J.Democracy and Education[M].VA:Wilder Publications.2008. 17.

②Dewey, J.My Pedagogic Creed[M]. Chicago:The University of Chicago Press, 1964.9.

重新经历生活之所以成为生活、文明之所以成为文明的过程，继承种族遗产，同化种族意识、思维和情感，深化和扩展存在于社会生活中的基本价值，帮助儿童理解社会生活的过程和意义，获得与种族成员相同的理解和相似的思维，从而顺利完成社会化，这应当成为农村学校教育的主要责任。比如，尽管一些农村留守儿童可能参与了家庭的蔬菜种植过程，也看到了蔬菜种植的整个过程，然而，长辈并没有向儿童解释蔬菜为什么要这样种。儿童就会想当然地认为，种菜就是这样机械的经验做法，不需要知识和思考，他们会模仿和复制父母的做法，延续传统习俗，不去思考如何改进做法。鉴于此，农村学校应该将儿童感兴趣的蔬菜种植活动引入到学校，同时请相关专家为儿童讲解如何种植蔬菜，需要注意什么，为什么要这样种蔬菜，怎样改进蔬菜种植过程能够提高产量，需要改变哪些条件，蔬菜有什么营养价值，怎样烹饪能够更好地保存蔬菜的营养。这样一来，蔬菜种植活动就成了生动的植物学、生物学和营养学课堂内容。更重要的是，通过亲身参与蔬菜种植的过程，通过长期的观察、记录和实验，儿童不仅能够掌握科学知识和实验方法，学会理性思维，学会合作和分工，还能够树立改造现实的理想，通过自己的双手去改造世界，使生活一天比一天好，而非顺其自然，得过且过，简单重复祖辈的日常生活。更重要的是，蔬菜种植是农村的典型活动样式，是农村生活的必需，通过对蔬菜种植背后科学原理的掌握，儿童能够理解农业劳动的意义，热爱农村劳动和劳动生活，而非从众地向城市涌去，不管自己在性情和能力上是否适合城市生活。所以，一些有条件的农村学校，完全可以利用闲置的荒地和校舍，让教师和儿童共同参与植物种植和动物饲养过程，掌握其中的基本原理和科学事实，补偿留守儿童在日常生活中被剥夺的参与共同劳动的社会化机会。

三、农村教师作为社会工作的领袖

农村学校应该成为社会中心，农村教师应该作为社会工作的领袖，共同优化农村儿童日常生活环境。儿童主要通过直接参与日常生活完成自身社会化，尽管这种方式是重要的和基本的，然而却是偶然的。因为环境有好的，也有不好的影响因素。因此，在儿童社会化过程中，我们是允许环境的偶然作用，还是有意识地设计和规划环境，其效果是截然不同的。学校作为社会进步和改进的最主要、最有效的途径，看到农村留守儿童在街头巷尾闲逛，却心安理得地将大门紧锁，是不对的。传统上的那种想在早年时期一劳永逸地获得一套终身有用的知识或技能的想法已经过时了。传统教育的这个根本准则正在崩溃。儿童需要学会生活，学会在需要的时候如何去获取和运用学习，这样便可以终身吸收新的知识，学会独立地和批判地思考，学会热爱世界并使这个世界更有人情味，学会通过创造性工作促进人类发展。

教育是一种社会功能，学校作为社会中心，具有不可推卸的社会责任。一方面，学校应该主动地为农村留守儿童提供玩耍和游戏的场所，有意识地引导和教授他们健康的日常生活方式。另一方面，学校应该积极参与农村留守儿童日常生活环境的改善，通过夜校、假期班、讲座、报纸、宣传单和短信的形式对儿童监护人进行培训和再教育，帮助他们掌握一些基本的教育知识，规范自身和邻里言行，共同为农村留守儿童创建良好的社会化环境。比如，整顿家庭和周边环境，避免脏、乱、差现象出现；积极创造机会让儿童参与日常生活和劳动，分享心得体会；鼓励儿童与更多的成人和儿童交流交往；等等。

当一个社会变得越来越开明的时候，它将认识到它的责任不是去延续和保存现有社会的全部成就，而是创造一个更好的社会，而学校是完成这一目的的主要机构。作为社会公仆，维持合理的社会秩序，确保正确的社会发展，是教师应有的社会责任。人们往往从每一个儿童的角度来看待教师工作的意义，然而，从本质上看，教师是社会的代言人，在从事社会延续和改进的工作。杜威认为，无论人们是如何定义社会工作者这个角色的，从广义上看，教师是社会工作者，从对整个社会的健康和发展，以及传播自由、公正和幸福的意义上讲，比起那些临时的、慈善性质的社会工作者，教师是最根本意义上的社会工作者。如果这些是真正的社会工作者的责任，那么，比起那些专业的或非专业的社会工作者而言，教师应该理所当然地声称自己是社会工作的领袖。[①]

第四节 农村留守儿童日常经验与学校经验隔离

农村留守儿童日常经验与学校经验隔离，它是当前教育理论和实践中众多问题、困难的交集点。比如，学校与社会、儿童与课程、教学与生活、理论与实践、知与行、直接经验与间接经验的对立，而教育目的分散、课程臃肿、教学机械化都是其直接后果。因此，要从根本上解决这些问题，不是通过人为地精简课程、使教学有趣或提出更严格的教育目的，而是深入地思考如何促进儿童日常经验与学校经验相统一，确保儿童经验的完整性和连续性。随着人类知识的快速增加，儿童日常经验与学校经验越来越孤立，有着不同的目的、不同的动机、不同的方法，学校教育成为名副其实的"僧院式教育"。它是一种不完全的教育、片面的教育。学校成为专门的学习机构，是世界上获得经验最困难的地方。儿童校内和校外学习的连续性被破坏，这是教育上精力浪费和努力错误的最大原因。[②]

一、农村留守儿童日常经验与学校经验在目的上的对立

在理论和实践上，人们往往理所当然地认为，儿童的日常经验主要是达成儿童自身的当下目的，那么，儿童的学校经验就应该是达成家长、教师和学校的目的，即将来的目的。破坏学校经验与儿童日常经验在目的上的连续性，是当前教育的最大错误。它导致学校经验与儿童实际关心的问题不相关，儿童对学校学

①Dewey, J.The School as a Means of Developing a Social Consciousness and Social Ideals in Children[J].The Journal of Social Forces.1923, 1(5):513-517.

②Archambault, R.D.John Dewey on Edcuaition[M].Chicago:the University of Chicago Press, 1974:324.

习没有内在的需要和愿望，缺少动机，养成表里不一、心口不一的不良习惯和态度。武断地从外部提出目的和任务替代儿童自身的个人目的是错误的，导致学校经验与儿童看到的、感受到的、喜爱的、想要做的事情缺少有机联系，使学校经验成为形式化、符号化的外部强加。任何学校经验，无论算术、地理和历史，如若没有在儿童自身的目的中占据重要位置，都将被迫进入这种状态。

传统心理学认为，儿童是小大人，是成人的预备，成人的依附物，仅仅是个头和年龄有差距，其兴趣、意见和想法与成人是一致的。然而，现代心理学表明，儿童是成长和发展中的人，有独立的地位和价值。儿童的世界是儿童自身的世界，他有他自己关心的事情，需要解决的问题。儿童的事情和问题在成人看来可能幼稚可笑，不值一提，但对儿童而言，它们却至关重要、非完成不可，宁愿不吃饭、不睡觉也想去完成去解决。这就是说，儿童有他自身生活的需要和目的，不能用成人的想法和目的替代儿童自身的想法和目的。成人有成人需要和想要完成的事情，儿童有儿童需要和想要完成的事情，对成人有意义的事情，并非一定对儿童有意义，儿童也理解不到其中的意义。不能将成人的意志强加到儿童身上，一些在成人看来十足是浪费时间而又无聊透顶的事情，对儿童而言，却是世界上最有趣、最重要的事情。比如，家长可能认为完成家庭作业比给宠物小狗做屋子重要一百倍，而儿童可能认为反复数十次地看同一个动画片比演算出一道教师布置的数学题更紧迫。

然而，在学校教育中，教师总是从外部提出要求和任务，规定儿童做这个、说这个、写那个，却从不考虑儿童自己想做点儿什么、想说点儿什么、想写点儿什么。这在儿童的朗读和作文课中体现得淋漓尽致。语言交流是儿童自然的需要，然而，在学校课堂中，朗读和作文成为人为的任务和目的，教师一再要求学生，读得自然一点儿，写得有感情一点儿，然而，儿童的朗读仍旧是说唱方式，作文仍然是胡编乱造。其中的主要原因在于，朗读和作文与儿童自身的目的相脱离，儿童没有表达的意愿、需要和冲动，从外部提出要求，强迫儿童为之，其结果必然如此。

二、农村留守儿童日常经验与学校经验在动机上的对立

在理论和实践上，人们往往理所当然地认为，儿童的日常经验基于儿童自身的兴趣和需要，那么，儿童的学校经验就应该让他们从事一些不感兴趣、不情愿去做而必须付诸努力和意志的事情。从心理学上看，这是错误地对待兴趣与意志和努力之间的关系。结果是个体自然的兴趣和需要没得到利用和引导，教学的人为性是必然的结果。学习成为强迫的和外在的过程，教和学变得形式化、机械化，师生双方神经紧张，儿童个体创新性被打击，思维混乱，盲目地服从他人意见。

武断地从外部提供动机，通过奖励或惩罚替代儿童自身的内在兴趣和需要，是错误的。它只会增加学校学习的人为性和不真实感，使最好的伦理效果成为不可能。由于儿童内在的兴趣和需要得不到满足，又因为害怕教师的惩罚或希望获得教师的称赞，又不得不拿出部分注意力去关注原本不感兴趣的学习材料，造成注意力分散，儿童完整的思维被分裂，形成校内和校外双重标准、双重人格，这是校内学习和校外学习、正式教育和非正式教育很难获得统一效果的真正根源。

如同狮子是吃肉的，你不给它肉吃却偏要强迫它吃草，牛是吃草的，你不给它吃草偏强迫它吃肉一样，“我相信，太突然地以一种与社会生活相脱离的方式给儿童呈现大量的专门学习，如阅读、写作和地理等，违反了儿童的本性，导致最好的伦理效果成为不可能。”①尤其严重的是，长此以往，一方面，儿童开始认同和接受学校经验的人为性和虚假性，认为学校经验和日常经验本身就应该不同，学校经验从来都是假的，日常经验才是真的，学校经验仅仅是为了应付考试和升级，不能运用到日常生活中，特定的材料和方法专门适合学校，只能在学校中运用和存在，对日常生活不产生影响，是额外的负担和累赘。它损害了儿童思维原本的现实感、敏捷和活力，儿童对现实的探究欲和好奇心减弱，与此同时，儿童在

①Boydston, J.A.The Collected Works of John Dewey:Volume 5[M].Southern Illinois University: The Board of Trustees.1972.89.

学校学习中感受到的不真实感却在以惊人的速度与日俱增。比如,作文就是写一些编造的事情,阅读是读别人编撰的假故事,课堂上的事情永远不会发生在日常生活中。在学校学习就假装一切都是真的,回到家中,就是回到真实世界中,说真话、做真事,儿童无休无止地在真假两个世界中进行着思维变换。另一方面,儿童开始相信,学校学习是独特的、专门的学习场所,有自身看待和处理事情的法则,学到的东西不能运用到他的校外经验中。比如,学校品德课上要求不能随地吐痰,这仅仅是学校的要求而已,出了校门,就可以随地吐痰了。偶尔,碰巧学校经验在日常生活中发挥了作用,往往会令儿童惊奇不已,“这个,在我们的课本上也曾经讲过”。又比如,儿童在自然课上学习了植物的根茎叶,却不知道自家吃的萝卜来自哪个部分,在地理课上学习了长江和嘉陵江,却不知道流经自家门前的河流就是嘉陵江,在数学课上学会了分数,却不知道如何按照比例做面包,如此等等。

三、农村留守儿童日常经验与学校经验在活动上的对立

在理论和实践上,人们往往理所当然地认为,日常经验主要是儿童通过活动获得的直接经验,那么,学校经验就应该是儿童通过静听的方式积累的间接经验。这是对知与行、直接经验和间接经验的不正确的理解。学习材料作为事实,具有真理性,对于发现它们的人具有意义和价值,但与儿童日常经验无关,所以,它们不可能影响儿童的品行,更不可能转化成行为。在脱离儿童日常活动的情况下,突然地将一大堆事实和原理提供给儿童,与直接将象形文字呈现给儿童无异。

武断地从外部呈现大量的事实替代儿童自身的、连续的、有目的的探究活动,是错误的。儿童天性好动,从做中学是儿童学习的主要方式,遇到事情总要试一试、摆弄摆弄、敲敲打打、摸一摸。在日常经验中,儿童总是通过动手和操作对经验中的困惑进行解决,他有事情要做,有活动要完成,自然地劳动分工,选拔

领袖和伙伴,相互合作和努力。然而,一些自作聪明的人认为,儿童日常活动简直是浪费时间,为了节约宝贵时间,学校教育应该直接以系统知识为起点和目的,如同打仗一样,他们认为迂回作战不如直接进攻效率高。于是,不仅没有有意识地利用儿童日常经验中的活动,还明令禁止将它们带到学校里去。

如同看地图不能替代亲自旅行一样,他人总结出的滑轮和杠杆原理不能代替儿童亲身利用滑轮和杠杆去建造一座小树屋。在日常经验的获得中,儿童总是用手、眼、耳和四肢与现实接触,通过对物质和材料的操作去解决问题,这绝非通过单纯的书本学习可以获得。然而,儿童来到学校,在脱离他自身日常活动的情况下,教师和教材呈现大量他人获得的事实,要求儿童死记硬背。原则必须区分和明确,事实必须基于原则的关系被解释。事实被分类成知识发展的产物而非儿童活动的产物。所有这些意味着一种专门的、高度成熟的智力习惯的形成,意味着客观地、不偏不倚地对待事实的能力而不考虑它们在日常活动中的地位和意义,这与儿童从做中学的认知原则相违背,导致儿童智力上的早熟,而过早的专门化必然以牺牲持续发展为代价。

这样一种情形迫使农村留守儿童在学校不得不放弃他在家里和邻里感兴趣的游戏和活动,面对学校从外部提供的大量与自身日常活动不相干的材料,逐渐产生抵制和排斥的心理,厌学、逃学成为必然。为了缓解教学的粗暴特征,一些经验老到的教师不得不煞费苦心地利用一些拟人化和直观化的小花招,从外部提供学校经验与儿童日常经验之间的人为联结。学校的这种教育方式直接导致了四大恶果:一是压制儿童的身体活动,儿童身体运动的需要得不到满足,健康受到损伤;二是延续学究式、书虫式教育,养成一大批书呆子和精神贵族,轻视或瞧不起体力劳动,造成社会上体力劳动者与脑力劳动者的对抗;三是课程的拥挤,与儿童日常活动相脱离,随意地提出大量主题,使教学工作琐碎和模糊,蜻蜓点水,而不充分强调、突出和透彻地理解任何一个;四是教学的机械化和形式化,武断地将儿童放在规定好的道路上,强迫他们接受系统化的、组织好的他人知识，导致儿童形成被动接受和盲目服从的习惯，过分依赖于外部提示，形成思维的奴性，习惯于接受那些一知半解的二手经验。比如，当过教师的人都知道，从小学、初中、高中到大学，给学生一个主题，他们的第一反应几乎都是急于去查找书本上他人关于该主题的记录，而鲜有通过直接操作和活动去亲身接触和探究主题的学生。这也就是为什么，儿童在日常生活中能够提出很多问题，只要成人不厌烦，他们的问题可以说是无穷无尽，而到学校他们却几乎从不提问题，或提不出问题。很多儿童，甚至到幼儿园结束就已经失去了他们对现实的好奇心和敏感性，自己的头脑成了他人的跑马场，即卢梭所说的，“相信得多却知道得少，认识地图却不会制作地图”。

第五节　农村留守儿童日常经验与学校经验统一

农村留守儿童日常经验，指的是农村留守儿童在校外生活中，基于自身兴趣，通过有目的的活动而获得的经验。从这个意义上看，儿童日常经验对于我们正确认识和理解学校经验具有启发价值，可以帮助我们更好地组织学校教育，使它少一点儿人为性、强制性和外在性，多一点儿真实性、自然性和内在必要性。儿童日常经验与学校经验相统一，旨在打破儿童日常经验与学校经验人为建立起来的不必要的和有害的壁垒、藩篱和鸿沟，确保儿童能够将他在家里学到的东西运用到学校中，在学校学到东西运用到家庭和邻里生活中。

一、农村留守儿童日常经验与学校经验相统一的本质

儿童是带着健康的身体和多少有点儿不情愿的思想来到传统学校，事实上，他并没有将他的思想带到学校，他必须将他的思想留在家里，因为在学校他的思想没有用武之地。如果儿童的思想是纯粹抽象的，他可以将它一并带到学校里

去，然而，他的思想是具体的，是对具体的事情感兴趣，除非这些事情能够进入到学校生活中，否则，儿童的心思永远不可能放到学校的事情上。我们希望，儿童能够带着健康的思想和身体进入学校，然后，带着更健康的思想和身体离开学校。[①]在原始时代，在正规学校教育还没产生之前，儿童就已经从日常生活中学习，形成社会生活所需要的思维、习惯、态度、行为和道德品性。在文字出现之后，鉴于受教育人数的迅猛增加，正规学校教育开始出现。然而，随着知识积累的增多，学校日益脱离日常生活而将自己孤立起来，作为专门学习知识的场所。于是出现了儿童日常经验与学校经验的分裂问题。从起源上看，儿童日常经验与学校经验在本质上是统一的，而非分裂的两方面。学校经验是从模糊统一的日常经验中分化出来的，与日常生活紧密相关，来自日常生活和为了日常生活。换句话说，儿童来到学校的目的不是要学习与生活不相干的东西，而是概要地复现他们校外经验的典型方面，扩大、丰富和逐渐阐释它，帮助儿童在情感上和在智力上体会到人类社会的价值和目的是如何变成现实，文明之所以成为文明的过程。

地理、数学、化学、物理在本质上也是经验，是种族经验，是从生活中产生的，为了满足生活的需要。换句话说，儿童的日常经验和学校经验是同一个东西的第一步和最后一步，将它们人为地对立起来是错误的。日常经验是学校经验的起点、背景和材料，学校经验代表儿童日常经验的最高发展。儿童生活在地理、数学、化学、物理和语言的世界。在儿童经验中已经有特定的地理、数学、化学、物理和语言的成分，但这仅仅是潜在的，儿童没有明确地意识到它，他不能阐释它，没有客观地认识到它，所以，他不能控制它，不能理智地在实践中运用它。教育的过程就是选择那些能够明显展示人类掌握专门思维和行动方法从而实现自身目的的典型材料，以一种与儿童日常经验相对应的方式确保儿童获得相应的经验，让儿童看到和理解到，并能够理性地运用模糊地萦绕在他生活中的事物，从而逐渐分化出各种能力，而非孤立地从外部提供大量分门别类与儿童日常经

①Dewey，J.The School and Society & Child and the Curriculum[M].Chicago:the University of Chicago Press.1991:80.

验不相干的学校经验。

值得提出的是，过去和现在都存在着三种对儿童日常经验与学校经验相统一的简单化、机械化认识，对教育实践产生着不良影响。第一种观点认为，儿童日常经验与学校经验相统一就是指儿童在家里继续从事在学校里的学术学习。放学后要求儿童重复和巩固学校获得的知识以及参加各种类型的课程补习班等都是这种错误统一观的表现。与第一种极端观点相反的第二种极端观点认为，既然儿童对学校里的学习不感兴趣，那么，儿童日常经验与学校经验相统一就是指儿童在学校里继续从事在家里感兴趣的事情。比如，儿童在校外喜欢玩过家家的游戏，那么，学校学习就应该让他们继续玩过家家的游戏，仅此而已。与第一、二种极端观点不同，第三种观点采取了折中的立场，认为儿童日常经验与学校经验相统一就是，儿童在日常生活中学习生活技能，而在学校教育中学习文化知识。由上可知，此三种儿童日常经验和学校经验的统一观都是错误的，仅仅是简单的、机械的、形式的统一，而非实质的、目的的、精神的统一。它不仅不会从根本上解决当前的教育问题，反而容易走向两个极端——要么压抑儿童，要么放纵儿童。

二、农村留守儿童日常经验与学校经验相统一的目的

农村留守儿童日常经验与学校经验相统一的目的，在于确保农村留守儿童日常经验与学校经验都能够起源于儿童自身的兴趣，通过有目的的活动，最终形成同样的看待和处理事情的方式。换句话说，校内和校外、正式和非正式教育的过程和结果应该是一样的，它是目的、态度和方法的一致，而非形式、内容和细节的等同。用杜威的话来说即是，“尽可能地，儿童应该在学校如同在家里一样，具有同样的态度和观念，在学校，他能够找到同样的兴趣，做那些对他自身有意义的事情，他能够从事那些在家庭和邻里生活中令他着迷的游戏和活动。它意味着在家庭里那些对儿童成长有益的、确保儿童积极投入其中的动机应该在学校

被利用。以至于,他将不会获得两套行为原则,一套仅仅属于学校,一套仅仅属于家庭。它是一个儿童经验统一的问题,它是一个实现儿童自身动机和目的的问题,而非去迁就或讨好儿童。"①

第一,儿童日常经验与学校经验应该获得同样的"态度"。这里的态度主要是指看待和处理事情的行为和思维方式。如果说儿童在日常经验中获得了审慎思考、深思熟虑的态度,而在学校经验中儿童获得了马虎草率、一知半解、任性的态度,那么,在这种情况下,儿童日常经验与学校经验是不统一的。

第二,儿童日常经验与学校经验应该获得同样的"观念"。这里的观念主要是指思想和认识方面的理解。如果说儿童在日常经验中获得了科学的、健康的知识观和伦理观以及审美观,而儿童在学校经验中获得了错误的、迷信的、低级的知识观和伦理观以及审美观,那么,在这种情况下,儿童日常经验与学校经验是不统一的。比如,儿童在日常经验中,通过参与共同的游戏学得了分享和合作的观念,而在学校经验中,竞争成为行为规则,分享和合作被认为犯罪,这就是不统一的表现。

第三,儿童日常经验与学校经验应该起源于同样的兴趣。如果说儿童日常经验的获得起源于他自身的内在冲动和需要,而儿童学校经验的获得起源于获得高的分数、教师的认可和奖励、害怕教师的惩罚或同学的嘲讽等外在兴趣,那么,在这种情况下,儿童日常经验与学校经验是不统一的。

第四,儿童日常经验与学校经验都应该是儿童从事那些对他们自身有意义的事情的产物。对他们自身有意义的事情,指的是那些对儿童有内在吸引力的事情,儿童想要去完成它们,宁可不吃饭、不睡觉都想要完成的事情。儿童感受到做它们的必要性,而非来自外部的指令,完成那些他们完全不理解的他人的、遥远的目的。比如,对于一个想给洋娃娃做件衣服的孩子而言,给洋娃娃做衣服就是对她自身有意义的事情,而非完成教师布置的考试作业。

①Dewey,J.The School and Society & Child and the Curriculum[M].Chicago:the University of Chicago Press.1991:167.

第五，儿童日常经验与学校经验都应该是儿童从事让他们着迷的游戏和活动的结果。这里的游戏和活动，指的是有目的的、连续的活动，而非那些盲目的、一时冲动的任性和惯例性行为。如果说儿童日常经验是基于自身的兴趣和目的，通过手、眼和四肢对物质材料进行操作而获得，而儿童的学校经验却是他们在教师指令下通过按部就班、盲目模仿的方式获得，那么，在这种情况下，儿童日常经验与学校经验是不统一的。

三、农村留守儿童日常经验与学校经验相统一的对策

农村留守儿童日常经验与学校经验的对立，在现实性上，它反映的是，社会经验和社会人群的隔离，生活中不同人群之间的经验不能自由地、充分地相互交流。因此，最大的需要是集中和统一。[①]它反映到教育上即是，开发日常经验的内在可能性，利用儿童日常经验中的目的、动机和活动，为学校学习提供起点、背景和材料，确保儿童获得丰富、平衡的经验，以至于儿童通过日常熟悉方式获得的经验能够被带到学校中，并得到利用，儿童在学校获得的经验能够被带回到日常生活中，并得到利用，使校内和校外成为一个有机整体，而非孤立的部分。

（一）利用农村留守儿童日常经验中的“目的”，促进日常经验与学校经验理想平衡

学校应该创设环境，让儿童在校内如同在校外一样，能够从事对他们自身有意义的事情。一方面，日常经验为学校学习提供意义，让儿童感受到学习的必要性而非强迫性任务，以至于学校学习成为儿童经验的有机生长物，实现教学的社会化（Socializing instruction）。另一方面，在学校解决那些儿童在校外必然要遇到的事情，通过扩展学校经验和深化日常经验，使日常经验更可理解和更可控制。

---

①Dewey, J. The Relation of Theory to Practice in the Education of Teachers[M]. Illinois: Public School Publishing Company, 1927.25.

一直以来，人们都主观地假定，学校是提供特定信息、学习特定功课、形成特定习惯的地方，儿童在学校学习是为了满足将来的需要，他所学到的东西都将在遥远的将来起作用。它们仅仅是准备，所以没变成儿童生活经验的一部分，不具有真正的教育性。更严重的是，儿童形成了阳奉阴违和拖拉散漫的习惯——将来是很遥远的事情，与现在无关，不具有紧迫性。这种教育实践与传统心理学相对应。认为思维就是思维，赤裸裸地与客观外部世界发生作用，成人思维与儿童思维一样，仅仅是数量上的差异。与此不同，当代心理学认为，思维是社会环境的功能，思维具有独特性和发展性。儿童的思维与成人的思维具有不同的特征，儿童有他自身的冲动和倾向需要得到表达和满足，因此，不能用成人的看法和想法替代儿童自身的看法和想法。

学校必须呈现当前的生活，真实而有活力，如同儿童在家庭、邻里和游乐场里一样。实质上，历史、科学和艺术等学校经验之所以是有价值的，是因为它们提供儿童解释日常经验的能力，作为工具，使日常经验更容易控制，获得更有效的规范，而不是因为它们提供给儿童一些闻所未闻的事实和原理，增加儿童占有信息的数量，不是因为它们是教育主管部门的规定，更不是因为它们长期以来都是被学习的对象，所以现在也应该学习它们。知识脱离起源和目的就是抽象的。当前教学的最大问题在于，将高度抽象的事实独立于儿童自身的目的，事实从经验中分裂出来，以纯粹客观的形式，作为新的独特的经验类型叠加到儿童的日常经验之上，缺乏需要和目的的联结，成了武断的外在强加，儿童感受不到学习对他有什么作用，找不出学习它们的正当理由，除了这是学校的规定和教师的要求之外。

儿童经验的统一性和连续性原则要求学校经验要积极地利用儿童日常经验中的目的，帮助儿童体认和理解学校经验在日常经验中的价值和意义，利用学校经验阐释日常经验，使日常经验更可理解，使他们真实体会到学校经验在完成他们自身感兴趣的活动中的必要性和重要性，理解学校经验对日常经验独特的、内在的贡献,使学校经验在儿童日常生活中获得意义,而非一些不得不完成的、遥远的外部任务。这就是说,数学原理的教学不是教给儿童一些从天而降的技术性术语和公式,而是让他发现他感兴趣的事情的完成依赖于运用数学原理的能力。比如,儿童想为洋娃娃做衣服,就是一个有效引入数字运算、图形认知和几何测量的好时机。比如,烹饪,对成人来说,是烦琐的苦工,而对儿童来说却具有无穷的魔力,如果我们能够利用儿童想要亲自做饭这一目的,就能够为物理和化学的学习提供意义和价值,使物理和化学的学习不再抽象、遥远而变得真实、生气勃勃。

事实上,较之于前科学时代,当下,儿童日常生活处处都依赖于科学的运用,他们每天看到的、接触到的事物,如电灯、电话、电视机和电冰箱等等都是利用科学原理的实例,儿童对这些东西充满了好奇,它恰恰是正确引入科学教学的宝贵机会和时机,能够为学校学习提供真实的目的,带领儿童接触现实,让他们能够跟随人类进步的步伐,了解其历史发展、社会价值和科学对应物,这比孤立地、武断地提出科学学习的任务要好上一万倍。正是在这个意义上,杜威明确地将课堂教学分为三等:最低等水平的课,将每一节课作为独立整体;中等水平的课,将前面的课与后面的课联系起来;而最高等水平的课,则能够将每一节课与日常生活的现实相结合,找出联结点和相互关系。①

(二)利用农村留守儿童日常经验中的“动机”,促进日常经验与学校经验有机互动

学校教育应该创设环境,让儿童在校内如同在校外一样,能够从事他们感兴趣的事情。一方面,日常经验为学校经验提供内在动机,实现主题材料的心理学化。另一方面,学校经验给儿童一些他马上能阐释日常经验的东西,可以在日常经验中运用的东西,让儿童感受到学习的需要而非人为的指令,以至于学校学习成为儿童当下倾向和需要的自然生长物。

①Dewey, J.Democracy and Education[M].VA:Wilder Publication, 1916.144.

一直以来，人们都主观地假定，儿童的兴趣和需要是分裂的，儿童感兴趣的东西并非他们真正需要的，儿童对他们自身真正需要什么并不清楚，而必须由外部为他们提供。因此，忽略了学校经验与日常经验在动机上的连续性。很显然，这是一种对兴趣的迷信的看法。从生物进化的角度来看，儿童作为一个未成熟的生物个体，学会生存是他需要考虑的第一件事情。与其他生物一样，儿童生活在一定的环境中，要生存下来，他必须适应环境，包括物理的和社会的环境。这就是说，“儿童对他们需要了解的东西感兴趣”①，“他的兴趣和他的需要是一致的，否则，他存活不了”②。换句话说，在这个世界上，没有任何人比儿童自己更了解他自己最需要的东西是什么，包括那些自以为先知先明、无所不知的成人。儿童生活在狭小的个人所及的世界中，他生活中最重要的东西构成整个宇宙。

然而，传统心理学是知识心理学和智力心理学，情感和兴趣处于偶然和派生的地位。与这种心理学观念相对应，在传统学校教育中，知识孤立出来，成为目的本身。成人的材料、逻辑组织的事实和原则成为课程主体，强迫儿童掌握，仅仅在数量上简化和在难度上降低。儿童来到学校，各种学习呈现出与自身兴趣无关的客观的、冷冰冰的世界。知识从它们原初在日常经验中的需要上被分裂出来，缺少情感和兴趣的联结，变成不相关的、强迫的、不情愿的、厌烦的而又不得不完成的苦工，儿童像逃避瘟疫一样地逃避学习。

忽略了儿童日常经验与学校经验在动机上的连续性，对教育来说将是灾难。学习的动机是肯定要提供的，不是来自儿童自身的内在动机，就是从外部由教师提供动机，利用留级、责骂等惩罚性措施或利用表扬、高分等奖励性手段，导致儿童过分地依赖外在动机，由于缺乏内在动机，没有智力渴望和探究兴趣，一旦外在动机消失或被撤除，儿童将主动放弃学习。事实上，儿童更熟悉、更经常看到、听到、接触到的事物，与他们关系更密切，而那些遥远的、陌生的东西不影响他们的生活，与他们无关，儿童自然不感兴趣，敷衍塞责，即所谓的“事不关己，高高挂

①Dewey, J.Schools of Tomorrow[M].NY:E.P.Dutton & Company, 1915.284.

②Dewey, J.Schools of Tomorrow[M].NY:E.P.Dutton & Company, 1915.301.

起”。然而这种动机和兴趣缺乏的现象并非少数而是普遍存在于当今的学校课堂。儿童到学校，必须放弃他在家里和邻里感兴趣的思想与活动，学校没能利用这些熟悉的、亲切的日常经验，强迫输入陌生的、遥远的他人经验，导致儿童精力分散、思维混乱，外在注意虽然放在了教师所讲的主题上，而内在注意却放到了他自身感兴趣的问题上，比如如何给洋娃娃做一间房子，如何完成他尚未完成的纸飞机。

尤其严重的是，学校经验与日常经验在动机上的隔离也直接导致了学校学习材料和方法的陈旧，不能适应社会发展需要。在儿童生活中，他们每天都在与社会的、商业的、农业的、科技的环境相接触，这些模糊萦绕在儿童身边的真实的联结与儿童生活相关，它们是儿童感兴趣的问题和急于想弄明白的事情，然而，学校教育并没有利用这些联结并对它们进行阐释，反而是从外部强制注入一些儿童并不感兴趣的，与他们当下生活无关的，可能与几十年前的儿童有关，或在教师看来有趣的东西。比如，在当今计算机时代，一些学校还以思维训练为幌子，花大量精力和时间教学口算、心算、珠算和书写，就是极好的例证。即所谓的“儿童需要的不教，不需要的却教很多”。

儿童经验统一性和连续性原则要求学校经验应该如同日常经验一样对儿童有意义、有吸引力，而非出于对外部惩罚的害怕和希望获得他人的表扬。从本质上看，兴趣是成长中的潜能的信号和标志，它们代表初期的能力。持续地、仔细地观察儿童的兴趣是教师最重要的事情。观察到的兴趣是儿童已经达到的发展状态，预测他将要进入到哪个阶段。只有通过连续地、仔细地观察儿童的兴趣，成人才能进入到儿童的生活中，了解其意义和兴趣。总之，儿童日常生活中所喜欢从事的活动和感兴趣的事情，恰恰是他们内在倾向、冲动和需要的反映和表达。因此，教师不应该徒劳无益地为儿童提供各种外在的、人为的动机，而应该利用儿童当下的潜能和冲动，在儿童日常经验范围内找出和利用儿童感兴趣的问题，既满足儿童的本能冲动和需要——交流和交往的兴趣、探究和发现的兴趣、制作和建造的兴趣、艺术表达的兴趣，又为学校学习提供真实动机，学校学习成为必要和回报。在这一过程中，儿童的冲动、兴趣和习惯应该获得连续的解释，它们意味着什么，在种族经验中的地位如何，它们在种族经验中的对应物是什么，以及如何从日常经验通达种族经验。即教师应该思考以下问题：在学校经验中，儿童自身兴趣的意义和价值何在？在儿童日常感兴趣的事情中，哪些能够促进有价值的学校经验的获得？它意味着什么？如何在学校经验中获得利用？没有得以利用，后果如何？

（三）利用农村留守儿童日常经验中的“活动”，促进儿童日常经验与学校经验相互强化

学校应该创设环境，一方面，利用儿童日常经验中的活动，为学校经验提供现实材料和真实过程，使学校经验成为儿童当下活动的自然生长物，改变学校经验的人为性和被动性。另一方面，利用学校经验阐释和解放日常活动，扩展它的意义和价值，将它们转化成种族历史的、社会价值的和科学原理的对应物，避免一时任性和盲目冲动，实现日常活动的理智化（Intellectualizing of Practical Pursuits）。

一直以来，人们都主观地假定，日常时间主要是儿童游戏和活动的时间，而学校时间主要是儿童书本学习的时间，造成知与行、日常生活与智力活动的对立。如上所述，历史、地理和科学等系统化的知识属于种族经验，是儿童需要获得的可能经验而非直接经验本身，儿童只有跟随种族经验发展过程，经历重新发现、重新发明、重新探究、重新体验、重新制造的过程，才能够去体认和理解这些知识。然而，儿童来到学校，历史、地理和科学都是在脱离儿童亲身活动的情况下，从外部强行灌输，既不转化成为儿童自身的经验，又不影响儿童的行为，知识沦为死的符号，成为无用的、空洞的信息，这违背儿童从经验中学习的正确原则。心理学研究表明，二手信息和间接经验不可能促进儿童成长，除非它进入儿童日常经验的活动，变成个人知识，成为日常经验的一部分。

在校外，儿童所遇到的事情都与人类的行为有关，要理解其中的材料和过程，必须通过劳作、表达、对话、合作、建造和实验等对材料进行操作，绝非纯粹的文字推演可以完成。除非学校学习与儿童日常活动一样，对儿童真实和有意义，必然的结果是人为的神经紧张和情绪兴奋。然而，尽管儿童的日常活动生动而有活力，通常的情况却是，儿童并不理解他们正在做的事情的原因。他不能区分它、阐释它、控制它，更不能在日常生活中理智地运用它。因此，学校经验应该利用代表典型社会生活的活动去帮助儿童解释、扩展和丰富儿童的日常生活经验，帮助儿童了解生活中的事情是怎样做的，为什么这样做，生活中的材料来自哪儿，如何做成，有何用处。换句话说，学校经验仅仅是更正式、更明确地阐释儿童每天看到的、感受到的、接触到的事实，而非机械地附加在儿童日常经验之上的替代物。

知识在日常生活中有其起源和功能。物理学主要起源于人们房屋修建的需要，化学主要起源于人们衣服印染的需要，细菌学主要起源于人们药物制造的需要，几何主要起源于人们丈量田地的需要，等等。如果教学是教育，能够促进全面发展和影响行为，知识必须生长于和作用于儿童的日常活动中。不考虑儿童日常经验中的活动，孤立地将大量的二手知识提供给儿童，是学校教育死气沉沉的主要根源。这个忽略延续了当前灌输式、静听式、填鸭式、被动吸收式的教育方法，使得社会合作、活动探究、实验创新、动手操作的教育方法很难被引入。

农村留守儿童日常经验与学校经验的隔离是不必要的和有害的。不必要的，因为它压抑儿童的天性，阻止他们通过活动表达自己的潜能和冲动，导致学校纪律问题频频发生。有害的，因为儿童天性好动，学校却偏要他静，一旦学校环境使儿童不能遵循自身本性，结果必然是冲突和精力浪费。比较一下，厨房内，儿童手忙脚乱、热热闹闹的场景，与科学课上儿童心不在焉、昏昏欲睡的场景，就知道这种隔离已经达到了什么样的程度。语文课上，儿童的作文干瘪枯燥，而在日常的游戏活动中，语言成为他们交流的必要手段。他们有许多看法和事实想说，有清晰的表象，对现实有个人感受。含有强烈的个人情感的成分，有生动的经验支持它，语言变得精致而流畅，由现实控制，由思想指导。作为儿童社会性需要，语言成为表达经验和获得他人经验的有机生长物和自然结果。

经验的连续性和统一性原则要求学校教育应该引入更多主动性的、合作性的、表达性的、自我导向性的活动，比如，纺织、烹饪、园艺、手工、模具制作、戏剧表演、对话、讨论、讲故事等等，让学校成为初型社会生活场所，防止学校经验变成纯粹的符号和现实的替代物。从心理学方面看，提供儿童大量社会活动的机会，它是满足儿童基本的活动和个性张扬的需要，让他的道德的和智力的个性不至于被过多的、不成比例的书本知识所掩埋。从社会方面看，日常经验中的活动能够反映更大的社会的生活需要，让儿童跟随人类进步的步伐，帮助儿童了解基本的社会的、物质的、经济的生活现实。更重要的是，利用日常经验中的活动，让儿童感受到书本知识学习的必要性，提供动机，帮助他理智地运用书本而非奴性地依赖书本。比如，算术教学应该与日常买卖活动结合起来，植物学应该与日常的园艺活动结合起来，生物学应该与日常作物种植结合起来，与日常的家畜饲养结合起来，如此等等。这样一来，儿童不仅得到了快乐，而且能够将学到的信息与生活实际结合起来，将人类活动与科学和伦理原则结合起来，实践与理论统一起来，所学与所用一致，亲身感受到知识的用处，从而理解生活，最终改进生活。这比传统学校经验依赖于无止境的训练和机械的重复，效果要好得多。

在传统学校，知识是抽象的、疏远的，远离日常应用，从实践和道德关系中脱离出来，只是吸收和占有事实和原则。这仅仅是个人的事情，没有明显的社会动机，使儿童变得自私，也没有明显的社会成就，评价成功的唯一标准是竞争，即通过考试，比较哪个儿童成功地超过其他儿童，积累和储存了最大数量的信息。

总之，较之于前科学时代的简单手工劳动，当前，家务、农业、制造、交通等各行各业的发展无不依赖于科学的运用，儿童每天都在与吃穿住行、买卖等日常活动接触，然而，他们并不了解这些日常活动所依赖的智力内容和社会意义。因此,当前,应更多地而不是更少地要求学校教育能够帮助儿童获得这些社会活动的智力内容和社会意义,为此后分门别类的系统化知识的学习奠定基础。更重要的是,让他们将来能够理智地而非盲目地参加到社会工作中,成为主人而非奴隶。

第三章　农村社区改造

教育在历史上从来没像今天这样被看作是全社会的职责。来自环境的无意识的影响，在农村留守儿童社会化过程中起着重要的促进或阻碍作用，其作用的性质取决于儿童所在社区的性质。研究发现，学校教育的成功在很大程度上取决于社区对教育的重视程度。不论社会阶层如何，一个好的学校很难在一个不良的社区里取得进步；反过来说，一个学校如果没有来自社区的压力和支持，那么，它也很难成为好的学校。这就是说，学校和社区可以相互促进彼此的发展。[①]

教育从来都不是在孤立的状态中进行的。学校中所学的东西至多不过是教育的一小部分，还是比较粗浅的一部分。每个人终生都在其所属社区的社会环境中学习。家庭、社区成员和社区内各组织的参与，是确保教学质量的一个重要因素。[②]我们每一个人都生活在特定环境之中，无时无刻不受环境的影响。儿童在社区中生活，他们所看到的、听到的和感受到的，都构成了他们经验，这些经验会左右他们的认识，这些经验甚至会对他们将来的行为起到不可忽视的影响。总之，社区生活的每一瞬间都在教育着孩子。成人怎样穿衣服，怎样跟别人谈话，怎样谈论其他的人，怎样表示喜欢和不快，怎样对待朋友和邻里，怎样做事，怎样利用时间，重视什么、不重视什么，怎样获得物质产品、怎样消费物质产品，这些都对生活在其中的儿童产生重要影响。它们的少许变化，儿童都

①[加]迈克尔·富兰.变革的力量：续集[M].中央教育科学研究所，加拿大多伦多国际学院，译.北京：教育科学出版社，2004:76-77.

②联合国教科文组织.教育——财富蕴藏其中[M].联合国教科文组织总部中文科，译.北京：教育科学出版社，1996:43.

能看到、听到和感觉到,在潜移默化中模仿和固定下来,长期浸染,形成难以更改的习惯。也就是说,如果一个儿童长期生活在一个粗野暴躁、言语粗俗、脏话连篇或酩酊醉酒的社区中,那么,他或她不大可能获得正常的社会化。相反,如果一个儿童长期生活中鸟语花香、和谐融洽、互助合作、待人友善的社区,那么,他或她的健康社会化就有了指望,他或她将可能成长为一名勇敢的、正直的、诚实的、热爱劳动的、乐观的公民。因此,为了确保农村留守儿童正常社会化,他们应该在一种积极向上、合作互助和相互理解的社区中长大。中国历史上孟母三迁、择邻而居的做法和思想是有重要心理学依据的。如果我们认真去分析,儿童的习惯和思想是从哪里来的,是怎样形成的,孩子的品行是怎样发展起来的,如果我们进行比较,儿童从家长那里得到些什么,从教师那里得到些什么,从邻里那里得到些什么,以及从同辈群体那里得到些什么,我们会惊讶地发现,儿童首先和主要是从他们日常生活的环境中学习,形成自身独特的智力的、社会的、情感的、身体的、审美的和道德的特征。它深刻表明,农村留守儿童的问题并不能简单地通过学校教育解决,而是一项全面而细致的工作。

第一节　农村家庭环境改造

家庭是一切教育的第一场所。费孝通先生认为,家庭是社会结构中的基本三角,是最稳固的社会形式。人类创造家庭的基本结构,目的是解决孩子的抚育问题,让每个孩子能靠着这个社会结构长大,而成为可以在社会中生活的一分子。因此,对每个人来说,家庭的影响对个人早期社会化具有重要的决定性意义。家庭教育在人的成长过程中起到重要的作用,家长是孩子的启蒙教师,父母的观念、态度、行为和家庭的生活状况、文化氛围、教育的方式以及家庭中成员间相处的融洽程度等,都对儿童的体质、性格、价值观和品行产生着十分重要的影响。家庭是每个人最留恋的地方,因为它充满了亲情,所以,它对每个人的影响是别的任何东西都无法比拟的。家庭是社会的细胞,是一种独特的文化圈。家庭成员之间的联系纽带具有深厚的自然生理因素,带有不可更改的、血缘性的遗传性联系。子女的诞生既是生物意义上的人的繁殖后代,又是社会意义上的人的培养。家庭的功能不仅是生儿育女,而且是人的品行的成长摇篮。家庭成员的言谈举止都会成为儿童的模仿对象。家庭情感交流会对儿童的安全感、满足感、幸福感和成就感形成潜移默化的影响。而长期外出打工的父母与子女之间的交流少之又少,所以父母对子女的教育与影响的功能就人为削弱,可以说在一定程度上几乎不存在了,造成农村留守儿童社会化过程中家庭教育的缺位。因此,加强对农村留守儿童家庭教育的关注是当前社会和教育的重点问题之一。

一、家庭在农村留守儿童社会化中的作用

家庭是社会的最初级组织,是个人社会化的第一场所,是维系人与人关系的最亲密纽带。作为人类未来的儿童的命运依赖于和谐的家庭精神和家庭力量。从时间和影响程度来看,家庭对儿童社会化的影响最大的,并贯穿于人的一生。

第一,家庭满足儿童身体发展需要。首先,家庭饮食结构直接决定了儿童的身体素质。为了满足身体发育的需求,处于身体发育阶段的儿童需要摄入丰富的营养。不然的话,儿童身体发育会阻滞不前,甚至停顿。如果家庭在饮食结构方面合理,能够为儿童提供在成长过程中急需的各种营养,那么,儿童就会身型匀称、身体健壮。如果家庭饮食结构不合理,就会对儿童的身体健康造成不良影响。例如,有些家庭以肉食为主,几乎不吃蔬菜和水果,这就会让儿童成为小胖墩。长此以往,这种饮食结构会在儿童的经验里扎根,影响他们将来的饮食习惯,严重危害身体健康。甚至在成年以后,他们还会保持这种饮食结构,等到他们步入中年时,就会疾病缠身。其次,家庭成员特别是家长的健康意识,也会直接影响儿童身体素质。众所周知,健康的身体,离不开坚持不懈地锻炼。如果家

庭成员都有较强的健康意识，积极参与体育锻炼，儿童在他们的影响下也会开始体育锻炼。除此之外，明智的家庭还会让儿童参与家庭劳动，使儿童的身体在劳动中得到锻炼。如果家庭成员特别是家长，长期忽视锻炼，甚至对锻炼嗤之以鼻，儿童受这种环境潜移默化的影响，也终将认为身体的锻炼无足轻重，也会对身体健康漠然视之。再次，家庭成员的卫生意识，直接影响到儿童的身体健康。明智的家庭，应该注重个人的卫生。勤于换洗衣服，经常洗澡，这都有助于抵御病菌的侵袭。除此之外，还时常向儿童讲述个人卫生与身体健康之间的关系，敦促儿童建立良好的个人卫生习惯。这些经验会对儿童的个人卫生产生不可忽视的作用。受到这些经验的影响，儿童也会开始意识到个人卫生的重要性，也会开始培养良好的个人卫生习惯。与此相反，家庭成员不讲究个人卫生，经常不洗澡不换衣服，那么家庭中就极易滋生病菌。长期生活其中的儿童就会受到病菌的侵蚀，经常生病，影响身体健康。不仅如此，儿童在这种家庭中所获得的个人卫生方面的经验，还会使其不重视个人卫生，更难养成良好的个人卫生习惯。

第二，家庭满足儿童情感发展需要。儿童在家庭生活中所获得的经验，可以影响到他们的情感。家庭情感交流和家长的榜样作用会对儿童的个体的安全感、观念、态度和行为习惯产生潜移默化的影响。在儿童成长的过程中，如果家庭成员重视儿童的需求和诉求，充分考虑儿童的利益，以儿童的发展与教育作为整个家庭的中心，儿童会感到倍受关心与重视，因而极具安全感。反之，在有些家庭中，家庭成员忽视儿童，冷落儿童，丝毫不关心儿童的需要，儿童就会感到被忽视、受冷落，缺乏安全感。父母对子女的责任不仅是养育，更重要的是教育，特别是小学和初中这个学段的儿童更需要父母的关爱、指导和支持。如果这些时期父母一方甚至双方缺席，孩子的人格成长将会遇到障碍，影响他们今后成为一个健全的社会成员。大部分农民外出打工原本是为了支付子女的教育费用，使之尽可能接受较好的学校教育，但是由于他们忽视了子女的基本需要和情感，有人甚至外出多年都没有回过一次家看看孩子,平时和孩子的联系也很少,这就等于放弃了监护和教育子女的责任。从这个角度来看,我们应该尽一切努力来避免儿童同其父母的人为分离。无论是隔代监护还是亲戚监护,都不可能代替家庭教育,不可能发挥正常家庭结构的教育作用。或者说,至少应该通过某些途径去弥补和补偿农村留守儿童亲情的缺乏,而非漠然视之。

第三,家庭满足儿童智力发展需要。儿童期是孩子智力发展的关键期。早期家庭教育为学校教育准备了必要的智力基础。家庭通过种种共同的活动,塑造个人行为的、智力的和情感的倾向,这些活动具有某种目标,能唤起和强化某些冲动,承担某种后果。一个生长在音乐家的家庭里的儿童,在音乐方面的能力不可避免地会得到激发,而且,相对地说,要比在另一环境中可能被唤醒的其他冲动受到更大的激发。同时,参与家务劳动也是获得知识的机会。理想的家庭应该有一间工作室,儿童可以在那里发挥他的建造本能。有一个小型实验室,他的探究本能可以在那里得到指导。儿童的活动可以延伸至户外,扩展到公园、周围的田野和森林。其可以和父母一道远足、步行和谈话,接触更广阔的世界。儿童在家庭生活中,通过与家长的交谈、与家人的共同劳动,通过与家人进行他们感兴趣的活动,智力得到了发展。伴随儿童一生的思维态度和习惯,都是在家庭中打下基础的。通过手工操作的实际过程,他们直接去接触自然、实际的事物和材料,儿童将获得关于这些材料的过程和用途的知识。比如,做饭、扫地、洗菜等家庭日常事务,都在不断地培养儿童的观察力、创造力、建设性的想象力、逻辑思维,以及通过直接接触实际而获得的那种社会现实感。家庭中儿童的自理生活,也可以促进儿童智力的发展。比如,在孩子两岁时,让其使用勺子来吃饭。在成年人看来,吃饭是再普通不过的事了,但是对于儿童而言,吃饭也是一个较为复杂的活动。儿童要能够吃到饭菜,必须用眼睛去观测自己所处的位置,饭菜所在的位置,随后在大脑里将观测到的信息进行加工,进而判断饭菜与身体之间的距离,思考如何使用手头的工具比如勺子将饭菜送到自己的口中。这一系列的动作，对于成人而言，并无太大的困难，但是对于两岁左右的儿童而言，则是较为精细的动作。如果家长经常让儿童自己进食，那么，儿童必须一遍一遍地调整自己的动作，运用自己的眼睛、手臂、勺子，获取食物。类似的活动越多，儿童就越是经常要运用自己的观察、分析、解决问题的能力，那么儿童在智力活动方面的经验就越多，他们就会越来越喜欢自己动脑、动手去解决问题，这显然对儿童的发展是十分有利的。

第四，家庭满足儿童道德发展需要。家庭是儿童接受教育的启蒙学校。家庭教育为儿童形成良好的世界观、价值观奠定基础。家长通过有意识的语言教授和无意识的言行影响，将一些思想和观念灌输给儿童，使他们了解适应社会生活的基本规范，体会真善美。家庭教育还奠定了儿童的品格发展基础。我们不能忽视儿童参与家庭生活中所含有的行为训练和品格形成的因素，即养成守秩序和勤劳的习惯，对社会的责任感以及服务社会的义务感。每个家庭总是有些事情需要去完成，它的每个成员必须竭尽自己的本分，并与其他成员相互协作。儿童在家庭生活中，帮助爷爷奶奶做一些家务活，帮助弟弟妹妹穿衣，辅导作业，其实都是一些常见的道德实践，培养了儿童敬老爱幼的良好道德品质。家庭让儿童参与劳动，这个过程本来就是一个生动的道德教育过程。与此同时，通过这些共同活动，家长身体力行地向儿童说明了什么是热爱劳动、做事有条理、待人诚恳以及诚实守信等等。同时还通过具体的生活事例进行阐释，哪些行为是不道德的，哪些行为是高尚的，这也有助于儿童正确道德认知和行为的形成，比抽象的道德说教要好上千倍。正是通过家庭，儿童能够在实际生活中学会判断是非对错，最终学会生活。比如，儿童和父母一道去种菜，参与劳动过程，知道什么样的菜怎么种、各种蔬菜大概销往何处，能够了解农村劳动对城市生活具有什么样的作用，这就是一堂生动的公民课和品德课。儿童在意识和下意识里会产生对真善美的惊奇和赞叹，对人的智慧和双手的技巧的赞叹。

二、家庭教育在农村留守儿童社会化中的现状

随着城镇化建设的加速，农村社会发生了变化，特别是农村留守儿童的日常生活环境。父母是孩子的第一任老师，然而，对于农村留守儿童而言，家庭环境在他们的社会化中没有发挥应有的作用，一些家庭环境甚至还阻碍了他们的正常社会化。

第一，农村留守儿童监护人缺乏必要的教育能力。由于外出打工，父母与儿童的交往越来越少，感情也越来越疏远。一些留守儿童寄人篱下，监护人不能顾及他们的需求和情绪变化，有的监护人甚至将留守儿童视为生活的累赘，只管他们吃饱，不出事，不能从情感、学习和生活上给予他们太多的帮助和支持，不能为他们提供良好的生活和学习环境。绝大部分农村留守儿童由祖辈照管。爷爷奶奶的职责不仅仅是照顾孙辈，还要从事农业劳动。这样一来，对孙辈的照顾就显得心有余而力不足。况且，农村留守儿童的祖辈普遍文化程度低，不具备基本的教育方面的知识与能力。在调查过程中，我们听到过这样一件事情，有一个农村留守儿童，学习不认真，喜欢偷懒，畏惧困难，孩子的母亲为了让她好好学习，甚至从广州回到老家，苦口婆心地对其进行教育，告诉她没有文化知识的在外面打工很辛苦，但是这个孩子丝毫不领情，回答令人哭笑不得：我又没打过工。通过调查，我们了解到，原来该名儿童从小就由爷爷奶奶带大，他们对小孩子娇生惯养，又没有文化知识，只管孩子吃饱喝足，不生病，所有家务劳动都自己做，不让孩子参与，只希望孩子好好读书就行，更不知道如何与孩子交谈和沟通，满足孩子情感和心理的需要，更是在无形中剥夺了孩子认识生活和了解真善美的机会。

第二，对农村留守儿童进行不正确的价值引导。家长是孩子的启蒙教师，其言谈举止都会成为孩子的模仿对象。不仅物质环境的贫穷会对孩子产生心理影响，不正常的精神环境，如拜金主义也会对儿童的正常发展带来阻碍。家庭笼罩着那种毫无目的、生活空虚的气氛，父母长期抱怨社会的不公平，将自己生活中的种种不幸归咎于他人与社会，会让儿童同样觉得社会生活中充满了危险，从而

丧失了主动的探索精神。同时也会让儿童觉得社会是黑暗的，毫无公平与正义可言，从小就丧失了积极进取的精神，消极等待，在面临生活中的困境时会坐以待毙。有些父母陪伴在身边的农村儿童也不太幸运。一些农村父母毫不关心子女的生活与学习，不能够给子女提供情感上的支持作用。我们在调查中发现，有些父母考虑的仅仅是自己的生活是否舒适与惬意，对子女并不关注。当谈及原因，他们还振振有词地说："我们小时候也是这个样子的，同样没有人来管我们，我们不照样活下来了，生活得不是一样的好吗？"似乎是理所当然的，丝毫没有歉疚之意。而在另一些家庭中，家长由于文化水平低，不知道如何关心儿童，不知道如何表达爱。更有少数家庭中充斥着冲突和酗酒等等。这一切都会使儿童的心灵受到极大的损伤，使他学习分心。这样的学生往往逐渐变得神经质、性格孤僻。在农村甚至也有这样的爸爸：他们常常打发自己的孩子去商店代购卷烟或酒，甚至干脆教他们跟自己一起吸烟、喝酒。"一个真正的男子汉大丈夫就应该吸烟、喝酒。"他们常常会用这种话来为自己的不良行为辩护。儿童耳濡目染，长此以往，也会沾染上不良的行为方式。一些家庭成员不注意自己言行。家庭生活中充斥着各种不良现象，妨碍了儿童优良习惯与品德的形成。一些家庭，一走进去就闻到冲天臭气，室内遍布垃圾，物品随意摆放，入其室则无容身之处。诸如此类的家庭环境不仅不利于儿童正常社会化，反倒可能阻碍他们的健康成长。随着交通变得便利、信息传递变得快捷，农村已然不是世外桃源。社会上的不良风气，对农村也存在着不良影响：拜金主义，即把金钱看作是评价一切事情的唯一合理标准；邻里关系疏远，道德意识淡薄，奉行"各家自扫门前雪，休管他人瓦上霜"原则；以自己的利益为中心，不顾他人利益，将损人利己奉为聪明，有些父母甚至认为子女成了自己的羁绊。这些思想言论经常在儿童耳边，对儿童正确的道德认识和行为的形成有毁灭性的影响。

第三，农村家庭越来越缺少共同活动的机会。由于缺少与家庭其他成员之间的交流与互相帮助，儿童与家长之间，虽然是在同一个屋檐下生活，但是互不了解。随着传媒资讯的发达，父母与子女的沟通应该是越来越多，越来越方便，但是我们看到的现实却并非如此：人与人之间的交往是越来越少，甚至夫妻在一起的时候，都是自己玩自己的手机。对儿童关注较少，或者压根儿不关心，关心的只是自己的生活，自己的享受。儿童会觉得受到忽视，缺少关心，没有安全感。有的儿童因此自暴自弃，自我放逐，造成不可挽回的错误，甚至一失足成千古恨。家庭成员的一举一动，对儿童的影响，既深且大。在一些家庭里，成员之间不和谐，总是以粗俗的话相互责骂。儿童此在影响下与人交往的过程中也会满口垃圾话、粗暴无礼，成长为凶恶和粗暴的人。

三、改造家庭环境以促进农村留守儿童社会化

儿童在家庭生活中获得的种种经验，对自身的社会化起着不可忽视的作用。如果儿童在家庭中获得了大量教育性经验，他会迅速获得社会化发展，成为一个具有安全感、积极向上、自信、快乐、活泼开朗的人。如果儿童在家庭中没有获得与其需要相关的经验，社会化发展就会受到负面影响，甚至于朝着反社会的方向发展，站在社会的对立面，走上违法犯罪的道路。因此，为了促进农村留守儿童正常社会化，重视家庭本身的改造也很重要，因为它是促进农村留守儿童早期社会化的主要力量。

第一，农村家庭应该多拿出一些时间去了解儿童。儿童具有强烈的好奇心和求知欲，他们渴望从周围大量的事物中找到其内在的联系和统一，这种渴望可以通过家庭生活获得满足。由于不了解儿童的个性，父母与儿童之间往往容易产生一些误解而导致深刻矛盾，这种矛盾造成了今日许多家庭的痛苦。父母只有尊重儿童的个性，并且全面地观察这种个性，才可以避免产生通常的错误——缘木求鱼。好的家庭成员关系是儿童社会化的重要组成部分。好的家长会时刻关注儿童发展的需要，适时地给予恰当的支持，促进儿童身心健康成长，并且以此为乐，以此为荣，儿童在这种家庭中生活，会觉得家庭成员都在关注自己的成

长,拥有更好的情感方面的发展,有安全感和幸福感。家长应该经常与儿童讨论在现实生活中所面临的问题,尝试着给这些问题一个解释,而不因为自己在这方面没有相应的知识而闭口不谈。家长应该多与儿童进行沟通,多花一些时间关注儿童感兴趣的事情。家庭应该注意丰富儿童的精神生活,例如阅读和一起观看具有教育价值的影视作品。福禄培尔从教育要适应儿童自然本性的思想出发,不仅要求父母们保护儿童做事的积极性,而且认为儿童所有其他一切自发的活动都有积极的意义。作为教育者,对儿童的这些活动都应予以肯定和支持。比如他认为,爬洞穴和深坑,爬树和爬山,探寻高处和低处,漫游森林和田野,这是少年期儿童大胆而敢于冒险的表现。儿童将会从漫游中带回一些他们所不熟悉的石块和植物,以及甲虫、蜘蛛、蜥蜴等小动物,他们将会提出各种各样有关这些东西的问题,寻找这些问题的答案,从而丰富他们的知识,扩大他们的眼界。即使儿童在活动中有时会犯些错误,那主要是由于年纪小又得不到正确的引导,以致从善良的愿望出发而得出相反的结果。在这种情况下,教育者不应该把儿童看成“邪恶的、诡计多端的、阴险的小魔鬼”,这样,把本来是无罪的孩子变成有罪的人,从精神上扼杀了孩子,剥夺了儿童的生命活力。

第二,农村家庭应该多拿出一些时间与儿童交流。耐心、认真地倾听儿童的声音是了解儿童的基本前提。好的家庭在面对生活中的困难时,每位成员积极开动脑筋,想办法解决问题。这种生活经验就会给家庭生活中的儿童积极引导,让他们相信,可以通过自己的努力,来改变家庭的面貌,这有利于形成儿童乐观和勇于面对困难的心态。如果家人在面对生活中的问题时,不是去采取行动解决问题,而只是日复一日、年复一年地怨天尤人,这样的生活经验就会给儿童心理方面带来极大的压力,使儿童缺乏信心和安全感。即使儿童成年,这些童年的生活经历仍然挥之不去,在面对问题时,他们往往也会消极地应对、坐以待毙。一个理想的家庭,父母应该十分贤明,懂得什么对儿童最有益,并能满足儿童恰当的需要。在这个家庭中,我们会看到,儿童是通过社交性交谈和家庭的活动进行学习的。在谈话过程中对儿童有兴趣、有价值的东西进行叙述、提出询问、讨论问题，儿童在交谈中不断地学习。他陈述自己的经验，错误概念得到纠正。与此不同，那些生长在封闭的、不与人交往的家庭中的孩子，通常会在家人和外人之间划上明显的界限，有一条鸿沟把他们的家庭和外部世界割裂开来，他们也自然会用充满害怕和敌意的眼光来看待外部世界。这种家庭不会增进与外部世界的社会关系，不会帮助儿童用友善和同情的态度与他人相处，只会使孩子不信任感增强，并只从自己利益出发来看待外部世界，这当然会阻碍儿童社会化的发展。如果父母没有教育好自己的孩子如何与他人相处，孩子在入学的时候就会感到恐惧害怕、语无伦次、手足无措，他们会因此被视为古怪、孤僻的孩子，而这又反过来强化了孩子原先的孤僻倾向，最终发展成为问题儿童。[①]通常，人们把这种问题儿童出现的原因归咎于学校，然而，仔细分析可知，问题儿童的根源在家庭而非学校，学校只不过使家庭教育的潜在问题更明显化而已。因此，农村家长应该经常与儿童探讨儿童生活中遇到的问题，一方面，不应该害怕自己给予的答案是错误的，重点在于刺激思考，引导思维，帮助儿童找到解决问题的方法，形成表达意见的习惯和能力。另一方面，也不应该急于给出正确的答案，事事包办，而应该让儿童自己得出问题的答案，促进儿童独立、自主思考，教会他们讶异，教会他们发问，促进儿童的好奇心不断觉醒。总之，成人和儿童讨论的事物和现象越多，儿童就会产生越来越多的疑问，越加感到惊奇和高兴，越愿意求得新知。

第三，农村家长应该多拿出一些时间与儿童共同活动。儿童的智慧来源于他们的双手。那些双手灵巧的儿童，热爱劳动的儿童往往能够形成聪敏的、好钻研的思维习惯。这里面有一种直接的联系。手所掌握的和正在学习的技艺越高超，儿童、少年和青年就越聪明，对事实、现象、因果关系、规律性进行深入思考和分析的能力就表现得越鲜明。[②]儿童在与家人共同劳动的过程中，能够学会使用

---

①[奥]阿尔弗雷德·阿德勒.儿童的人格教育[M].彭正梅，彭莉莉，译，上海：上海人民出版社，2006：137.

②[苏]苏霍姆林斯基.给教师的建议[M].杜殿坤，编译.北京：教育科学出版社.1984：77.

自己的分析能力，学会思考和合作，养成劳动和做事的习惯。如果儿童经常与家人共同活动，他们获得的第一手经验就越多，能了解的事实就越多，看到的现象越丰富。比如，如果儿童能够经常与父母栽花种菜，他们就会看到越来越多的植物种类，在观察形状各异、大小不同的植物叶子的过程中会去思考这样的问题：这些植物的叶子为什么会不同？在种植这些不同种类的植物时，应该注意的问题有哪些？如果他们的疑惑得不到解答，就会询问家长和教师。这样的经验越多，儿童就越是对大自然中的动植物充满了好奇，就会去思索不同植物之间的共同点以及区别，他们的分析能力就会越来越强。又比如，儿童和家人一起到小河里安放捕鱼笼，有时捕到的鱼多，而有时捕到的鱼少。数次以后，儿童就会思考其中的奥秘。儿童会对每次安放鱼笼的地点进行统计，经过多次试验，他们就发现了这样一个道理：当鱼笼朝着水流方向安放时，捕到的鱼多；而在其他方向安放的鱼笼，捕到的鱼则要少些。这是为什么呢？带着这样的疑问，儿童查找资料，向家长请教，和家长一起探讨，并且将得来的信息进行整理和加工，最后经过自己的分析、判断得出了正确的结论：鱼是逆水游泳寻找食物的，所以每次朝着水流方向安放的鱼笼能够捕到更多的鱼。家庭中的共同生活经验，不仅可以促进儿童智力的发展，还可以让农村儿童理解农村劳动，尊重农村人民。例如在玉米水稻的种植、除草、施肥和收割的现场，儿童可以观察到不同农作物生长的环境是不一样的，进而去思考如何提升玉米的产量，更可以认识到玉米、水稻的种植在农村和城市生活中的价值。通过这种方式，亲子之间互动增强了，家长能够看到儿童的成长过程、参与儿童的成长过程，家长能够了解和关心儿童，促进儿童健康发展。

第四，农村家庭应该让儿童参与家庭劳动。双手能使头脑变得聪明。正所谓“纸上得来终觉浅，绝知此事要躬行”。不劳动，不利于儿童道德素养的形成。因此，家长应该力求让儿童从小就量力而行地为家庭的年长的成员创造物质的和精神的福利，并且在这种创造中找到快乐。让儿童参与家庭活动，多做一些家务，而不是让儿童过上衣来伸手、饭来张口的生活。然而，很多家庭认为，现在儿童没有太多的家庭劳动可以参与，但是事实并非如此。家庭成员的劳动要想对儿童产生教育意义，那他就要当着儿童的面劳动，而且儿童自己也要参加劳动。①换句话说，农村留守儿童社会性的养成，只能在家庭中完成。参与家庭劳动，特别是家庭的共同劳动，会让儿童看到自己在家庭的运转中起到的作用，会让儿童觉得自己是这个小集体中不可或缺的重要一员。在共同劳动中，儿童承担一定的任务，扮演着不同的角色，这与将来他们在社会中生活的情形是极其类似的。这就是社会生活的缩影了。每个家庭总是有些事情需要去完成，它的每个成员必须竭尽自己的能力，并与其他成员相互照应和配合。在家庭生活中有计划、分工和协作，这些都有利于儿童社会性的养成，当儿童年龄还小的时候，可以参与进去，作为助手，到了一定的年龄，甚至可以作为活动的主导者，或者说是劳动的主导者。例如在烹饪的过程中，可以让儿童先作为协助者，洗菜淘米，然后让儿童作为主导者自己去炒菜，体验到劳动中的分工与协作。现在的家庭教育和学校教育把儿童引向懒惰、轻视劳动，把劳动看作是时间上的损失，认为劳动与儿童的考试和升级无关。但实际上通过劳动和在劳动中学习要比任何方式的说教更深入和更容易理解，劳动取得的成效要比任何其他方式的抽象学习更能促进儿童生动活泼地向前发展。因此，如何将劳动与学校教育结合起来是解决当前农村留守儿童日常生活问题的重点所在。

第五，开办家长学校，提高家长的教育素养。在家庭教育里没有小事情。家人的言行、一举一动，举手投足，父母扎在女儿头发上的一个结儿、一顶帽子、一件玩具——所有这些在儿童生活中都具有影响作用。良好的家庭教育是不忽略细节与小事的。细枝末节是日日夜夜、时时刻刻起作用的，整个儿童生活都是由它形成。家庭是给予儿童成长最初社会经验的地方。家庭是社会的细胞，是一种特殊的环境。家庭对于生活于其中的儿童，有着不可忽视的重要影响，从儿童的吃穿住行等各个方面对儿童产生影响。儿童在家庭生活中，与家庭成员共同

①[苏]克鲁普斯卡雅．家庭与学校[A]//卫道治，译．克鲁普斯卡雅教育文选（上卷）[M]．北京：人民教育出版社，2006：127.

生活,共同劳动,一起交谈和讨论,获得了大量的生活经验,这些经验对于儿童的社会化起着不可忽视的作用。因此,如何发挥学校的社会中心作用,从而提高农村家长或监护人的教育素养是解决当前农村留守儿童问题的关键一环。父母是孩子的第一任老师,也是终身的老师,和谐的亲子关系能够促进儿童身心的健康成长。留守儿童最缺少的是父母的关心和呵护。因此,加强留守儿童与其他儿童、成人的沟通从而弥补留守儿童情感的缺失是解决留守儿童问题的核心。但是,这不是意味着家庭作用的减弱,而是意味着家庭作用的加强。

一般而言,学校教育过程中产生的诸多困难的根源都可以追溯到家庭。人的全面发展取决于母亲和父亲在儿童面前是怎样的人,取决于儿童从父母的榜样中怎样认识人与人的关系和社会环境。因此,学校的大门应该永远向家长敞开。学校和家庭不仅要一致行动,向儿童提出同样的要求,而且要志同道合,抱着一致的信念,始终从留守儿童社会化的需要出发,无论在教育的目的上、过程上还是材料上,都不要发生分歧。应该在教师和家长之间建立一种合作的支持性关系,帮助农村家长提高自身教育素养,鼓励家长参与学校的各种教育活动。

第二节　农村邻里环境改造

农村留守儿童生活中的另一个"暗礁"是跟社区成员的接触。除去上学时间,农村留守儿童将大部分时间都花在了邻里活动中。因此,邻里环境对于儿童的成长非常重要。成人有意识控制儿童所受教育的唯一方法,就是控制他们的环境。他们在这个环境中行动,因而也在这个环境中思考和感觉。我们从来不是直接地进行教育,而是间接地通过环境进行教育。我们容许偶然的环境做这个工作,还是为了教育的目的设计环境,从对农村留守儿童的成长影响来看有很大的区别。任何环境,除非它已按照它的教育效果被深思熟虑地进行了调节,否则就它的教育影响而论，乃是一个偶然的环境。一个好的社区和一个不好的社区的区别，主要在于社区中盛行的生活方式和交往习惯是不是根据儿童发展的需要的思想进行选择的，或者至少带有这种思想的色彩。它表明，邻里环境在儿童社会化中的极端重要性。可以认为，那些伴随一个人一生的为人处世的方式和态度，正是在邻里中形成的。在社区中，人的真善美的火花可能光芒四射，也可能渐渐熄灭，接触知识可能成为现实，也可能无法实现，这全依赖于有没有一个有利于儿童品行发展的邻里环境。[①]因此，如何为农村留守儿童创造出一个温暖的、充满关爱的邻里环境是农村留守儿童教育的应有之义。

一、农村邻里环境的意义

对儿童来说，社区的确是一个公共性很强的活动空间。儿童生活在社区中，在社区中行动，因而也在社区中思考和感受。社区是儿童社会化的重要场所。社区里，不同的人会有不同的观点、思想和行为习惯，他们在与儿童的接触当中，往往会有意无意地将自身观点和做法传递给儿童，而这些东西，并不都是正确的，有的甚至可能造成儿童的反社会行为，导致他们最终走上违法犯罪的道路。

第一，农村邻里环境为儿童提供最初的社会化经验。对儿童而言，农村邻里环境是一个初型社会，为儿童提供衣食住行等生活必需品。如果说，在儿童出生的头三年，家庭在儿童社会化中发挥主导作用，那么，随着儿童兴趣的扩展，他们向外探究的欲望逐渐增强，此时，邻里就成了他们社会化的主要场所。通过与社区成员的交往，儿童耳濡目染地了解生活的内容、材料和过程，知道了成人世界的事实，他们每天都在忙碌什么、有什么意义和价值，从而为自己未来社会生活设定基调。在大城市的超市里，人们或者忽略他人的存在，或者面无表情地注视着其他社区的陌生人。然而，在农村社区，这种情况是极为罕见的，邻里天天相互见面和聊天，邻居能够像了解自己的孩子一样了解其他家庭的孩子，这就形成

①联合国教科文组织.教育——财富蕴藏其中[M].联合国教科文组织总部中文科，译.北京：教育科学出版社，1996：115-116.

了一种教育力量。如果说幼小儿童的社区活动仅仅是模仿社区生活,那么,随着年龄增长,儿童逐渐参与社区生活,例如卖东西、买东西、制造东西、掘地、收割等。在任何事情上儿童都想试试和衡量自己的力量,于是他会觉得他的身体强壮了,他的力量增长了,他知道了自己的优势和劣势。儿童和社区成员到田间和园圃里,去森林和牧场里,饲养家畜、制作家具、锯木劈柴、堆放木头,在这些社区工作中,儿童获得了人生初期的宝贵社会经验。他们不断地提出问题:怎样?为什么?用什么办法?什么时候?什么原因?什么目的?每一个来自成人的答案,都会给孩子开拓一个新世界,增进他们对周围世界的认识和了解,开阔视野、滋养想象。

第二,农村邻里环境可以弥补家庭交往之不足。儿童既应该向同龄人学习,也应该向成人学习。除去电影、电视、手机和电脑之外,儿童每天生活于其中的社区环境对农村留守儿童的影响更深刻和长远,这种影响难以捉摸而又无处不在,影响着农村留守儿童性格和心理的每一根"纤维"。成年人在与儿童交往的过程中,会不知不觉地将他们的一些思想与观念灌输给小孩子。如果我们对那些家庭环境恶劣而自身品行非常优秀的农村儿童进行研究,考察他们的品质是从哪里来的,是怎样传递的,就会惊奇地发现,这些优秀品质来自社区。通常的情况是,在一个社区中,总会有一些成人或儿童是值得学习的,他们是那些家庭环境恶劣的农村儿童的学习榜样,他们在很大程度上弥补了这些儿童自身家庭环境的缺陷。在与那些品行良好的成人和儿童交往过程中,出生于恶劣家庭的儿童逐渐认识到自身家庭中的不足,刺激他们自我改进,尽可能地不去回想和模仿自身家庭的不健康的行为和言语。对于农村留守儿童而言,那些来自社区的优秀的人和事是生活在恶劣家庭环境中的一点儿光亮和希望,是指引他们走向光明的路灯。更重要的是,邻里成人通过日常生活的接触,非常了解本村或本队的每一个孩子,甚至比老师的了解更全面、更真实。这就决定了邻里成人在农村留守儿童社会化中的不可替代的作用。他们的兴趣、爱好、职业和社区中的地位，使他们能够满足儿童社会化所必需的知识、情感和能力，避免了家庭环境的狭隘和片面，从而帮助农村儿童将视野由家庭扩展至社区，增加知识、提升视野和丰富经验。邻里生活给儿童带来了宝贵的安宁和欢乐，这样，那些来自恶劣家庭环境的儿童也将开始变得快乐、聪明，理智地对待事情。

第三，农村邻里环境为儿童奠定知识基础。正如苏霍姆林斯基所言，最积极、最紧张的学习，正是在儿童看见了什么新的、不懂的东西而感到惊奇的时刻进行的。[①]儿童通过充当学徒身份，在参与社区成人活动中获得了知识和能力。比如，在与农夫一起种菜的过程中，儿童学会了如何区分小麦和韭菜，在和老农一起上山采蘑菇的时候，儿童学会了辨别有毒蘑菇和无毒蘑菇，在和其他农民一起种菜的过程中，儿童注意到叶片的不同光泽和不同气味。在观看同村木匠做木工的过程中，儿童知道了松树、柏树和杉树的用途和材质，分别适合做什么样的家具，学会了使用各种锤子、钉子、钳子、锯子等工具。在小卖部玩耍的时候，看到了商人如何陈列商品和计算价格。渔夫在朝着水流方向安放捕鱼笼时教导儿童，告诉他鱼是逆水游泳寻找食物的。这些活动都带有研究的性质，需要儿童不断地思索和提问，一点儿也不单调乏味和令人厌烦。正是通过社区活动，大自然向儿童揭示出自己的奥秘，引导儿童利用双手检验着各种设想和猜测，帮助每一个儿童都成为劳动者、思考者、探索者，使他们在有趣的、令人鼓舞的社区生活中来认识世界和认识自己。这就正是人与人的关系、人与社会的关系这一极其重要的因素对于人的正常社会化必不可少的缘故。

儿童生活在特定的环境中，每天都在与社区成员交往，观察和参与社区成员的活动。社区成员在儿童面前揭示自然界、劳动、艺术、人的相互关系等构成的复杂世界，逐步地激发儿童的求知欲。在有教养的社区，整个邻里的关系和谐、温暖，既相知相识，又相互帮助、互通有无，社区成员懂得怎样通过让儿童认识各种现象来培养他们敏锐的观察力、注意力和求知欲，同时，在相互联系中发展思维和言语，教会儿童观察世界，教会儿童去探究那些看不见的东西，引导儿童发

①[苏]苏霍姆林斯基.给教师的建议[M].杜殿坤，编译.北京：教育科学出版社，1984：322-323.

现事物的因果联系。儿童智力发展的一个重要标志，就是他们所提的那些关于周围世界、关于他们不懂的东西的问题。儿童提出的问题越多，他求知欲望的发展就越有力。儿童在邻里学到的东西要比在教室里学到的多过一百倍。一个儿童和这个爷爷聊聊、和那个阿姨说说，就是儿童语言和思维发展的真正开端。

第四，农村邻里环境帮助儿童获得基本的行为准则。社区是一所名副其实的学校。儿童关于生活的行为准则在很大程度上都是通过与社区成员的交往慢慢地植入的。社区成员的一言一行、一举一动都对儿童品德产生重要影响。榜样的力量比格言大得多。农村儿童很多基本的思维和行为习惯，是在日常社区交往中形成的，这种生活交往不是有意识的教导手段，而是无意识地进行。尽管来自学校的有意识的改正和教导不停地起着作用，但是，社区周围的气氛和精神仍然在农村儿童行为和思想方面起到重要作用，这是我们不得不承认的一点。如果眼睛常常接触形式和色彩华美的和谐的事物，审美标准自然会发展起来。一个俗气的、没有秩序的和混乱的环境会败坏美感，正如贫乏而荒芜的环境会饿死美的愿望一样。儿童教育，缺乏社区的积极参与是很难奏效的。通过社区交往，儿童能够从自己的行为出发去认识别人的行为，把别人的行为同自己的行为联系起来，认识到生活中的一切都是人们的劳动、血汗和劳累换来的，善于尊重别人的劳动成果。只有在现实的社会交往条件下，那些对孩子的应该这样做，不应该那样做的教诲，才能深入到他们心灵中去，才能引起情感上的共鸣，唤起良好的愿望和运用到实际行动中。正如阿莫纳什维利所正确认识到的那样，只有通过把道德观念和伦理道德行为规范的操练相结合的办法，才能有目的地形成儿童的个性。高尚的行为应该是受美好的情感所驱使的。当然，谈话教育也能教育人，但这要看是怎样的谈话，由谁进行和怎样进行的谈话。谈话以后怎么办？它依靠儿童怎样的生活经验、怎样的情感？它巩固儿童怎样的行为，又是怎样巩固的？对儿童来说，需要的不仅仅是清楚地阐述道德准则，还要有组织地进行贯彻这些准则的操练。[①]

①[苏]阿莫纳什维利．孩子们，你们生活得怎样？[M].朱佩荣，高文，译．北京：教育科学出版社，2005：169-170.

第五，农村邻里环境帮助儿童了解社会生活。学会生活只能从生活本身中学会，好比游泳只能在水中学会一样。儿童必须与更多的成人和其他儿童接触，才能有最自由、最丰富的生活。社会环境在儿童品行形成中非常重要。社会通过传递而获得延续。老一代将做事、思维和情感的习惯通过交流传递给年轻一代。缺少了理想、观念、期望、标准、思想的交流，从老一代到新一代，社会生活将无法延续。儿童正是首先通过理解自身的周围环境然后才去了解更大更远的社会环境。通过参与社区生活，儿童理解能力变强，富有洞察力和表现力，做事勤奋，富有进取性，具有出色的头脑和心灵，言谈举止得体。在参与社区活动中，儿童有机会自我表达，表达自己的想法和看法，而非被动听从。因此，应该让农村留守儿童尽可能多地参与社区交流和沟通，而不是互不往来，让儿童接触社区不同的人，包括老人、青年和儿童，不管他们来自农村还是城市，不管他们从事的职业是手艺人还是农夫。每一种活动、每一种手艺、每一种职业都能够为儿童提供丰富的生活的知识。让儿童接触不同的人，是社区教育的最重要途径，能够扩展他们的视野，激发他们对社会生活中各种现象的浓厚兴趣，增加他们的同情心，学会从不同的视角看待和处理事情。让儿童认识到，不同的人在社会生活中所充当的角色是不一样的。因此，他们会认识到社会分工、团结与合作的必要性，而这些才是真正的生活的真谛和本质，比多背诵几个英语单词和数学公式更激动人心和真实有用。与此同时，社区活动也可以从另一个角度让孩子看到家庭对社会生活的意义。

二、农村邻里环境的现状

在一定程度上，学校里的一切问题都是家庭和邻里问题的折射。农村留守儿童社会化取决于母亲、父亲和邻里在儿童面前是怎样的人，取决于儿童从父母和邻里的交往中怎样认识人与人的关系和社会环境。我们知道家长的参与和社区的支持对于农村留守儿童社会化至关重要。家庭、社区成员和社区内各组织的参与,是确保农村儿童社会化的一个重要因素。农村留守儿童教育在我们今天变得更加复杂了,在这种情况下,不管教师做出多大的努力,一旦缺少来自社区成员的帮助,都收不到完满的效果。那么,当今农村的社区环境到底存在什么样的问题呢?主要有以下三个方面的问题。

第一,祖辈对农村留守儿童的溺爱。儿童的成长过程中总是有亲戚朋友的参与。首先就是祖父母。祖父母在儿童的成长中扮演着重要的角色,尤其是在当前独生子女家庭。老人通常因为担心自己没用而产生强烈的自卑感,对儿童要么吹毛求疵,要么心软和善。为了使自己显得重要,他们从不拒绝儿童的任何要求,最终发展成了溺爱。那些受到溺爱的儿童便不再想回家,因为家里的纪律和约束要更多一些。回家之后,这些孩子会抱怨家里不如祖父母家舒畅。[①]中国现有的家庭结构,多是由夫妻双方、小孩、夫妻一方的或双方的父母构成。但夫妻双方由于忙于工作,就把小孩的教育交由老年人负责。大多数老年人并不是专门的教育工作者,在教育小孩时会掺杂大量不理性的、情感方面的因素。比如,当着小孩子的面来说孩子父母的坏话,有时还会与孩子的父母激烈地争吵,让孩子看到成年人之间的不协调。

第二,儿童参与社区活动的机会越来越少。虽然提倡了很多年素质教育,但是在农村学校中,应试教育却大行其道,学习几乎都是围绕升学来展开的。教师的责任在于将考试必需的知识点传授给学生,让学生考一个高分,于是儿童在校时间越来越长,用来完成尽可能多的作业,背诵尽可能多的作文。除去学校的题海战术,回到家,为了节约时间,能考高分,一些农村家长将自家孩子封闭起来,不与社区成员交往,在家庭和社区之间划上明显的界限。有一条鸿沟把家庭和家庭外部世界割裂开来,长此以往,孩子对现实世界漠不关心,两耳不闻窗外事,一心只读圣贤书。这种家庭不会提高儿童的好奇心和求知欲,只会使孩子保守、冷漠、自私,这当然会阻碍儿童社会化的发展。同样地,也有一些家长,由于认识到村里有些人的不良行径,于是想方设法地将孩子孤立起来,避免孩子受到不良

①[奥]阿尔弗雷德·阿德勒.儿童的人格教育[M].彭正梅,彭莉莉,译,上海:上海人民出版社,2006:70-71.

行为的影响，杜绝与社区成员的一切接触和交往，希望给儿童一片纯净的天地。通过调查我们发现，农村儿童缺乏社区游戏和活动的必要场所和材料，找不到一个正常的渠道来发泄他们剩余的精力，可能会借助其他一些不正当的渠道。例如，打电子游戏，沉迷于网络和电视，在街上闲逛，拉帮结派，而这些都会给儿童的社会化带来灾难性后果。

第三，农村社区成员缺乏起码的教育意识。促进农村留守儿童社会化不仅仅是学校的事情，也需要孩子家长与社区成员的共同努力，方能起到好的作用，任何一方面忽略自己的责任与义务，将不利于农村留守儿童的成长。从现实情况来看，农村社区对农村留守儿童的教育作用并不明显。究其原因，主要有以下三点。一是农村社区干部缺乏对农村留守儿童进行教育和管理的意识。大多数村干部认为，留守儿童的教育与管理是私事，与社区无关。二是农村社区没有建立农村留守儿童教育与管理机构与组织。囿于有限的经济能力和淡薄的教育意识，多数农村社区没有留守儿童教育与管理方面的组织机构、场所、专门人员以及经费。农村留守儿童放学回家，基本上就处于"散养"状态。三是农村社区干部没有教育与管理方面的专业能力。农村社区干部并不是儿童教育方面的专业人员，他们没有相关的知识与能力去观察、了解以及分析儿童，不能针对儿童的实际需要开展具有针对性的引导与管理，所以他们对农村留守儿童的管理与教育无能为力，不能对农村留守儿童的成长起到推动与促进作用。经过观察我们发现，儿童喜欢围着成人、观察成人的行为，不管他们在什么地方、在做什么。然而，成人不是拒绝儿童，就是把他们赶走，对儿童一再提出问题感到不耐烦和硬性拒绝。事实上，这些行为会毁灭儿童的生命之树的蓓蕾和幼芽。又或者，由社区成人直接提供答案，使儿童在思想上变得懒惰。因为他们听别人的，纵使仅能听到一半，理解一半，也比自己去寻求答案更为容易。但是，对儿童思维能力的培养而言，通过自己找到的四分之一的答案，比之听到一半、理解一半更多，更重要。因此，不要总是直截了当地回答你们孩子的问题。只要他们具备这方面的能力和经验,就要给他们提供条件,让他们从自己的认识范围出发自己解答自己的问题。①

三、农村邻里环境的改造

在对农村留守儿童的教育中,需要的不是学校与家庭的简单联系,而是教育的整体性,其中社区成员的参与是不可缺少的。这种整体性应该体现在家长、教师和社区成员共同为每一个留守儿童创造一种优化的社会化环境,还意味着学校在创造这种教育环境中的主导作用。学校不应该认为教育就是学校教育,而应该有更为广阔的育人视野,充分调动一切可以运用的资源,对农村留守儿童开展教育。学校教育工作的效果如何,要取决于利用和不利用、重视和不重视儿童的社区生活。格拉德维尔运用“破窗”理论来引入这样一个观点:环境比个人的心理倾向有更大的威力。“破窗”这一概念最早是由犯罪学家詹姆士·威尔逊(James G. Wilson)和乔治·凯灵(George Kelling)提出的。威尔逊和凯灵认为,犯罪是秩序混乱的必然结果。如果一扇窗户打破了且无人去修理,从窗边走过的人会认为没有人在意这扇窗户,没有人为此负责。这样一来,会有更多的窗户被打破,无政府意识将会从这一幢楼房扩散到它对面的一整条街道,所传达的信号是什么东西都可能丢失。在一座城市中,相对来说不太严重的问题,如公共场所的乱涂乱画,秩序混乱,扰民生行乞现象……就好比是一扇扇破窗,会导致更严重的犯罪发生。②因此,如何改造农村邻里环境,了解农村留守儿童在社区中的语言和行为规范,社区成员与儿童的交往是怎样的,如何建立与社区成员的合作,是学校当前面临的最重要的任务。换句话说,一方面,需要提供有利条件,促进社区积极参与学校事务,改变学校封闭状况,扩大和外部世界的联系。另一方面,学校应该参与社区本身的改造,因为它是促进儿童社会化的主要环境。

①[德]福禄培尔.人的教育[M].孙祖复,译.北京:人民教育出版社,1991:62-63.

②[加]迈克尔·富兰.变革的力量:深度变革[M].中央教育科学研究所,加拿大多伦多国际学院,译.北京:教育科学出版社,2004:37.

第一，农村自然环境改造。调查发现，尽管农村自然环境较以前有很大改善，然而我们仍然发现一些农村村庄存在着污水坑和泥塘，环境肮脏、道路泥泞、坑坑洼洼，传统学校对这一切都不闻不问。而每一个具有社会责任感的学校都应该重视社区环境的美化。社区应该种植许多花草树木，供儿童散步、玩耍、看书、沉思、谈心。从教育的角度看，社区的花草树木能赋予人的精神生活以某种审美和情绪色彩。还需注意的是，培植、照管和保护这些花木应该是整个社区成员和儿童的共同责任。总之，在对待社区问题时，要让儿童养成一种积极的态度、社区主人翁意识，要使儿童懂得社区环境的意义。此外，应该加强农村文化环境建设，大力整治学校周边环境，彻底清除给儿童造成精神污染的各类“垃圾”场所，如违法经营的网吧等，营造良好的社区文化氛围和社会风气，让留守儿童在健康向上的社会环境中受到良好的熏陶。但是，传统上，农村学校在这些方面的作为不够，既没有对农村留守儿童生活的环境进行整治，也没有主动地去为农村留守儿童构建一个较为健康的学习与生活环境。

第二，开发丰富的农村社区活动。农村留守儿童社会化的成功在很大程度上取决于社区活动的开发程度。然而，调查发现，众多农村留守儿童放学回到家无所事事，整天东游西荡。因此，每一个村都应当修建一个自己的、供儿童使用的公共游戏场，在那里，农村儿童可以尽情唱歌，也可以看电影、听广播和演剧，组织文艺活动。这对农村留守儿童社会化将会产生不可估量的影响。因为它不仅可以满足儿童游戏和活动的本能，还能够培养他们集体的意识和感情，发展集体责任和行为。孩子会尝试在群体中观察自己，感受自己，衡量和测量自己，通过他们去认识自己和发现自己。这样，游戏和活动便直接地对生活产生了作用，丰富了孩子的生活，激发和培育了儿童优良的道德品质。换句话说，农村学校应该利用农村留守儿童课外时间，在社区发起和组织起各种课外活动，使劳动和智力生活统一起来，使儿童的空闲时间充满意义。比如，育种小组、植物栽培小组、园艺小组、养蜂小组、机械化小组、电工小组、无线电小组、钳工设计小组、车工小组、动物饲养小组、养花小组等,使每一个儿童都成为研究者、思考者、探索者,使他们在有趣的、令人鼓舞的活动中认识世界和认识自己。通过参与社区活动,儿童将逐渐学会通过自己的手和依靠自己的判断去对待事情,并独立地处理事情,在行动中进行自我检验并坚定自己的行动。

第三,充分利用农村社区资源。儿童是在社区邻里环境里长大的,在邻里交往里逐渐长大为少年和成人的。因此,学校必须与社区保持联系。学校生活与日常生活一致,校外生活与学校生活一致。比如,学校要求儿童不要"随地吐痰",教导儿童养成良好的卫生习惯,但回到家中,儿童看见父母随地乱吐,邻里也随地吐,自己也不知不觉地乱吐起来了。然而,社区教育与学校教育的关系有时被认为是对立的关系,学校传授的知识可能与社区的传统价值观相对立,农村儿童往往把学校看作是一个陌生的世界,他们既不了解学校的规约,也不了解学校的用途。因此,家长、教师和社区成员之间必须进行真诚的对话,不断提高社区成员的教育素养。社区成员的任务绝不仅仅是传授已经掌握的知识,而是启发孩子去获得新的知识,应当在观察事物的同时引导孩子一同观察,引导孩子进行思考。没有社区成员的参与,就不可能有农村留守儿童正常社会化。如果社区活动不能变成学校和家长的集体思考,那么,它的教育价值就是偶然的和暂时的。学校要跟家长一起思考:应当怎样认识邻里环境的重要性,儿童生活的邻里环境可能对儿童产生哪些不利影响,如何避免,有哪些宝贵的资源可以利用。学校应该努力让家长和社区成员明白,在教育儿童的问题上永远没有小事,教会他们如何规范自身行为,在儿童面前做好表率。社区教育的完善,儿童社会性的优化,并不意味着学校作用的削弱,而是意味着学校作用的加强。

社区成员是至关重要的、尚未被充分开发和利用的教育资源。因此,应该广泛邀请当地居民参加社区的故事分享会等活动,让社区成员向儿童敞开自己的心扉,讲讲自己的故事,讲讲自己的童年,讲讲自己的工作,为儿童树立大胆勇敢、富有同情心和热爱劳动的榜样形象。制造机会让儿童和社区成员一起聊天、做游戏、散步、劳动，要尽力吸引他们参与使他们感到自己是成年人的有关事务。充分调动志愿的社区助手，比如手工艺人、摄影师、售货员、厨师、牛奶场工人和少数民族成员等，利用他们无穷无尽的教育潜力对农村留守儿童进行教育。

第三节 农村同辈环境改造

除去上学时间，儿童大部分时间都在其所属群体的社会环境中持续不断地得到社会化。从时间上看，儿童日常生活的一半时间用到了与同辈群体的游戏和活动中。农村留守儿童同辈群体交往，在空间上主要是校外的交往，在时间上主要是周末、节假日以及寒暑假期间的交往。卢梭说："应当尊重儿童时期，你要让自然去工作，不要干扰它的活动。你断言你知道时间的价值，唯恐荒废它。你没有认识到误用时间比虚掷光阴浪费更大，教育不当的儿童比完全没有受过教育的儿童离美德更远。你害怕看到他浪费童年，不做什么事。怎么一回事？难道快乐不算什么吗？整天跑跑跳跳不算什么吗？他一生永不会有这样忙碌的了。……假使有人唯恐荒废他一部分时间而不顾睡眠，你以为这个人怎么样？"①任何时代任何人，对儿童的教育，尤其是对年幼儿童的教育，都在很大程度上依赖于游戏和娱乐。确实，农村留守儿童日常生活中的大部分时间是用到游戏上的，不是从事他们从大一点儿的儿童那里学来的游戏活动，就是玩他们自己发明的游戏。这些发明的游戏通常也不外是对成人生活的模仿。春天儿童打弹珠、玩陀螺、讲故事、折纸、唱歌，夏天他们捕蝉、摘枣、骑车、弄野味，秋天他们放风筝、捡落叶，冬天他们堆雪人、打雪仗、过家家。这些游戏吸引儿童，让儿童废寝忘食，充满忙碌和愉快的气氛。儿童共同游戏的教育价值是在于教他们懂得了合作的用处，让儿童认识他们生活于其中的世界。他们的游戏玩得愈多，他们的玩具材料就愈精巧，整个游戏也就成为一幅相当精确地反映他们家长日常生活

①[美]约翰·杜威.学校与社会·明日之学校[M].赵祥麟，等译.北京：人民教育出版社，2005：218.

的画面，只不过是以儿童的语言和举止表现出来而已。通过游戏，他们学会分享和合作，学会以有益而负责的精神参与共同活动，如同在成人世界中一样。

一、农村儿童同辈交往的意义

调查发现，家庭和学校生活并不是儿童生活的全部内容。村头巷尾是农村留守儿童每天汇集的地方，它产生出一支新的强有力的教育大军——同辈群体。他们之间亲密无间、相知相悦、无话不谈，相互倾听、互相鼓励和帮助，彼此获得关爱和温暖。因此，同辈群体在农村留守儿童社会化过程中起着不可替代的关键作用，绝非可有可无。心理学研究发现，儿童的一些潜在能力只能在与同辈群体的交往中才能得到开发和发展。农村留守儿童同辈群体的构建，能够让农村留守儿童在遭遇困难时，获得来自年龄相仿的同龄人的支持与帮助，因为同龄人往往更能够体会同辈个体遇到困难时的确切处境与心理状态。让他们形成一个互相监督与促进的团体，让他们能够在与同龄人交往的过程中，获得更多的相似经验，学会同情和关爱，促进他们正常社会化。

第一，良好的同辈群体交往，有利于儿童身体健康。游戏是儿童发展的需要，是儿童内在本质的自发表现，是内在冲动的外在表现。游戏是人在这一阶段上最纯洁的精神产物，同时是人的整个生活、人和一切事物内部隐藏着的自然生活的样品和复制品。所以游戏给人以欢乐、自由、满足，内部和外部的平静，同周围世界的和平相处。一切善的根源在于它、来自它。一个自发地、平心静气地、坚忍不拔地、直到身体疲劳为止坚持游戏的儿童，也必然成为一个能干的、平心静气的、坚忍不拔的、能够以自我牺牲来增进别人和自己幸福的人。一个游戏着的儿童，一个全神贯注地沉醉于游戏中的儿童不就是这一时期儿童生活美好的表现吗？①同辈群体一起去从事一些有意义的活动，可以起到锻炼身体的作用。比如儿童相约到山林中挖竹笋。儿童呼吸着竹林间的新鲜空气，看着自己通过

①[德]福禄培尔.人的教育[M].孙祖复，译.北京：人民教育出版社，1991：38-39.

辛勤劳动挖到的竹笋,可以体验到劳动带来的物质方面的满足感以及精神方面的成就感。挖竹笋这个过程,也可以铸就儿童健康的体魄。再比如,儿童一起进行短途的旅行,或者一起采摘农产品到集市去售卖,也能起到活动筋骨、抖擞精神的作用。同辈群体一起从事一些有益的游戏,同样可以起到放松心情、锻炼身体的作用。在游戏中,儿童学会运用手臂、腿和手指,逐渐地控制他自己的身体,并且把对身体的控制提高到最大限度。

第二,良好的同辈群体交往,可以促进儿童智力发展。福禄培尔高度评价了游戏的作用,他认为,游戏是幼儿的主要活动内容,正是在游戏中,儿童最能表现出创造性和主动性。他主张借助各种作业、练习和游戏使儿童的创造性得到系统的发展。马卡连柯也认为,儿童集体里必然有游戏,不做游戏的儿童集体就不是真正的儿童集体。游戏不应当只限于儿童在操场上奔跑和踢足球,而应当表现在这些方面:儿童在自己生活的每一分钟里稍微玩玩,在玩的过程中进行一定的想象和幻想,扮演一个角色,感觉到自己高大一些了。想象只有在有游戏的集体里才能得到发展。①诚如杜威所说:“如果你想培养你的学生的智力,那么培养体力是必需的。为了使他善良和聪明,给他的身体以经常的锻炼,使它强壮、健康;让他劳动,让他做些事情,让他跑、喊叫;让他忙于活动。……设想身体活动阻碍心灵活动,似乎这两种活动不能携手前进,似乎一个不愿充当另一个的向导,这是一个可悲的错误。”②儿童能够在游戏中发现和锻炼他的天赋和智力,发现自身独特的兴趣,正如古希腊生活和德行的理想是由伟大的竞技游戏和节日活动培养和传播的一样,农村留守儿童正是在集体游戏中发现和建立起他的道德的和社会的自我。

第三,良好的同辈群体交往,有利于儿童情感发展。儿童对世界持有的基本情感与态度,是他们参与的多种活动的范围和性质决定的。③这也就是说,儿童

---

①[苏]马卡连柯.普通学校的苏维埃教育问题[A].吴式颖,等编.马卡连柯教育文集(下卷)[M]北京:人民教育出版社,2004:475.

②[美]约翰·杜威.学校与社会·明日之学校[M].赵祥麟,等译.北京:人民教育出版社,2005:219.

③[美]约翰·杜威.民主主义与教育[M].王承绪,译.北京:人民教育出版社,2001:149.

只有通过各种活动,才能改变他们对于世界的态度。观察发现,儿童所参与的活动,大多是同辈群体活动。这也意味着,同辈群体活动对于儿童形成正确的态度、情感乃至价值观,有着不可忽视的作用。例如,有些农村儿童,极少参与劳动,过着衣来伸手、饭来张口的生活,当然不能知道何谓生活。这些儿童会形成一些错误的看法,认为劳动是下作的、可耻的。长此以往,他们对世界持有的态度就会扭曲。而如果在日常生活中有机会让儿童与同辈儿童一起去拾蘑菇,然后拿到市场上售卖,儿童就会体会到劳动的艰辛,也能感受到美好生活来源于劳动,相应地,他们的情感、态度乃至价值观都会得到改观。

第四,良好的同辈群体交往,可以培养儿童的社会性。人是社会的动物,使他成为社会动物的"合群本能",是一切文明和人类一切价值的来源,这已经是老生常谈了。儿童社会性,主要由社会的态度、社会的精神以及社会的行为这三个方面组成。首先,农村儿童同辈群体交往,可以让儿童形成社会的态度。儿童过家家,男童扮演爸爸,女童扮演妈妈,也是社会性的一种体现,会在表演的过程中加深对父亲母亲的角色的体认与认同。其次,农村儿童同辈群体交往,可以让儿童形成社会的精神。农村儿童在一起修建沙堡,有不同的分工,有的人修建城墙,有的人修建街道。如果有人不按照自己的分工来从事活动,活动就难以继续。通过这种活动,儿童可以体会到在社会中,每个人都有自己的职责与义务,都是为了整个社会的良好运转。这无疑是社会精神的一种生动示范,有利于儿童社会精神的养成。再次,农村儿童同辈群体活动,可以培养儿童社会行为。玩布娃娃,为布娃娃修建房子,不同的人分工不同,自己的行为照顾到他人的行为,既服从又领导,既领导又服从,这些活动可以让儿童深刻地体验到分工与合作的重要意义,也为他们提供了认识分工与合作的重要经验,有利于他们的社会化。在同辈群体活动中,每个儿童的个性在得到施展的同时,又保存了社会性,那么,这样的同辈交往就可以称得上是成功的交往,而我们判定儿童交往是否具有教育价值的标准也应该如此。

第五，良好的同辈群体交往，可以扩展儿童的经验。从本质上看，教育即是经验的持续改造。要教育儿童，就必须改造他们的经验，优化和改善已有经验。改造儿童经验的方式有多种，常见的主要有家庭教育和学校教育，但是还有一种改造的方式我们并未加以注意，就是儿童同辈群体交往。同辈群体儿童之间的交往，使不同背景的儿童充分地交流，能够扩展和深化儿童的已有经验。换句话说，同辈群体儿童之间的交往，可以加强儿童之间的交流与沟通，能够促进群体内儿童经验的充分的给与取。每个儿童在分享其他儿童的经验的同时，也将自己的经验展示给其他儿童，这样一来，这个群体内部的儿童的经验得到了充分的给与取。通过交往，群体中儿童的经验会有所变化。儿童同辈群体交往，同样也是儿童的共同生活，能够扩大并启迪经验，刺激并丰富想象，增长见识、开阔视野。在对话和交流过程中，每个儿童都在检验自身言论和思想的正确性。相反，一个在身体和精神两方面孤独的儿童，很少有机会或者没有机会去反省他过去的经验，抽取经验的精义，为未来经验所用，为他人所用，仅仅局限在自身狭窄的经验范围内，犹如井底之蛙。同辈群体之间的交往，其形式可以是交谈、活动、制作、游戏等各种方式。儿童因参与共同的活动，把群体目的作为自己的目的，把群体利益作为自身利益，熟悉活动的方法和材料，获得必需的技能，养成集体的情感和精神。这意味着，当儿童逐渐参与他们所属的各种同辈群体的活动时，他们的社会倾向将在不知不觉中得到更为深刻和更为密切的教育陶冶。

二、农村儿童同辈交往的现状

良好的同辈群体交往是农村留守儿童在校外获得经验的一种重要方式，通过交往，可以促进农村留守儿童在智力、道德、情感和社会性等各个方面的发展。但是，调查发现，当下的农村儿童同辈群体交往，还存在着较多缺陷。

第一，同辈群体交往缺少时间。调查发现，现在同辈群体之间的交往有两种极端的情况，一种是缺少儿童群体交往，另一种是放纵儿童群体交往。后者对儿童交往不加判断和选择、引导，任由儿童与一些坏人来往，参与一些不良活动。前者根本没有群体存在，有些家长常常将儿童关在家里做作业或看电视，也不允许他们出来与其他孩子玩，限制儿童交往，认为这是浪费时间，更可能会学坏。众所周知，在农村，同辈群体的交往通常以村为单位，但是现在有些环境较好的家庭就干脆将儿童送到城里读书，故而农村儿童的这种同辈群体人数越来越少。然而，将农村孩子送到城市，弊端很多。农村儿童脱离了他所熟悉的农村生活环境，完全进入到一个陌生的城镇生活环境，因为经验有着较大的差异，不能跟城镇的儿童较好地融合在一起，这样一来，既不能得到城市同辈群体儿童带来的经验，也不能与农村儿童的经验进行交换，完全成了一座孤岛。这种小孩在家长眼中也是不好教育的一个群体，他们沉迷于网络和电视，孤僻，不愿意与人交往，出现了许多心理问题。深入分析可以发现，问题的根源就在于儿童没有得到同辈群体经验的滋养，社会和情感需要得不到正当满足，只有借助网络和电视来弥补。有些家长甚至认为，与其浪费时间与同辈儿童交往，不如学习一些有用的技能与技巧。于是，家长们为儿童申报了各种各样的兴趣班。但是，这些兴趣班对儿童没有太多的吸引力，不能成为儿童的兴趣，只是家长的兴趣。这样一来，儿童在这些兴趣班里只能够虚耗时日，还丧失了与同辈群体儿童交往的机会，错过儿童社会化的黄金时间。一部分儿童专注于书本，一部分儿童沉迷于电视、电影和网络，一部分儿童被迫忙于家长们关心的活动。但是，儿童交往、游戏的要求还存在，只不过是通过一种扭曲的方式表现出来。由于外部强加的任务、活动不能给儿童情感和想象以适当的刺激和滋养，所以在闲暇的时候，便不择手段地迫切寻求刺激，不惜求助于赌博、酗酒等，或者，无所事事，消磨时间，但求即时的惬意。

第二，同辈群体交往缺少空间。同辈群体在交往的过程中，在物理与心理方面均缺少空间。首先，没有专门的供儿童自由活动的场所。大城市里停车场、商场比比皆是，却少有儿童活动的场所，农村的情况似乎好点儿，有院坝和村落空地。其次，同辈群体在交往过程中，缺少心理空间。儿童在交往的过程中，没有自由心理空间来进行交流，随时随地处于家长的监督之下，没有丝毫自己的私人空间。所以，很多时候，当儿童聚集在一起的时候，也丝毫没有交往的冲动与欲望了，因为家长已经将他们的冲动冲散了。一些家长生怕儿童自由玩乐会出现冲突，所以，全程死死盯着孩子不放，事实上，同辈群体交往的很重要的价值就在于让儿童在交往中学会交往，学会如何处理争端和矛盾，有冲突出现，让儿童自行处理，也可以让他们学会如何处理人际关系。细心观察可知，儿童玩得最高兴的时候，恰恰是他们最自由、最放松、最完全地投入到活动中的时候，是没有任何外在无端干扰的时候。总有一双眼睛盯着自己，总有一张嘴巴在指挥自己应该这样玩，应该那样玩，儿童肯定处于精神紧张和焦虑的状态，能够全情投入基本上是不可能的。因此，在儿童同辈群体交往中，家长应该克制自己想要插手的冲动，从权威者和独裁者的角色转化到观察者和材料提供者的角色，主动为儿童创建完全的、丰富的、自由的活动空间和环境。

第三，同辈群体交往缺少材料。巧妇难为无米之炊。儿童同辈间的活动通常是通过操作各种材料来实现的，纸制的、木头的、石头的和泥土的等，缺少活动的材料，活动将无从谈起。粗糙中只能产生粗糙。儿童同辈群体交往主要是通过共同的游戏以及各种各样的活动来完成，但是如果在游戏与活动的过程中，没有材料，那么，这些活动显然是难以继续下去的。比如，儿童想在一起跳绳，但是却没有绳子，显然刚有游戏想法而聚集在一起的儿童就会不欢而散。再比如，儿童想在一起下象棋，但是却找不到象棋，那么这些儿童也会郁郁寡欢。再比如，儿童想读书，但是却找不到合适的书籍，最终这种想法也只能沦为空想。事实上，农村存在着很多天然活动材料，比如石头、泥巴、树枝。然而，很多农村家长认为这些东西脏而不允许儿童玩，剥夺了儿童亲身接触自然和材料的机会，也就阻塞了他们正常的学习通道。他们的活动的欲望逐渐消失，好奇心逐渐减弱，动手想法逐渐减退，交往的、制作的、探究的和表达的需要得不到满足，然后，他们变得越来越被动消沉、死气沉沉和呆板，退而回到家中继续看电视、玩电子游戏，他们的来自儿童的那种勃勃生机不见了，只留下了老气横秋和目光呆滞。

第四，同辈群体交往缺少引导。由于缺少引导，同辈群体在交往过程中出现了许多不平等现象，拉帮结派、搞排斥、组建小团体和小圈子。由于受社会偏见的影响，儿童在交往过程中常常以本村、同姓、同班为界限，将自己和他人分裂开来，而非彼此亲密无间、相知相悦。如果我们追究一下，在小小年龄的儿童身上为什么会出现小的团体和排他行为，可以发现，真正的原因在于儿童自幼从家庭里获得了一些不正确的思想，这是其真正的思想根源——他们在很小的时候就常常听到和看到自己的父母或亲戚朋友在拉帮结派、尔虞我诈。换句话说，儿童同辈交往仅仅是成人交往的折射和直接反映，如果缺乏正确的引导，儿童交往将一模一样地复制和延续成人交往方式。不可否认，在农村留守儿童生活的世界中仍然存在着大量不正常的人与人的交往目的和方式，因此，对他们的同辈交往进行指导就成为必要的了。从本质上看，同辈群体交往的主要价值在于确保经验的充分的给与取能够得以实现，如果因为一些人为偏见使得交往变得狭窄，经验得不到丰富和深化，那么，对农村留守儿童的社会化必然造成不可弥补的损伤。一个正常的儿童同辈群体应该有年龄、经验、能力、背景和个性的差异，在这样一种多元群体中，才能确保营养的丰富和多样，年长的儿童可以承担示范榜样的作用，而年幼的儿童则成为追随者和观察者。这种互相交流和帮助，对儿童的社会化可以起到良好的强化和促进作用。

第五，同辈群体交往延续成人不良行为。儿童的模仿性极强，这是优势也存在潜在危险。如果没有好的娱乐方式，没有好的群体活动方式，儿童极易受到生活周边不良事物的影响。虽然同龄群体游戏有助于儿童社会化发展，但同样明显的是，它往往延续成人社会的习惯性做法。模仿性游戏往往成为其家庭生活和家长行为的重演。例如在玩过家家游戏时，儿童固然能学到各种好的东西，但也容易沿袭年长者的种种粗鲁、盲动以及偏见行为。在游戏时,他们的注意力更为集中,周围生活在他们的记忆及习惯中就更容易固定下来。所以,模仿性的游戏虽然可以教儿童注意他的环境及生活过程,具有极大的教育价值,但假如环境不好,儿童就会学到坏的习惯、错误的思维和判断方式,这些不良影响是难以消除的,因为它们是在儿童自发游戏中固定下来的。比如,模仿成年人的生活方式,打麻将、玩手机和打架等。仔细观察可以发现,现在许多农村儿童都配有手机,而且他们会花大量时间去浏览手机上的内容、信息,这些行为多半与父母的示范脱离不了关系,父母喜欢在手机上玩游戏,孩子同样会养成类似的习惯。父母的爱好,或家人的爱好,或多或少都会给儿童造成一定的影响。有些群体中的儿童因为没有好的榜样,则转而学习群体中具有影响力的一些儿童的不良行为,比如,模仿比自己年龄大一些的儿童的抽烟、喝酒、打游戏和看一些低级趣味读物的习惯。同辈群体中居于主导地位的儿童,如果没有指导 ,可能会带领这个群体的儿童进行一些毫无意义的活动,比如,看到大人打麻将,便带领儿童也玩起麻将。儿童问题是家庭问题和社会问题的反映。有时候,儿童的一些行为,之所以出现偏差,除了儿童自身的原因之外,我们还更应该从成人的身上去找原因。儿童是父母的影子,可能是父母的言行出现了问题,故而对儿童的言行产生了不良影响。例如,同辈群体讲究哥们儿义气,会使群体中的农村留守儿童只知道自己的小群体、小团体,而不知有社会,只会将团体的利益置于社会利益之上,损害他人利益,甚至发展为抢劫和盗窃团体。现在教育中有一种不好的趋势,只要一谈到尊重儿童,尊重儿童的兴趣,那么,儿童所做的任何事情都是对的。这又走向了另一个极端。总之,在儿童社会化的道路上,正确的引导是必不可少的,家庭和学校应该站出来,利用自己成熟经验和丰富见识来引领儿童的健康成长。

三、农村儿童同辈交往的改进

同辈群体是解决农村留守儿童问题的潜在资源。许多农村留守儿童在家庭中里可能会感到孤独苦闷，但是却可以从自己与同伴的相处中获得极大满足。然而，如何利用同辈群体以促进农村留守儿童的社会化，还没有引起更多人的关注和研究。通过相关调查和研究，我们认为以下措施可以有效地促进同辈群体资源的开发。

第一，利用同辈群体补偿亲情的缺乏。随着儿童年龄的增长，家庭最重要的任务就是把儿童的兴趣和信任扩展到他的同伴那里。健康的同辈群体之间的交往，可以补偿农村留守儿童来自家庭环境中的亲情缺乏，促进他们正常社会化。在一个同辈群体里既有各种家庭背景的儿童，也有各种经济背景的儿童，不同的儿童总是从不同的侧面关注同样的问题，这些差异是一个优势而不是劣势。儿童们能够听到一些不同的观点以及这些观点如何被争论，又是如何被确证的，他们能够直接学习如何与不同社会背景的人相互交往，为了共同的利益而相互合作，在一个集体中学会如何成为一个合格的社会成员。儿童有其自己的理解、思想和情感方式，这些理解、思想和情感需要表达和交流，农村留守儿童父母外出打工，他们找不到倾诉和交流的对象，而在与同辈群体交流和游戏过程中，他不但能学会与人相处，学会控制和安排个人的行动和思想，还有机会表达共同的经验，相互帮助和理解。同辈群体间的游戏是一种联合生活的方式，是一种共同交流经验的方式。从儿童社会化来看，儿童参与一种有共同目的的活动，每个人必须使自己的行为参照别人的行为，必须考虑别人的行为，使自己的行为有意义和有方向，从而打破自身经验的屏障，这些屏障使得儿童看不到活动的全部意义。因此，家庭和学校应该共同努力，在儿童同辈群体中寻找一些可供利用和开发的共同经验，比如，同辈群体喜欢下象棋，这是一种具有智力因素的活动，也是比较好的一种休闲活动，故而可以在同辈群体中组织这样的俱乐部。比如，同辈群体中孩子喜欢读书，可以组织读书俱乐部，还可以让他们去阅读自己感兴趣的书籍，在读完书以后，可以举办读书报告会，分享自己读书心得、读书的经验，这不仅具有智力因素还具有道德因素，可以让儿童养成团结合作的精神。对于小孩子来说，活动不仅能获得一定的技能和技巧，也不仅是进行道德说教，还是一个广阔无垠的丰富的思想的世界。这个世界激发着儿童的道德的、智力的、审美的情感，如果没有这些情感，那么认识世界和学会生活就都将是不可能的。因此，社区、家庭和学校应该通力合作，为农村留守儿童创造一个优良的同辈群体文化环境。

第二，利用同辈群体补偿家庭交往的不足。儿童的交往的需要是如此强烈，以至于，忽略它将会带来儿童发展的扭曲。然而，农村留守儿童由于父母外出打工，这部分需要往往没有得到满足，从而导致很多的农村留守儿童存在交往和品德问题。观察发现，儿童在群体游戏的时候，他可以对游戏入迷到废寝忘食的地步，把自己的全部情感、智力和身体的力量都倾注在游戏上。在全神贯注于游戏时，儿童消耗着巨大的精力，他的体力、智力和情绪被刺激，不断地克服着困难。正是在同辈群体的交往过程中，他们形成了极其重要的品质：坚持、冒险、耐心、思考、协作和爱想象等。因此，学校应该和家庭结合起来，为同辈群体活动提供必要的场所和材料。因为同辈群体活动，不仅仅是思想和观念的交流，还可以促进儿童智力和道德方面的发展。在这个共同体中，儿童会相互帮助去解决问题，获得相关知识、提出问题以及澄清和解释自己的观点。不同儿童在一起活动，如果要使活动继续下去，那么就必须有不同的分工，否则游戏就难以继续，这给儿童示范了社会分工的重要性。例如一群儿童在一起玩老鹰捉小鸡，就必须有人扮演老鹰，有人扮演母鸡，有人扮演小鸡，在游戏的过程中，儿童必须接受各种角色分工，如果都当小鸡或都当老鹰，游戏就难以继续下去。或者，有些小孩只愿意当老鹰，而不愿意扮演其他角色，在当其他儿童想要当老鹰时，就会出现冲突，这同样给他们提供机会学习如何协商、如何分享。如果在游戏中，有的小孩长期只愿意扮演一种角色，没有配合去扮演其他角色，那么就可能会受到其他儿童的指责，在这样的过程中，他们体会到了自己的行为必须符合一定的规则，符合这个群体活动的利益，才能保障群体活动正常开展，这无疑是儿童社会性的一种良好培养方式。因此,无论是在家庭中还是在学校里都应该使同辈群体不仅成为一种自然需要,而且成为一种有意识的教育手段,在农村留守儿童社会化中发挥不可或缺的作用。更重要的是,如果农村留守儿童在学校里玩盖房或其他有价值和吸引力的游戏,那么他们在家里也会按照学校活动时的方式玩游戏,就不会去效仿家中所看到的种种粗鄙的东西,他们的注意力就将集中在学校教给他们的游戏内容和方式上。因此,家庭与学校之间应该相互支持,密切合作,充分利用一切可以利用的资源,让农村留守儿童同辈群体的作用得到发挥。在这方面,农村教育专业人士——农村教师应该发挥主导和关键作用。

第三,利用同辈群体弥补家庭经验的狭隘。对儿童来说,游戏之所以是游戏,是因为在做游戏时,儿童是自由的,他们的全部身心都投入到游戏之中。强迫儿童游戏是不可思议的,如果那样,游戏就失去了它们的全部诱惑力,游戏也就不成为游戏,而成为苦工了。同辈群体儿童之间的关系是一个给与取的关系,也就是说,个体在群体的交流中获得一些新的经验,同时,也与同辈群体中的其他儿童分享自己的经验。这种经验交流可以影响到每个儿童的发展。群体中奉行的生活准则、价值观、活动的形式与内容都会对群体中的个体造成不可忽视的影响。而如果同辈群体的思想导向比较积极、健康、向上,那么身处于这个群体之中的儿童必然会受到较为积极的影响。这种群体的共同活动,能够有效地促进儿童经验之间的交流,有利于儿童社会性的养成。然而,调查发现,农村留守儿童同辈群体游戏并非都是有教育意义的,还存在着很多反教育性的游戏活动。心理学研究表明,儿童社会行为的刺激来自他所属的社会环境的各种要求。这些要求刺激他,使他以集体的一个成员去行动,使他从自己所属的集体利益来考虑自己的行为,使他从自己的行动和感情的狭隘范围里逃脱出来,而且通过别人对他自己的各种行为所做出的反应了解这些行为的社会意义。只有通过集体活动,儿童有意识地考虑别人的利益,从而调整自己的活动,他的发展才正式朝着社会的方向前进。因此,家长应该支持儿童参与同辈群体之间的交往。家长让孩子参加各种各样的培训,无外乎就是为了让儿童以后能够好好地生活。但是,生活的过程,无外乎是与各种不同的人交往,如果不给予儿童与同辈群体充分的交往时间,将非常不利于他们社会性的形成。我们的教育并非仅仅是为了考试的成功,在考试中交出完美的答卷,更为重要的是应该让儿童在自己的一生中最为重要的考试——人生的考试中交出完美的答卷。换句话说,儿童的发展,认知并不是衡量的唯一标准,而只是其中的标准之一,除此之外,其他各个方面的发展均不可忽视。

总之,同辈群体交往是农村留守儿童社会化的一个重要的途径和方法。同辈交往可以让儿童更好地认识到人与人之间的关系,可以让儿童认识到在社会中生存应该如何处理人与人之间的关系。而在进入社会之前,儿童能够得到这方面的训练的机会并不多,除了家庭生活和学校中的交往,同辈群体之间的交往便是非常重要的一个方面,如果没有充分的这种机会,那么他们将来步入社会,就会在处理人与人之间的关系时手足无措。为了保证同辈群体儿童之间的交流,促进经验充分地给与取,农村小学的布局也应该考虑进来,做到一村一校,一个大的自然村应该保留一所学校。更重要的是,农村学校应该对同辈群体的交往加强指导,社区与家庭应该共同引导和利用同辈群体以促进农村留守儿童的社会化。但是,应该防止从一个极端滑入另外一个极端,既不能完全阻绝同辈群体之间的交往,也不能对同辈群体交往不闻不问、放任自流。

第四节　社会传播媒体改造

非洲有句古老的谚语:培养一个健康向上的孩子,需要整个村庄的努力。这句话对农村留守儿童日常生活问题的解决非常具有启发意义。培养一个孩子仅仅依靠父母,依靠一个家庭是不够的,它需要整个社会的努力。如果说在传统农业社会,"社会"指的仅仅是邻里和村庄,那么,在现代知识经济时代,影响儿童的因素远远不止家庭和村庄,而扩展至整个国家乃至全世界。来自世界各地的电视节目和手机讯息无时无刻不在影响着我们的孩子,或好或坏。一般来看,社会环境,可以分为小的社会环境和大的社会环境,小的社会环境则是儿童生活的邻里,大的社会环境包括整个社会的舆论、整个社会的价值观。社会的价值观通过社会上的各种渠道表现出来,通过我们日常生活中的一些非常熟悉的媒介表达出来,比如电视、电影、书籍等表现出来。大众传播媒介是影响儿童的一种社会资源,在一定程度上影响了留守儿童社会化的发展。由于家庭情感、家庭教育和父母榜样的缺失,大众传播媒介尤其是电视和网络已经成为影响农村留守儿童价值观念和行为方式的重要因素。因此,要改造儿童社区的环境,让儿童的社区环境在农村留守儿童成长的过程中发挥作用,应该从大社区和小社区两个方面进行改造和重建,前面主要讲了小的社区环境,这部分重点谈谈农村留守儿童大的社会环境,即社会传播媒体的改造。

一、社会传媒在农村留守儿童社会化中的作用

社会传媒的含义非常广泛,凡是儿童听到的、看到的和感受到的社会影响都可以纳入社会传媒的范畴。在这里,我们主要依据对农村留守儿童影响的重要程度将其分为三大类。

(一)电视

对于电视,仁者见仁、智者见智。麦克卢汉(Mcluhan)说:"一旦孩子离开电视屏幕而去学校上学,他们只会退步。"许多教师都会愤怒地反对这种意见,并报以针锋相对的斥责,主张学校应成为电视"解毒剂",因为电视不是以暴力、软弱和愚蠢的方式腐蚀青年便是在思想上制造混乱。[①]从积极的方面来看,通过社会传播媒体,大量丰富的知识内容经由电影、电视、报纸等传递给儿童。在学校之

①[伊朗]S.拉塞克,[罗马尼亚]G.维迪努.从现在到2000年教育内容发展的全球展望[M].马胜利,等译.北京:教育科学出版社,1992:116.

外，儿童可以根据其不同爱好和兴趣对这些大量资料、图像、印刷品进行筛选和消化，弥补家庭和地方社区的狭窄和不足。这些知识满足了儿童经验扩展的需要，使儿童的理解更深入和更准确，能够用更广泛的视野和更全面的观点看待生活中的事和人，它们填补了农村留守儿童思想的空白，为他们提供了一扇门，通向农村之外的世界，一个陌生神秘而又充满诱惑力的世界，为儿童提供了无限的想象空间，使他们能够从思想上逃脱出生地的封闭，尤其是在科学和技术等方面。这也就是电视和电影能够如此吸引儿童的根本原因——它们为儿童经验的扩展提供了营养和食物。实事求是地看，来自日常生活的第一手经验无论怎样的真实和生动，在范围上和深度上都是十分有限的。随着儿童兴趣的扩展，他们渴望了解家庭和村庄之外的世界，这种好奇心是如此强烈和不可抑制。然而，由于儿童本身缺乏辨别能力，导致一些农村儿童不分对错地将电视和电影中的信息全盘接受。一些电影和电视恰恰就是利用儿童喜爱新奇的心理特点，将一些错误的思想传递给儿童，导致他们走上歧途。事实上，儿童的好新奇是儿童接受能力强的一种优势，前提是成人必须借助自身成熟的经验对儿童接触到的信息进行判别和筛选，而非一股儿脑地全部提供给儿童就完事。儿童毕竟是儿童，对信息好坏、对错缺乏批判能力，这是一条我们不得不承认的心理事实。

(二)网络

同样地，网络在增加人们交流渠道、丰富人们视野的同时，也潜藏着众多危险因素，它的诱惑力是如此之大，成年人整天埋头上网、浏览信息、结交朋友，成为名副其实的低头族。成年人尚且如此，那些未成年的儿童，就可想而知了。尤其是他们每天看到自己的父母和亲朋好友天天沉迷于网络，那种神秘感和影响力就可想而知了。然而，网络的出现方便了人们的交流，它的目的不一定都是教育性的，也包含了一些不良的文化因素，这些不良因素都会对留守儿童产生不良影响。但是完全拒绝网络似乎是不现实的和不可能的，因为它确实具有诱惑力和影响力，在现代社会，人们的生活离开它便不能运转，或者说运转得更慢。

(三)出版物

印刷术的广泛商业化和流通化使得便宜的书报、杂志大量出版成为可能。知识不再是凝固不变的东西,它已经变得流通不定。它在整个社会之中积极地活动着。信息方面的刺激,通过各种不同的途径,源源不绝地向着人们奔来。然而,信息总量的增加,在给人们提供应有尽有的信息的同时,也使很多的人陷入迷糊和不知所措。面对浩如烟海的信息和铺天盖地的书籍,不知道如何进行选择,如何加以利用,仅仅偶然碰巧拿起一本书或杂志便津津有味地读起来,不分是非对错地照单全收。在农村小镇上,一些不法商贩将一些黄色书籍和杂志出售或出租给学生看,从中牟利。尤其是农村留守儿童,由于缺乏家庭的引导又没有建立起基本的判别能力,很容易成为这些垃圾读物的牺牲品,过早接触色情和暴力类的东西,拉帮结派、偷窥、打架和早恋,甚至走上犯罪的道路。

总之,世界非常不同了。农村也不再是往日的那种田园牧歌、与世隔绝的孤岛。农村也受到来自外界方方面面的影响。与此密切相关的是,出生和生长在农村的孩子也不再是往日的井底之蛙,在他们的社会化过程中,来自世界各地的思想观念和来自村落的习惯看法同时发挥着作用,而如何平衡来自不同方面的影响将是当前农村留守儿童教育中的新课题。

二、社会传媒在农村留守儿童社会化中的现状

时代不同了,现在的农村儿童与往日的农村儿童日常生活不同了。过去的农村儿童可能将课余的80%的时间用于农村劳动,现在的儿童已经将课外的80%时间用于看电视和玩手机。大众传播媒介在很大程度上影响了留守儿童社会化。由于家庭情感、家庭教育和父母榜样的缺失,大众传播媒介尤其是电视和网络已经成为影响农村留守儿童价值观念和行为方式的重要因素。然而,实事求是地看,当前社会传播媒体在农村留守儿童社会化中的作用并非都是积极的,存在着很多不利因素。

第一，电视内容充满暴力和色情，不适合儿童年龄特点。儿童自我控制能力较差，留守儿童较非留守儿童更缺少父母的管束，有更多自由支配的时间，更容易受到电视和网络的影响。很多留守儿童沉迷于电视和网络，不加选择地接受大量不良信息，价值观念和行为方式变得恶劣。因此，如何规范大众传播媒介对儿童造成的影响已经成为亟待解决的重要课题。信息量和知识传播渠道剧增是近20年特别重要的现象之一。今天，人们受到来自四面八方各种知识和信息的“狂轰滥炸”。这些知识和信息往往互不协调，甚至自相矛盾，让人无所适从。对于那些尚未成年的农村留守儿童而言，更是充分诱惑和危险。特别是儿童类的影视作品，对儿童的价值观、认知、情感、行为、态度的影响是巨大的。然而，农村家长对电视和电影节目，不加筛选，只是将电视打开。一些儿童特别喜欢看的动画片，例如《熊出没》《喜羊羊与灰太狼》，会对儿童的行为、语言造成很大的影响，这些儿童剧中的人物的台词、行为，甚至这些人物的思维方式都会对儿童造成影响。比如，有农村留守儿童模仿动画片《喜羊羊与灰太狼》里面的情节，竟然用火将自己的同伴烧死。一有农村留守儿童模仿成人电视节目中的镜头，将同村的小伙伴推下悬崖。一有农村留守儿童模仿动画片《熊出没》中的镜头，竟然用家里的电锯将同村伙伴杀害，如此等等。这并非虚构出来的故事，而是真实发生在农村留守儿童身上的事情。此外，今天，手机几乎是人手一个，一些外出打工的家长为了多与自己的孩子联系，也纷纷给孩子买了手机。这应该说是一件好事，却也在不知不觉中演变成了坏事。一些农村儿童通过手机上网浏览一些黄色网站，在网上与一些不法分子聊天，交上一些坏朋友，受到这些存心不良的人的引诱，甚至离家出走，最后以悲剧收场。如果农村留守儿童校外时间的三分之一花在观看电视上，那么显然学生每年观看电视花费的时间会超过上学所用的时间。所以，只关注学生在学校里的表现会忽略对他们校外生活的关注。

第二，手机游戏使农村留守儿童萎靡消沉。除了电视，更多的农村留守儿童迷恋上了手机游戏，整天拿着手机玩游戏，上课玩，下课也玩，有的甚至是通宵达旦地玩,眼睛近视了,睡眠不充足,上课没精神。多半农村留守儿童的监护人是老年人,大多不认识字,也不知道孩子们拿着手机在干些什么,一些农村留守儿童居然撒谎说自己在网上完成老师布置的家庭作业。此外,一些农村城镇随处可见网吧,它们也是众多农村留守儿童经常出没的地方。一些农村留守儿童用爷爷奶奶给的零花钱上网,在网上交朋友或玩成人电子游戏,甚至还偷偷将家里的东西卖掉换钱买游戏装备继续玩游戏。有的留守儿童干脆整夜不回家待在网吧,与一些社会游荡分子一起偷东西。这些血淋淋的教训告诉我们,世界已经非常不同了,在现在这样一个资讯发达的世界,即使是生在农村,也不是生在与世隔绝的世外桃源,儿童也会受各种社会传媒的深刻影响。如果说,这些孩子生活在农业社会,生活在几乎与外界失去联系的农村,诸如此类的悲剧事件是很可能不会发生的。然而,现实就是现实,任何人都无法回避,这些孩子正生活在手机充斥生活的时代。因此,如何规范儿童对手机的使用便成了社会普遍关心的课题。

第三,农村家庭缺少有价值的读物。随着印刷术的发展,纸制读物变得便宜和快速流通,随处可得。读一些有价值的读物,不仅是进行智育,而且是进行德育、美育和情感教育的重要途径。没有一些藏书的家庭,往坏处说,会使儿童变得头脑迟钝,会限制儿童的智力发展,而学校则不得不花费巨大的努力去补偿家庭智力兴趣的这种缺陷。因此,每一个农村家庭里都应该有一些藏书并且不断地充实它,这不仅是为了让学生有书可读,而且是为了让家长也读读这些书。因为在我们看来,家长的智力兴趣跟孩子自己阅读是同样重要的。很重要的一点是,每个家庭都应该有一些基础性读物,使家长了解一些关于人的基本知识:人的身体发育、智力发展、心理发展规律性。[①]不仅适合儿童阅读的好书还出版得太少,而且,调查发现,在农村家庭,除去儿童上课所用的教材之外,常常找不到任何其他书籍,连本连环画都难得找到。一方面是因为农村家庭经济比较困难,家长往往舍不得将钱用到购买书籍上。另一方面是因为农村家长的观念比较传

①[苏]苏霍姆林斯基.给教师的建议[M].杜殿坤编译.北京:教育科学出版社.1984:534.

统，他们宁愿将钱花在给孩子买零食上，也不愿意花到购买书籍上，认为多读一本少读一本没什么关系，只需要将学校发的教材背下来即可。

三、社会传媒在农村留守儿童社会化中的改造

今天的儿童正在从家庭和学校以外的其他来源获得教育。电视、手机和电脑便是其中的几种来源，它们的作用巨大但人们对它们的了解并不多。羞愧的是，我们对各种教育力量以及它们的影响都研究过少，也了解过少。我们的孩子们从这些来源中接触到的内容，都没有经过检验和筛选，甚至没有经过思考，学校在新的教育环境中应起什么样的作用也几乎没有重新加以定位。从本质上看，教育不是在孤立的状态中进行的。为了满足农村留守儿童在身体、智力、情感、社会和道德发展方面的需要，使他们能正常社会化，社会各方面必须团结起来。而农村学校的视野则应该由校内扩大至校外，将传统上由家庭完成的责任承担起来，使教育与生活结合起来，为处在社会转型时期的农村孩子充当保护者和引导者角色，不能任由他们成为时代发展的牺牲品。

第一，教师主导，提高农村留守儿童的自主判别能力。现在的社会瞬息万变，那种想在早年时期一劳永逸地获得一套终身有用的知识或技术的想法已经过时了。传统教育的这个根本准则正在崩溃。重要的事情是学会生活、学会如何去学习，这样便可以终身吸收新的知识，学会在不同环境中自由地和批判地思考，而不受他人的影响，学会辨别是非对错，自主控制自身的行为而不受来自外界的强迫和威胁。因此，在农村学校，教师应该多拿出一些时间与儿童一起阅读。对于一些新的儿童出版物，教师首先应该反复阅读之后，再转交到学生的手里。众所周知，儿童喜欢提问，儿童乐于思考问题，希望找到答案，如果有相应的书籍来支持他们的思考，提供智力支持，他们的学习的热情和动力就会继续下去而不至于中途而废。这其实就是一个非常好的开始，长此以往，儿童就会越来越好学，越来越会学习，真正对智力感兴趣，形成持续学习的习惯，从而受益终身。

因此，每一个学校都应该有自己的图书室，应该有一定数量的图书，包括文学类、科学类、绘本类、故事类、百科全书类，并且经常与儿童就一些共同感兴趣的话题共同探讨。教师在贡献自身意见的同时，也要学会尊重和倾听儿童自己的声音，珍视来自儿童阶段的独特认识和想法、情感，注重培养儿童对信息的判别和筛选能力，知道应该读哪些书、如何去读书、如何从书中找到自己需要的信息而非盲目接受和认同。而这种对信息的批判能力是当前农村留守儿童最缺乏的，也是最需要的。一旦他们具备了信息批判能力，他们就会主动地拒绝低级趣味读物和信息，并对此嗤之以鼻。相反，如果他们不具备这种能力，仅仅由教师消极地命令或由家长没收垃圾读物，其效果也是表面的，儿童也会千方百计地另寻机会去阅读和浏览垃圾信息。换句话说，应该用正面的、积极的方式去解决这个问题。儿童用有价值的好的读物的兴趣去替代和抑制那些不好的读物的兴趣，才是根本的解决之道。我们的目的是要帮助农村留守儿童建立起现代公民必备的素质：在遇到问题时，知道在什么地方找到需要的信息，学会分辨信息，哪些与问题直接相关，哪些间接相关，学会评判信息的相对重要性，知道如何利用信息解决自身的问题。难道这不是学校和教师应该教给儿童的东西吗？不管他或她是农村孩子还是城市孩子。

第二，将农村留守儿童的校内和校外生活统一起来。藐视校外教育不过是旧时代的遗风而已，没有哪一种进步的教育赞同这一点。特别在现代社会中，儿童通过日常生活接受了大量的信息，其数量之大远远超过了学校所提供给儿童的信息。对于农村留守儿童日常生活的这种深刻变化，学校不能对此置之不理。从心理学上看，未知是建立在已知基础之上的，而非相反。农村留守儿童从日常生活中获得的东西，他们带到学校来的东西是学校里学习的东西的基础和背景，忽略和轻视它，就会使教育内容与学生生活经验脱节，使得学校学习变得机械和呆板，效率低下。农村学校应该将留守儿童在日常生活中通过电影、电视和网络、书籍获得的信息利用起来，将校内和校外结合起来，不能和生活脱节。

儿童的人格不可能分裂成为两个互不相关的世界——在一个世界里，儿童像一个脱离现实的木偶一样，学习别人要求的内容，而在另一个世界里，他通过偷偷摸摸的渠道来获得自我满足。如果教师看到农村儿童在校外迷恋一些低级趣味的阅读材料而又不闻不问，这所学校就是失职。如果教师看到农村儿童在校外通过电影和电视习得了一些不良习惯而又视而不见，那么，这所学校就是不作为。总之，不管人们如何评价传媒作品的质量，它们都是我们的文化环境的组成部分，它们对儿童而言都具有超乎寻常的诱惑力。因此，应该利用社会传媒，编制一些教育节目，通过广播或电视在学校播放。在日本，90%的学校已把电视作为教学工具。学校系统对传播工具尤其是对电视有一种特殊的责任，因为根据小学生看电视的时间判断，电视在他们的生活中占有越来越重要的位置：在西欧，小学生每年看电视1200小时，约为美国的两倍，而这些孩子每年在学校大约只待1000小时。因此，教师应培养学生的批判能力，使他们将电视当作学习工具，对电视传播的各种信息进行筛选和分类。必须始终牢记教育的主要目的：培养每个人的判断能力以及据此采取行动的能力。①

第三，加强媒体宣传，引起全社会对农村留守儿童的关注。学校不可能垄断教育。必须把学校教育同家庭、社区以及大众传播媒介的影响协调起来。我们应该充分发挥媒体的作用，加强社会各方面和各层次人士对农村留守儿童基本权利的关注，调动全社会的力量，共同关注、共同解决。学校应该加强同社区和村落的合作，营造良好的育人环境，同时调动一切可利用的教育力量，如电视台、影视明星、电影制作公司、动画制作公司等，让社会各界都来关心、支持农村留守儿童，为他们营造和谐快乐、积极向上、奋发有为的成长环境。学校同大众传播媒介的协调一致尤为重要，因为后者的勃兴仍是我们这个时代的突出特征之一。然而，现实的情况却是，有益的儿童电视剧和读物太少了，成人电视剧和节目却一大堆。我们希望那些优秀的电视和电影编剧能够多为儿童创作一些有价值又适合儿童心理特征的作品，将儿童的注意力吸引到正确的道路上来，将电影、电

①联合国教科文组织.教育——财富蕴藏其中[M].联合国教科文组织总部中文科，译.北京：教育科学出版社，1996.100.

视和网络摆到一个正确的位置上,有效地利用它们而非避而远之。所有这一切意味着学校态度必须改变。在确保农村留守儿童正常社会化的过程中,建立与社会各界的合作,是学校当前面临的最重要的任务。这项任务目前还没有很好地完成,而它确实是一个可行的对策,能让社会了解学校,参与学校事务,比如课程内容的开发、担当课程主讲人等。重要的是,推动学校改变目前的封闭状况,扩大和外部世界的联系,让学校走向社会,在其中,学校和教师可以起到关键的引领作用。总之,农村留守儿童不仅仅是农村家庭的孩子,他们是全社会的孩子,是社会的未来,应该得到全社会的呵护。一根筷子容易轻轻被折断,一把筷子很难被折断,学校的力量是薄弱和单一的,唯有全社会共同努力,才可能创建出真正适合农村留守儿童社会化的优良环境。

第四章　农村学校重建

学校是改进农村留守儿童社会化的最基本的和最有效的工具。明显的事实是，我们的社会生活正在经历着一个彻底的和根本的变化。如果我们的教育对于生活必须具有任何意义的话，那么它必须经历一个相应的完全的变革。学校是种族文化延续和传承的最重要和最有效的工具和途径。今天这种重要性远远超过了以往，因为随着大工业生产的发展和城镇化建设的加快，家庭作为传统教育载体的地位已经削弱，因此，人类社会的延续和发展比以前更加依赖于学校。在儿童社会化过程中，学校承担着越来越重要的作用，为儿童社会化提供环境和机会，满足儿童在身体、智力、道德、情感和社会等多方面的发展需要。这应该成为今天农村学校教育的目的，它显然不同于传统农村学校仅仅教会儿童读写算的基本的谋生技能，目的的改变促使我们不得不思考农村学校重建的关键问题。

不得不承认，农村留守儿童在入学之前，就已经形成了大部分的品行。由于农村留守儿童生活环境比一般儿童更加复杂，加上缺乏来自家长的必要的引导，其在入学前获得的品行基本上是在自发的、自然的状态下形成的，其中包含许多不良的因素和成分，因此，农村学校的任务更加艰巨——不仅要形成特定的良好的品行，还要消除来自周围环境的不良的影响，更要补偿农村儿童来自生活环境的不足，使他们身上好的东西能够延续下去，而不好的东西则能够被淘汰掉，更好地促进儿童的社会化。然而，传统农村学校在这方面做得不够好。传统农村教育的目的更多地强调社会、教师及家长的需要，强调教育为将来做准备，而忽视学生本身的需要，忽视学生的活动以及学生现时的兴趣、冲动和经验。他们不去研究儿童当前的生长最需要的东西是什么,最感兴趣的东西是什么,最想做的事情是什么,只是简单地拿成人积累的书本知识,与儿童生长迫切需要的东西不相干的内容去敷衍和搪塞儿童。知识是死的,而学校却是在为活人服务。一切取决于谁拥有知识以及他用知识做什么。给个性增添价值的是这样一种知识,它经过处理,可以改进直接经验的各个方面,升华经验的质和扩展经验的范围。与之相反,背负过多的知识反而会压制学生的思维能力。在当前的教育中,假如对强加给儿童的各种粗暴做法不加以改变,即使是最愚笨的孩子,他的天性也会使他拒绝接受外界陌生的知识。必须记住,教育绝不是往行李箱里塞满物品的过程,也不是从储水池里抽水的过程。成熟要经过一定的时间,操之过急会导致伤害。儿童期的真正含义就是,它是生长和发展的时期。所以,为了成年生活上的成就而不顾儿童时期的能力和需要是自杀性的。[①]爱因斯坦反对这样一种观念——学校应该教那些今后生活中将直接用到的特定知识和技能。因为生活中的要求太多样化了,使得学校里进行这种专门训练毫无可能。不应该把个人像无生命的工具一样对待。学校应该永远以此为目标:学生离开学校时是一个和谐的人,而不是一个专家。[②]教育越来越表面化、肤浅化、机械化,把儿童作为生产的原料来人为加工,追求庸俗的、急功近利的教育结果。农村学校的重建,并非全盘否定,而是应该看到随着农村社会的变化,农村教育的内容和方法应该做出相应的调整,使学校适应农村社会和农村儿童,摆脱孤立状态,减少一些过时和不符合时代需要的东西,增加一些现成农村儿童需要知道和想知道的东西。

---

①[美]杜威.学校与社会·明日之学校[M].赵祥磷,任钟印,吴志宏,译.北京:人民教育出版社,2004:217.

②[美]爱因斯坦.爱因斯坦晚年文集[M].方在庆,等译.北京:北京大学出版社,2008.29.

第一节 农村学校课程适应儿童日常生活

儿童的经验分为校内经验与校外经验，这两种经验并非截然对立的，而是相辅相成的。儿童的学习——校内经验的获得，是以校外经验为基础的。由此可见，校外的交往，对于儿童的学术成就更具有决定性。研究表明，如果教师关注学习者带到学习任务中的已有经验与知识，将这些知识当作新教学的起点，并在教学过程中监控学生概念的转化，那么就可以促进学生学习，促进儿童智力发展。[①]传统学校过于注重让学生接受现成的东西，学习统一的教材，但这些教材往往是针对城市孩子设计的。就像小鸟进食一样，孩子们张着嘴，教师把一切现成的东西塞给他们，却很少教他们思考问题和独立探究。因此，孩子们往往不会独立探究，离开了教师的指令就提不出问题，即使是他们关心的问题也提不出来，更不会自身亲身去寻找信息，操作材料和工具，解决问题。这些现象使得一些农村孩子既不会劳动，也不会思考，既没有获得城市教育的优点即占有知识，也失去了农村教育的活力即从劳动中学习，最终四体不勤、头脑不用。鉴于此，为了促进农村留守儿童正常社会化，农村学校课程应该注意以下方面。

一、开发农村独特自然资源

农村与城市的最大不同在哪儿？最直观和最明显的差异在于，农村更接近大自然，而城市远离大自然。它表明，大自然就是农村学校最宝贵的课程资源。大自然就在校门外，就在教室的窗户外，不需要像城市孩子那样千里迢迢驱车到农村短暂地感受大自然，农村孩子每天都在大自然中生活，他们的生活围绕着大自然进行，大自然对农村孩子而言具有重要意义，如同超市对城市孩子而言，是生活中离不开的地方一样，大自然对农村孩子而言是“家”，是“根”所在。那些出生和成长在农村的孩子，长大后在城市工作，往往非常怀念农村生活，一旦有机

①[美]约翰·D.布兰思福特，等编著.人是如何学习的：大脑、心理、经验及学校（扩展版）[M].程可拉，等译.上海：华东师范大学出版社，2013：11.

会就会溜回农村,回到生自己、养自己的农村,觉得只有到农村,才是回到了家,心里才踏实,睡得也更香甜,也只有重新拿起熟悉的锄头到地里挖挖地、拔拔草,才是最真实的自我,才会露出平日里难得一见的会心的微笑。对于农村儿童而言,这种感受非常真切。他们最想知道的是自己身边的事情,最想弄明白的是围绕在自己周围的大自然,而非那些离自己十万八千里的城市生活。超市、博物馆、科技馆、地铁、飞机离他们的生活太遥远,农村儿童感受不到学习的必要,没有学习的动机和热情,所以,他们学得苦闷,教师教得辛苦,学习效果非常差,最后,一些农村儿童甚至厌学、逃学和弃学。从生物学上看,儿童是一个未发育成熟的个体,他们的第一大任务是生存,因此,他们最想学习的东西是如何生存,他们最感兴趣的事情恰恰是他们最需要了解的东西。换句话说,了解养育他和他的家人的大自然是儿童头号感兴趣的事情。并且,与人为事物相比,大自然更接近儿童的心理和理解力,是最适合于儿童学习的天然材料。从人类种族发展来看,儿童期的心理与原始人的心理更相似。

"从做中学"是有正确心理学根据的。儿童越是密切地或直接地从周围环境中学习,他所获得的知识就越是真实和有效。因为只有首先处理好我们周围的事情,然后才有能力处理好遥远的事情。对现实的真实感和亲切感,只有在生活环境中才能形成。真正的人类智慧,归根结底,就是从直接的环境中获得的亲密知识,以及通过从生活中训练得来的应付环境的能力。从教师的观点来看,学校中的各种课程代表着许多有用的资源和可以利用的资本。但是,这些课程远离儿童的经验,并不是表面现象,而是事实。所以,儿童学习的材料和成人系统化的知识是不一致的,也不能一致。成人知识直接成为专家和教师活动的一部分,而不成为学生学习的直接对象。那最大、最重要和最有用的教育法则就是:不要爱惜时间,而要浪费时间。卢梭曾说:"假如一个婴儿能从母亲怀里一跃就跳到理性的时期,那么现在的教育就是很适当的了。但是儿童自然的生长,要求一种完全不同的训练。我们现在所用的整个方法是残酷的,因为它为遥远的、不确定的将来而牺牲了现在。我从远处听见那老是拖住我们的假聪明大声叫喊，认为现在没有什么价值，气喘吁吁地去追赶那飞跑似的将来。这种假聪明，把我们引离我们曾经有的唯一的立足点，却永远不能引导我们达到什么地方。"因此，卢梭断言，"出自造物主之手的东西，都是好的，而一到了人的手里，就全变坏了"。[①]应当尊重儿童时期，不要急于断定它是好是坏。尊重儿童时间就是尊重生长的需要和时机。我们可悲的一种错误，就是急于得到生长的结果，以致忽视了生长的过程。事实上，不管你向学生灌输什么细节，他在以后的生活中正好遇到这个细节的机会微乎其微，就算他真的遇到了，他可能早已忘记了你教给他的东西。真正有用的教育是使学生透彻地理解一些一般原理，这些原理能够运用到各种不同的具体细节中去。在随后的实践中，人们可能已经忘记具体的细节是什么，但是，他们潜意识里的判断力会帮助他们把这些原理用于当时的情况。因此，爱因斯坦认为，当机智风趣的人将教育做如下定义时，他大致是不错的："如果人们已经忘记了他们在学校里所学的一切，那么所留下的就是教育。"[②]无独有偶，怀特海也认为："当你丢掉你的课本，烧掉你的听课笔记，忘掉你为了应付考试而背诵的细节，你的学习对你来说才是有用的。你所需要的那些细节的知识就像头顶上的太阳和月亮一样，都是显而易见的事实，而你偶尔需要的，都能在任何参考文献里找到答案。教育的功能在于使你能够摆脱细节而保留原理。一个真正沉浸到你骨子里的原理与其说是一种正式的语言阐述，倒还不如说是一种思维习惯。这种思维习惯成了大脑对一些恰当的刺激的反应方式，这些刺激具体表现为一些例证性的情况。没有人在面对某种情况的时候，他所学的知识会清晰地、有意识地出现在他面前。智力的培养无非就是人在执行某个活动的时候，大脑以一种令人满意的方式进行运转而已。学习常常被比喻成这样一种事情：我们在注视着我们读过的所有书本翻开的书页，当一个时机来临时，我们选取适当

①[法]卢梭.爱弥尔[M].李平沤，译.北京:商务出版社，1982.6.

②[美]爱因斯坦.爱因斯坦晚年文集[M].方在庆，等译.北京:北京大学出版社，2008.29.

的那页,对着世界大声朗读出来。”①

教师如果不是根据农村学生的生活经验来对自己的课程与教学进行加工与创造,而仅仅是依据指定的教材按部就班地展开教学,必然会造成学生日常经验和学校经验之间缺乏必要的联系,造成经验上的冲突,而学生也不会对这种课程与教学产生兴趣,这就会让学生丧失学习的乐趣与冲动,也无法体会到学习所带来的成就感。之所以如此,主要是因为儿童的生活被分为了两个部分,一部分是学校内的生活,一部分是学校外的生活,如果校外生活与校内生活毫无关联,两种生活所获得的经验没有任何关系,儿童的生活甚至是人格都会形成分裂,生活变得痛苦不堪。

因此,农村学校应该开发大自然作为课程资源,这既有现实可能性,又适应了农村儿童经验发展需要。大自然为儿童成长提供了无穷的材料,在大自然中,儿童的手、眼睛、耳朵乃至整个身体都成了知识的来源。教材和教师预先安排的功课,代表他人的思想,而农村儿童思维的发展必然依赖于与大自然的直接接触,获得第一手的经验。从心理学上看,儿童在身体和精神两方面都迫切地要求活动。儿童的真正的生活和生长全靠活动,可是学校每次强迫他几小时束缚在固定的座位上静听和学习书本知识,仅仅允许给予短暂的休息时间作为认真听课的诱饵,但是这些短暂的放松,不足以补偿他必须做出的努力。儿童身体的发展和思维的发展必须同步前进,他的身体的活动和心智的觉醒是相互依存的。儿童的发展依赖于他们真切和广泛地亲自熟悉生活的周围环境,以求掌握处理经验中各种问题的思维方法,而不是积累现成的知识。农村儿童在与大自然的接触中,通过观察各种岩石、树木、树叶、土壤等,会得到判断、比较、抽象、概括、推理能力的训练,他们通过敲打岩石了解岩石的硬度,通过放大镜了解岩石的构成,通过分析知道岩石的形成年代,等等。总之,他们通过对自然物质的操纵,观察物质的改变,从而了解各种物质的特性,通过这种亲自尝试和实验的过程,儿童做得越多,他就变得越聪明,越会思考。大自然为儿童训练他们的四肢和感官

①[英]怀特海.教育的目的[M].庄莲平,王立中,译.上海:文汇出版社,2012:38.

提供了大量的机会，它们是智慧的工具，是真正的知识的来源。用书本代替它们，不是教儿童去推理，而是教他们用别人的理智代替自己的理智，教他们相信得多，却知道得少。用卢梭的话来说即是，“你以为你在教他世界是什么样子的，他不过只是在学习地图”。

二、通过农业活动组织学校课程

假如没有学校，农村儿童会自然地做些什么呢？这个问题应该成为农村学校课程开发首先必须回答的。农村留守儿童，因为生活在农村，更喜欢饲养动物和种植植物，做点儿东西或去钓钓鱼、制作泥巴模型、绘画、裁纸、做纸风筝或木偶玩具，等等。凡营养良好和身体活泼的儿童都是渴望做些事和知道一些事的。心理学的研究表明，探索、操作工具和材料、建造、表现欢乐情绪等先天的倾向，具有基本的教育价值。如果激起这些本能冲动的种种活动是正规学校课程的一部分，学生便能专心致志地学习，校内生活和校外生活之间的人为的隔阂便消失，它们为儿童学习提供动机和热情，将儿童的注意力放到学校教育内容上。然而，在传统的农村学校里，学生活动的机会是非常少的。儿童能用以从事建造、创造和积极探究的工场、实验室、材料、工具甚至必要的空间大都是缺乏的。

幼年儿童肌肉柔嫩，各种感官还没有成熟，不宜于从事精细艰难的文字阅读和写作，因此，农村学校应该继续开展那些儿童在家庭中熟悉的社会活动。只有在人的活动中，人的本质才能充分表现出来，并为人所认识，也为自己所认识。身体的生长和智力的生长不是同一个东西，但两者在时间上是吻合的。而且一般说来，后者没有前者是不可能的。如果我们尊重儿童时期，那么我们第一个基本的原则就是保证身体的健康发展。除了到大自然中去远足和观察外，农业活动能为儿童的智力和体力的发展提供广阔的空间，它既是农村儿童了解生活、认知农业生产的途径，也是他们获得知识和技能的方法，还可以培养他们热爱劳动和尊重劳动人民的道德品质。农业生产活动激发着儿童的道德的和审美的情感,如果没有这些情感,儿童智力的发展就是不可能的。实事求是地看,农村生活的活动与城市生活的相比更直接、更简单,更易于儿童理解。因此,将农业活动引入课程,是丰富农村学校课程资源的重要途径。它能够提高儿童学习的动机,而不需要人为地抓住他的注意力,或由教师和家长无休止地强调。它还能够满足儿童动手的需要,更重要的是,教给儿童生活中用得上的东西,比如,纺纱、织布、缝衣、制皂、做烛、饲养家禽、做饭、种菜这些现在和过去农村生活中常见的家庭活动和产业活动,避免了学校学习的空疏无用、学究迂腐。农村学校应该找到一种适合于特定年龄儿童的劳动种类,引导儿童进行典型研究,学习其背后的科学原理,充分了解它的社会意义、历史起源、物质过程、经济效益和审美内涵,帮助儿童掌握在日常生活中不可能获得的劳动背后的知识,不仅让他们掌握农业劳动的过程和材料,还知道为什么应该如此的缘由。这不仅将农村留守儿童的注意力集中到有益的事情上,避免他们游手好闲、无所事事,并且努力使农村实践活动和理论知识掌握结合起来,获得与这种劳动有关的那些科学知识,使日常生活的机械劳动变得智力化,充满理性的内容。"如果用思考、情感、创造、游戏的光芒来照亮儿童的学习,那么学习对儿童来说就是可以成为一件有趣的、引人入胜的事情。"①比如,在蔬菜种植的过程中,儿童会提出这些问题,它们生长在哪里?它们的生长需要什么条件?它们与土壤有什么关系?不同的气候条件有什么影响?如此等等。没有任何一本教科书能够圆满地回答这些问题,这不得不发挥农村社区能手的作用。在亲身的蔬菜种植过程中,不仅儿童获得了地理学、营养学和植物学方面的知识,还满足了他们与不同的人交往的情感需要。在与社区不同成员的交流过程中,农村留守儿童逐渐学会了如何正确表达自己的想法和观点,又如何耐心地倾听来自他人的正确意见和建议而非固执保守、消极冷漠和一意孤行。农业活动组织课程也从本质上改变了过去师生间那种储水池和抽水机般的关系,使他们变成了活动过程中的平等的合作者和参与者,既能贡献自己的能力和经验,又能从对方获得有益的经验和启发。

①[苏]苏霍姆林斯基.给教师的建议[M].杜殿坤,编译.北京:教育科学出版社.1984:177-178.

此外,农村学校还可以开展农业知识宣传活动,使农民采用科学的农业劳动方式,有计划地精耕细作菜园,改进牲畜饲养方法,提高经济农作物产量,采用科学化的农业耕作模式,等等。这样的学校对农民有用,对社区有帮助,农村家长看到读书的好处和实际价值便会心甘情愿地把孩子送去上学,而不需要政府出面强迫其子女就学。从儿童认知的角度来看,引入农业活动到学校课程也有其必要性。只有亲身活动,才能把知识的价值和作用渗入到心灵中去,才能引起情感上的共鸣,唤起良好的愿望,影响外显的行为,否则,书本知识仅仅是外在文字而不影响行为。任何书本或地图都不能代替个人的经验,它们不能取代儿童的实际操作。物体下落的算术公式也不能代替掷石子或把苹果从树上摇下来。当纯粹的书本知识脱离实践背景和经验环境,便是散乱的、肤浅的,游离于每一种知识形式之上,得不到任何利用,是轻浮的、抽象的和不确定的。道理很简单:真正名副其实的知识,能运用到实际生活中去的知识,只有通过参与有价值的社会活动才能获得。这就是说,农村学校课程就是要给儿童提供一个环境,在这个环境中,儿童可以从事有目的的农业活动,比如,养奶牛、猪、鸡,播种和收割庄稼。然而,农业活动不是目的本身,它仅仅作为一个引子,把儿童引导到丰富的知识的世界,培养儿童的理解能力和思维能力,教会他们去探索事物的过程及种种原因,掌握历史的、社会的、科学的、物质的、经济的和审美的知识,还可以为农村留守儿童的精力发泄找到一条有效的和快乐的出路,训练他们成为有用的社会成员。然而,在传统农村学校,农业活动往往被排除在课程之外,仅仅保留书本知识的学习,排除了一切以制造外部产品为目的的社会劳动,这是我们当今学校,特别是农村学校的最大缺点之一。这会造成农村儿童不爱劳动、不会劳动,甚至觉得劳动低贱,从而使儿童本身变得懒惰、自私和冷漠,农村学校的这种状况也应该为当前大量人口涌向城市的现象负责。

三、利用农村人力资源实施课程

学校应该成为农村留守儿童教育的主要场所，但不是唯一场所。农村学校应该走出学校围墙，开发农村人力资源，帮助农村留守儿童理解生活、了解环境。农村学校的极为重要的任务之一，就是教会学生运用知识而非简单地积累和复述他人的知识。传统农村学校将关注重点放到了掌握读写算的技能和技巧方面，把知识变成了“僵死”的负担。如果只是掌握了这些技能和技巧，而不把它们运用于实践，那么学习就会渐渐地远离儿童的精神生活的领域，跟他们的生活兴趣和爱好脱离开来。为了防止这种现象的发生，教师要和社会成员合作，帮助每一个儿童创造性地将自己的技能和技巧运用到日常生活中。一旦农村学校的教学内容来源于农村儿童的生活环境，那么，仅仅依赖教师的专业知识肯定是不够的。换句话说，学校的力量毕竟是薄弱的，农村学校要引入农业活动到课程中就不得不借助于农村人才资源的开发，即邀请农村专业能手承担教师的工作，比如，木工、电工、水泥工、牧场主、磨坊主、农民和商人，给儿童演示和讲解，儿童则以学徒的身份进行观察和参与。农村儿童和社区能手一道到田间和园圃里，到森林和牧场，饲养家畜，制作小件家具，栽培果树。儿童不断地提出问题：怎么样？为什么？用什么办法？什么时候？什么目的？社区能手则通过示范和解答的方式满足儿童的求知欲，为孩子开拓一个新的世界，学会通过自己的手和依靠自己的判断去处理事情。随着儿童年龄增长，他们开始独立地完成活动，通过这些典型活动，比如做竹篮、小船和娃娃的家具、绘画、泥塑和木工、缝纫，儿童能够在行动中进行自我检验并坚定自己的行动和认识。在与社会能手共同完成活动的过程中，儿童学习怎样使用日常生活的工具，对剪刀、小刀、针、刨和锯，对镰刀、锄头、耙子有一定的了解。试以要制作一个鸡笼为例。当他打算实现他的冲动时，就要明确自己的观念，把它制定成计划，请木匠师傅指导，选择合适的木块和木料，测量所需的部件，使它按需要形成比例和尺寸，等等。通过这样一个过程，儿童掌握了关于工具和制作方法的知识，实现了他的制作本能，获得了来自他人的经验和鼓励，获得了观察力和思维训练，认识到了准确尺寸和测量的必要性，培养了坚忍不拔和克服困难的习惯。其中材料和过程的知识的获得是从事有目的的活动的结果，而不是应付学校功课的结果。总之，肯定要学习，但生活是首要的，学习是通过这种生活并与之联系起来进行的。当我们以农村留守儿童的日常生活为中心并组织他们的课程时，我们就看到他首先不是一个静听的人，而是主动的、活泼的和创新的人。

儿童的首要任务是自我保存。这不是说只保存自己的生命，而是作为一个生长中和发展中的人的自我保存。因此，儿童的各种活动不像在成人看来是无目的的，而是一些方法，通过它们，他熟悉自己的世界，学习使用自己的能力以及了解自己能力的限度。儿童经常不停地活动，这在成人的心目中似乎是无意义的，这是因为成人已经熟悉了周围世界，因而不感到新鲜和有趣。但是当他们对儿童不停活动感到不耐烦时，就力图使他安静下来，不仅干扰了儿童的快乐和健康，而且把他寻求真正知识的主要途径切断了。[①]

现实生活是如此复杂，远远超过了儿童的理解力和接受力。他可能被正在进行的多种活动所淹没，以致失去自己有条不紊的反应能力，或者是被各种不同的活动所刺激，以致他的能力过早地被激发，导致他的能力不适当地偏于一面或者陷于分裂。因此，农村学校课程应该是儿童每天看到、感受到和接触到的事实的更明确的说明。实事求是地看，儿童的日常生活经验是混乱、模糊和不稳定的。学校的任务不在于孤立它，以一种漠不关心的态度给儿童提供书本上的客观知识，而在于给予儿童一些他立即就能运用于日常经验的东西，帮助他们解释生活、理解生活，使生活明朗起来并获得力量，进而形成儿童控制生活和环境的能力。留心观察，不难发现，成人生活是儿童最感兴趣的问题。农村学校课程的作用就在于帮助儿童理解成人生活，理解人怎样和为什么这样生活，他们怎样和为什么取得成功和归于失败，了解人怎样学会思考的过程，如何选择方法和手段去达成某种有价值的目的，怎样改变生活环境使生活本身变得更好。它是儿童

①[美]约翰·杜威.学校与社会·明日之学校[M].赵祥麟，等译.北京：人民教育出版社，2005：219.

逐渐认识生活、走进生活的工具而非将儿童引入一个越来越远离生活的书本世界。将儿童与生活对立起来，是荒谬的。儿童不可能把自己的生活、自己的喜好、自己的感受，也就是自己所有的经验，通通丢在校门之外，抛开想在大自然中散步的愿望，抛开在上学路上看见的一只独特蝴蝶的记忆，抛开玩弄放在自己口袋里的橡皮擦的念头，完全忘记昨天晚上伙伴给他讲的引人入胜的故事，而以一种纯粹听人摆布的被动态度接受由外界灌输的知识。看到的、想到的、梦到的、闻到的、触摸到的、感受到的，这一切构成儿童生活的全部。各种各样的事件、物质、印象、想法和感受，儿童可以暂时不去想它，但要把它忘得干干净净，然后全神贯注地将心思放到课堂上来自老师的讲授，是一件不容易的事。阿莫纳什维利说过："亲爱的同事们，我们为什么要夺去儿童手中的锡制士兵玩偶呢？是为了不让他在课上用以解闷吗？是为了使他思想更集中地专心听讲吗？无疑，这种愿望是值得称赞的，并且，我们不费什么力气就可以从儿童手中夺下这个玩偶，只需皱着眉头，严厉地说一声'把这东西给我！'之类的话，他就会乖乖地把这个锡兵交给你。但是，我们的这种成功之举，能抹掉儿童头脑中因被夺去心爱的玩偶而感到的伤心和对这个玩偶命运的担心吗？设身处地地想一想！这简直是不可能的。"[①]儿童的学习与生活是一体的，两者不可能被分开对待。儿童在生活中养成的习惯与行为，会在学习领域得到深刻的体现，比如，儿童在生活的过程中是一个十分懒惰的人，就不太可能在学习领域成为勤奋的学生。儿童在生活中喜欢撒谎，那么他在学校生活中，通常也会撒谎。很多人认为学校学习与日常生活是可以分开的，这其实是一种错觉，所以，仅仅关注儿童在学校的表现，常常使我们对儿童形成错误判断。很多家长为了孩子的学习煞费苦心，千方百计地为孩子节约时间，尽量不让孩子参与日常生活，他们认为家庭生活中的事务是毫无用处的，不让他们做家务，可以为他们的学习节约更多的时间。但是，从儿童发展的角度来看，儿童一旦缺少了这种日常参与，对生活的认识就无从谈起，他的智力的、品行的和情感的训练也就成为一句空话。因此，在农村留守儿童社会

①[苏]阿莫纳什维利.孩子们，你们好![M].朱佩荣，译.北京:教育科学出版社，2005:150-151.

化过程中，如果说，他们的父母的外出不可避免，社区成员就应该发挥重要的“父母”角色，成为功能性父母，发挥真正的父母的作用，保护和引导他们，与他们一起参与农业劳动，当好他们的观察者和帮助者，提供所需要的材料和资源，经常性地与他们交流，告诉他们真善美的重要意义、生活的价值在哪儿、什么样的生活是值得追寻的，以榜样的角色告诉孩子们什么是真诚、善良、正直、乐观、勇敢和贡献，通过自身的示范，帮助他们理解如何解决问题，即收集资料、提出假设、制定初步计划或方案的过程，通过行动检验计划，教会儿童理智地控制环境和自身，而不是去延续父辈和祖辈听天由命、怨天尤人、无所作为的生活。

第二节 农村学校教学适应儿童日常经验

儿童来到学校一般已有六七岁，他们已经通过各种途径积累了大量的经验和习惯，包括记忆方式、推理、解决问题和获得新知识的能力，他们带着这些丰富的先前知识、经验和习惯进入到学校，而这些已有的知识和习惯极大地影响着儿童对学校教育内容的关注以及解释方式，也影响着他们对学校教育方法的接受和认可程度。新的科学学习的主要特征之一就是对儿童已有知识和理解的强调，而非将儿童新旧知识断然分离——儿童需要学习的东西与儿童已经看到的、感觉到的和爱好的东西之间缺乏任何有机的联系，致使书本知识成为单纯的、空洞的形式和符号，沦为僵死的和贫乏的东西。事实上，学校教育传授的任何事实和原理，无论算术、地理或科学，如果不在儿童已有经验中占有重要地位，就被迫成为象形文字，处于这个可悲境地。书本上的知识一旦变成死记硬背的任务，就只是折磨心灵的无用古董，是强加给思维的可怕负担，会使儿童变得呆滞和死板，失去儿童天性本应该具有的灵气、机敏和活力。因此，农村学校的教学改革就是要改变传统教学的孤立和机械，将儿童学校学习与日常生活经验统一起来，学校教学适应农村儿童日常经验，基于经验、通过经验和为了经验，使理论与实践、近的和远的、已知和未知、个人与生活能够有机联系、相互强化，促进儿童经验的完整性和连续性。而农村教师则应该密切关注儿童带入课堂中的知识、经验和态度，了解儿童在学习特定主题时的不完整理解、错误观念和对概念的模糊认识，教师需要将这些已有认识显性化，通过活动的提供和情境创设，帮助每个儿童达到更成熟的理解和更明确的认识。如果教师忽视儿童的已有经验和认识，那么，儿童的理解可能与教师想要使儿童获得的理解大相径庭。而如果农村教师能够积极关注和运用儿童带到学习任务中的已有知识和观念，将这些知识当作新教学的起点，并在教学过程中通过教学材料和手段的运用帮助儿童成功实现概念转化和经验重构，这种教学就是成功的。

一、农村学校教学基于农村儿童的日常经验

正如卢梭所说，第一句无意义的短语，第一件根据别的权威想当然而没有让学生自己了解的事物，是判断力毁灭的开始。你替他完成了应该由他思考的一切东西，你还要他去想什么呢？我们要取得的不是知识，而是判断的能力。在学生把各种事物储存在记忆里以前，他要使它们经过他的理解，此后，他从记忆中取出来的东西才是属于他的。不然的话，懵懵懂懂地在头脑中记一大堆没有经过自己思考的东西，结果，所记的东西没有一样是自己的。与一般动物的被动感知不同，人类是主动的学习者，他由问题驱动、目的引导，积极地向外界收集信息和做出决策。即使婴儿也是积极的学习者，他们把自己的期望和想法带入学习情境，他们走进的世界不是一个“乱哄哄的地方”，不是一个任何刺激都同等重要的场所，他的兴趣倾向指引着他的注意方向和对象。换句话说，即使是婴儿也并非空着脑袋进行学习，并非被动等待外界刺激而是基于已有的东西进行建构。现代心理学也表明，人们用他们已知道和相信的知识去建构新知识和对新知识的理解。有一个经典的儿童故事“鱼就是鱼”很好地说明了这一观点：有一条鱼，

它很想了解陆地上发生的事，却因为只能在水中呼吸而无法实现。它与一只小蝌蚪交上了朋友。小蝌蚪长成青蛙之后，便跳上陆地。几周后青蛙回到池塘，向鱼汇报他所看到的。青蛙描述了陆地上的各种东西：鸟、牛和人等。这个故事呈现了鱼根据青蛙对每一样东西的描述所创作的图画：每一样东西都带有鱼的形状，只是根据青蛙的描述稍做调整——人被想象为用鱼尾巴走路的鱼、鸟是长着翅膀的鱼、奶牛是长着乳房的鱼。 这个故事说明，人们是基于自己已有的知识来建构新知识的，新知识的建构必须来源于已有知识。[①]还有一个故事同样说明了问题：这个故事讲述了靠近好莱坞一所学校的出身富裕家庭的小女孩的故事，教师要求她写一篇关于贫穷家庭的作文，文章是这样开始的：家庭非常贫穷。妈妈很穷。爸爸很穷。兄弟姐妹很穷。女佣很穷。护士很穷。男管家很穷。厨师很穷。司机很穷。[②]

它们表明，儿童学习是基于他们的已有经验而进行的经验建构。然而，传统学校把教材当作某些固定的和现成的东西，当作在儿童经验之外的东西的强加，不问这些东西在儿童自己的经验中的地位和意义怎样，使学校学习空洞和乏味，缺乏吸收和同化已有知识的背景和基础。他们没有学习热情，没有学习需要和目的要求。我们所说的机械的和死板的教学，就是缺乏这种动机的结果。儿童生活在个人所及的狭小世界里，除非某些事物密切地和明显地与他自己或者他的家庭和朋友有关，否则很难引起他们的兴趣和注意，除此之外的其他各种事物都很难进入到他的经验里。换句话说，儿童的世界是一个与他的个人兴趣有关的人的世界，而不是一个冷冰冰的由事实和规律构成的知识世界。儿童世界的主要特征，不是与外界事物相符合这个意义上的真理，而是情感和兴趣的吸引。学校里的教学内容在时间上无限地回溯过去，在空间上无限地延伸到世界各地。儿童来到学校，离开他们熟悉的村落，便进入一个辽阔的世界。儿童的记忆力和

①[美]约翰·D.布兰思福特，等.人是如何学习的：大脑、心理、经验及学校（扩展版）[M].程可拉，等译.上海：华东师范大学出版社，2013：11.

②[美]班克斯.文化多样性与教育：基本原理、课程与教学[M].荀渊，译，上海：华东师范大学出版社，2010：50.

小小的知识领域被全人类的长期的多少世纪的历史积累压得窒息了，他失去了敏锐反应的能力，只能亦步亦趋地跟着教师走，缺乏积极主动反应的能力。因此，农村学校教学应该与农村儿童的生活经验联系起来，使儿童能随便地、平常地把获得的经验带到学校去并加以利用，而儿童在学校里学到的东西又带回去并应用于日常生活，使学校和日常家庭生活成为一个有机的整体，而不是彼此隔离的两个部分的混合物。这样一来，学校教学与儿童日常经验之间的彼此隔离就消失了。这是打破隔离状态的两件大事——使儿童带着在校外获得的一切经验来到学校，又给他可立即在他的日常生活中应用的东西。

诚如杜威所正确认识到的那样，在世界上有话要说和不得不说点儿什么这两者之间是完全不同的。当儿童有了各种材料和事实，想要谈论它们时，他的语言就变得更流畅、更完整，因为它是受生活现实制约又来源于生活现实的。有事要讲，有话要说，有思想要表达，所有这一切都不是外部强加的，而是出于自身经验发展的需要。儿童是带着健康的身体和有点儿并不心甘情愿的心理来到传统学校的，实际上他并没有将身心两者一起都带到学校，他不得不把他的心智(mind)弃置不用，因为他在学校里没有办法运用它。如果他有纯粹抽象的心智，他可能把它带到学校，但他的心智是具体的，是对具体事物感兴趣的，这些事物若不能超越围墙进入学校生活，他就不能带着他的心智一道进入学校。从儿童的观点来看，学校的最大浪费是由于儿童完全不能在校内完整地、自由地利用校外获得的经验，同时另一方面，他在日常生活中又不能应用在学校学习的东西。我们所希望的是使儿童带着整个的身体和整个的思想来到学校，又带着更圆满发展的心智甚至更健康的身体离开学校。在传统农村学校教学中，教师给学生提供的是一大堆来自不同学科的孤立的事实，学生东一个、西一个地学习，每一个东西和别的东西或任何一般的教育目的毫无联系。几年结束，尽管儿童掌握了外部世界的一大堆事实和原理，但在使生活本身更为真实或更易理解方面，他收获很少，或者说一无所获，缺乏现实感和控制力，仅仅是占有了一大堆难以理解和消化的二手信息却不知道如何利用它们。教学内容没有从儿童自己过去所做的、所想的和所经受的东西当中产生出来，与儿童的兴趣和需要没有丝毫关系，与我们在校外、在家庭里、在游戏场上和在邻里中所看到的东西缺乏联系，成为一个独立王国，书本知识在儿童自身的经验、目的和情感中没有占有适当的地位，仅仅作为成人强加的不得不完成的任务。

而一旦教学基于农村留守儿童的日常经验，从日常生活中教孩子们生活，研究他们自己的衣食住行的相关问题，便给儿童真正的学习提供了大量的机会。比如，对于日常生活中的食物，儿童总是有永远也问不完的问题，充满疑问，兴致勃勃地想弄明白他们吃的蔬菜来自哪里，又是怎样生长的，进而延伸至对花和草、树和果实、各种动物、气候和季节变化的强烈兴趣。随着他们兴趣的扩展，野外的自然界，如树林、旷野、溪流等，都成为他们急切想了解的对象。与之相应，农村学校应该依据儿童兴趣发展组织教学，无论是什么季节和天气，组织儿童成群结队深入森林，研究树木花草的各个季节的各种形态，留心观察周围的事物；帮助他们学会辨别各种鸟类及其习性，研究昆虫，识别天上的星星。事实上，通过这种户外活动，儿童亲手获得了大量的有关自然界各个方面的知识，养成了观察与实验的习惯。活动期间，总有一位教师与学生结伴，向他们解释有关活动以及这么做的理由。逐渐地，儿童有了对自然界的认识和欣赏力，就会变得强壮、健康、独立、能干、勇敢、自信以及产生对自然的深深的崇敬。当然，读写算的训练也是其中的必要内容。在活动过程中，为了完成活动目的，儿童感到了读、写和算的需要，他们开始主动地学习读、写和算。比如，尽可能在户外进行科学课教学，儿童同教师一起散步，谈论沿途碰到的植物和动物，为学校的鱼缸搜集蝌蚪和小鱼，并且挑出一棵树进行观察，留下全年的记录。他们对气候的研究也是终年不断的，他们注视季节的变化，观察春天鸟儿在干些什么，植物在秋天会出现什么变化，冬天来临时又发生哪些变化，等等。就这样，他们观察了一年的整个周期，不知不觉地认识了气候与周围的动植物生命的关系。通过直接观察，甚至小学儿童也能对岩石、风雨和江河之间的关系有比较深入的理解，形成山脉、山谷、土壤和岩石的概念，对气候和产业、商品出口、进口以及社会条件之间的关联，也有比较明确的认识。比如，农村学校可以带领儿童到田野和树林中去，提出关于它们的一些问题，引导儿童察看树木和花朵，帮助他们发现树干、叶子和花朵的区别，鼓励儿童将他们看到的东西用准确的语言表达出来，指导他们互相讨论和交换想法，并应用书本知识回答他们关于动植物的疑惑。通过观察蜜蜂采蜜的过程，他们学习到花的雌蕊和雄蕊与果实之间的关系，他们注视蜜蜂把花粉从一个农作物传播到另一个农作物，了解到蜜蜂与农作物生产之间的联系，这比教师在课堂上简单抽象地讲解叶脉和叶柄、雌蕊和雄蕊要有趣和有效得多。比如，在烹饪课上，教师可以组织儿童到附近农场参观，引导他们说出认识的蔬菜的名称，带领他们学习一些在日常生活中没见过的蔬菜的名称和特点。他们回到课堂后，把所有蔬菜的名称写下来，列成一张表，这样，他们的科学课和写字课就有机联系了起来。然后，他们把蔬菜名单带到市场上，计算它们的价格和重量，列举它们各自的营养成分，再用画笔将它们描摹下来，这样，他们的科学课和数学课、营养课、美术课整合了起来。当然，如果农村学校自己有闲置土地，完全可以将它们开辟出来修缮成一座菜园。在那里，儿童可以耕地、耙地和播种，连续好几个月观察种子的发芽、生长、开花和结果的整个生命周围，记录下他们观察到的植物生活周期的所有方面，然后总结出哪些因素在影响蔬菜的产量，如何改进这些因素从而提高蔬菜产量。儿童还可以将这些改良过的方法运用到自家的蔬菜种植过程中，为家庭经济增收做出贡献。诸如此类的活动，不但可以充分利用农村儿童日常经验，还可以对他们的意志力、耐心和执行力起到很好的训练作用。这样一来，学校不仅仅成为一个知识习得的场所，更成为儿童生活的场所，儿童便自然而然地获得控制环境的能力。

二、农村学校教学通过农村儿童的日常经验

操之过急地传授单纯的知识，结果往往会适得其反。正如卢梭所正确认识到的那样，在万物的秩序中，人类有它的地位；在人生的秩序中，童年有它的地位：应当把成人看作成人，把孩子看作孩子。[①]大自然希望儿童在成人以前就要像儿童的样子。如果打乱了这个次序，我们就会得到成一些早熟的果实，它们长得既不丰满也不甜美，而且很快就会腐烂；我们将得到一些年纪轻轻的"博士"和老态龙钟的儿童。儿童必须与在内心上接近的东西打交道，而不是与遥远的东西打交道，教育应该首先从儿童日常生活中所关心的事物开始，用已经获得的能力为随后的发展奠定基础，一步一步地引导他前进，使之对社会生活的原理和事实有更全面、更准确的了解，并为他以后的专门学习做好准备。众所周知，儿童在校外的时候总是在游戏和工作。由此，一些人便认为，在学校里，儿童应该从事一些不同于日常生活活动的事情。学校里的时间很宝贵，似乎不应该继续让儿童做那些他们天性喜欢做的事情。在有些社会条件下，这个论断是合理的。如前所述，在农业社会时代，校外的农业劳动能提供明确的和有价值的理智的和道德的训练。此外，书籍是儿童脱离自身狭隘生长环境的工具，在书籍和其他资料较少且很难获取的情况下，学校教育主张集中于书本，有一定的道理。可是，在现代社会，情况就大不相同了。特别在农村，儿童回到家里无所事事，参与的活动大多缺乏指导，其中一些纯粹是漫不经心地消磨时间，不具有积极的教育价值，很多具有反教育的性质，是对周围成人不良行为的简单模仿。更重要的是，现在印刷品和音像制品很便宜，普遍流通，又有电视、电影、手机、电脑，日常生活中到处都是信息的来源，而不像从前那样只有通过学校书本知识才能获得知识。因此，我们应该通过农村儿童的生活经验丰富农村学校的课程和教学。普遍存在于日常生活中的衣食住行等活动为农村儿童提供了丰富的学习机会，对他们的解决问题、推理、敏锐观察和连续思考能力进行训练，给儿童提供了真正的动

①[法]卢梭.爱弥尔[M].李平沤，译.北京：商务出版社，1982.82.

机和直接的经验,并使他接触生活和获得宝贵的现实感。在这些日常活动中,儿童能够理解做事的方法和目的,活动本身对儿童自己是有意义的,他们理解活动的价值,被活动本身所吸引而不是受到教师的威胁和利诱。同时,在教师的引导下,儿童能够将这些熟悉的日常生活活动转化为相应的历史的、社会的价值和科学的术语。

从心理学上看,没有一些有目的的社会活动,就不可能有正常的儿童学习。所谓有效学习,就是知识的获得是从事有目的的社会活动的结果,而不是应付学校功课的结果。换句话说,需要把各门学科的教材或知识恢复到儿童原来的日常生活经验,恢复到它被抽象出来的原来的日常经验,变为直接的和个人的经验,这就是教学的心理化过程。有效教学必须经历这个过程,忽略这个过程,直接以书本知识作为教学内容并要求儿童掌握,是用间接经验代替直接经验,用死板的代替生动的,用无生命力的抽象知识代替活生生的直接个人接触,必然造成教学的死板和机械,遭到儿童普遍的反抗。

从表面上看,各门不同的科目——数学、地理、语文、生物等等的内容,它们本身就是经验,是种族的经验。它们体现了人类一代一代的努力、斗争和成就而积累起来的结果。各门科目把这个结果,不是仅仅作为一种积累,也不是作为一堆五花八门的片断的经验,而是以一些有组织的和系统化的方式——那就是作为通过反省思维而构成的东西呈现出来。因此,进入儿童的现在经验里的事实和真理,和包含在各门科目的事实和真理,是一个现实的起点和终点。把一方和另一方对立起来,就是使同一生长过程的幼年期和成熟期对立起来,这就使同一过程的起始阶段和最后结果互相对立,使儿童的天性和他们的未来成就处于交战状态。第一,儿童的狭小的然而是关于个人的世界和非个人的,然而是空间和时间无限扩大的客观世界相反;第二,儿童生活的统一性和全神贯注的专一性与课程的种种专门化的分门别类的知识相反;第三,逻辑分类和排列的抽象原理与儿童生活的实践需要和情感相反。正因为这样,“学习”已经变成令人厌烦的活动,上一堂课等于受一次苦役。换句话说,儿童的自身经验和构成科目的各种不同形式的教材之间,存在着性质上的鸿沟。

为了克服分裂,农村学校生活本身应该是简化的社会生活,它应当从家庭生活里逐渐发展出来,应当开展并继续儿童在家里已经熟悉的活动。学校应当把这些社会生活活动呈现给儿童,并且以各种方式把它们再现出来,通过书本知识的运用,使儿童逐渐地了解它们的意义,掌握它们的过程和材料,从而获得控制环境的能力。这出于一种心理学的需要,因为这是使儿童获得经验连续性的唯一方法,也是赋予学校所教授的新观念以旧经验的背景的唯一方法。也出于一种社会的需要,因为家庭是社会生活的一种基本形式,儿童在其中获得教养和道德的训练,累积人生经验,打下习惯的基础。因此,加深和扩展他的关于与家庭生活相联系的价值的观念,是农村学校的任务。

从本质上看,在学校中获得知识的真正目的是,需要的时候,知道怎样寻求需要的知识,而不是占有知识本身。学习是主动的过程。它包含着思维和身体的积极运用。教学从学生的经验和能力出发,在学校中引入儿童在日常生活中熟悉的社会活动,使儿童从事那些使文明成其为文明的主要的典型的活动,研究这些活动的意义,澄清熟悉的事物的概念,使那些模糊和混乱的观念变得清晰和明确,探索不同事物之间的联系,使这种联系变得更清晰和可以利用。用一个发现引起另一个发现,以一种能力促进另一种能力,用一种兴趣激发另一种兴趣,如此良性进程,儿童逐渐获得知识和能力,形成品行。近代心理学已经用复杂的本能的和冲动的倾向,代替传统心理学理论关于现成的官能的主张。经验表明,当儿童有机会运用他们的双手实现那些对他们自身有意义的目的时,上学便是一件乐事,课堂管理不再是一种负担,而是一种享受和乐趣。从这个意义上看,农村学校的任务是帮助农村儿童脱离狭隘的日常生活圈子而进入到更广阔的世界,扩展和深化经验,开阔视野和增长见识,形成理性的思维方式,从对客观事物的仅仅是表面的、非本质的认识进入到对客观世界的内存的、本质的认识,从对自身的偶然的评估进入到对自身能力的连续评断,从而获得关于事物内在本质和它们相互关系的全面认识。

在儿童方面,农村教学的问题是要看到,儿童经验中的哪些因素已经包含了我们想要教给他们的事实和真理,哪些活动能够利用儿童当下的态度、动机和兴趣,从而使他们最终有所成就。在科目方面,农村教学的问题是怎样以儿童经验和活动的术语来解释它们,并发现介于儿童的现在经验和包含在这些科目之中的成熟经验的中间步骤,如何提供条件和创建环境,帮助儿童从未成熟经验走向专家所占有的成熟经验。教材上的成人系统知识,不能代表学生活生生的经验世界,就像天文家研究出的关于火星的知识不能代表婴儿面对的关于他所处的房间的知识一样。以教材上现成的知识为起点,那么教学将变得抽象和索然寡味。但是,儿童的痛苦并不仅仅是肉体上的,还是精神上的。强制的学习导致了恐惧、厌倦和精力的耗竭。他们变得毫无信心,对自己的思维能力表示怀疑而不得不听命于外界的摆布,忧郁代替了自然的欢乐,郁郁寡欢代替了实现自身潜能的幸福。完全可以认为,目前农村教学的最大困难之一是,教师以教材为中心,而教材又是以纯客观的知识的形式呈现出来,作为一种新的特殊经验静静地叠加到儿童已有经验之上,成为思维的负担和重压。当真正问题出现,需要运用思维时,思维却因为过多无用知识的堵塞而变得呆滞机械。

事实上,对教师而言,学科知识的功能,不是为教师提供了现成的教学内容,而是为他们观察和解释儿童的兴趣和表现提供了标准。预期到儿童当下能力的可能成就,教师就有了基础去选择和组织材料,而非盲目地、胡乱地提供材料。它们是包含在儿童已有经验里的因素和儿童经验改造的工具。因此,教师仅仅掌握学科知识是不够的,还必须观察和了解儿童的经验,使儿童旧的经验与学校提供的新经验成功结合。正是在这个意义上,杜威将课堂教学分成三种。最不好的一种是把每堂课看作一个独立的整体。这种课堂教学不要求学生去寻找这堂课和同一科目的别的课之间或别的科目之间有什么接触点。比较聪明的教师注意系统地引导学生利用过去的知识来帮助理解目前的知识,并利用目前的知识加深理解已经获得的知识。这种教学的结果好一些,但是学校的教学内容还是脱离儿童经验。除偶然外,学生的校外经验仍然处于粗糙的状态,没有因为获得校内经验而变得完善和丰满。教学因为没有和日常生活的现实情况相融合,也就缺乏学习的动机,没有现实感。最好的一种教学,牢牢记住学校教材和现实生活二者互相联系的必要性,使学生养成一种态度,习惯于寻找这两个方面的接触点和相互的关系,通过儿童日常经验去理解新经验,利用新经验去明确和修正已有经验。①

它表明,农村教师应该将学生课外的生活与学校生活联系起来,课外生活与校内生活相互强化。比如语文的阅读与写作,如果教师预先拟定好话题,让学生去说去写,学生就会无话可说,但是,如果教师让学生将他们在周末、寒假、暑假以及节假日中的生活事件作为讨论与写作的资源,学生就有话可说。教育是生活的过程,而不是将来生活的预备。学校必须呈现现在的生活——即对于儿童来说是真实而生气勃勃的生活。像他在家里,在邻里间,在游乐场上,所经历的生活那样。因此,农村学校教学应该充分利用农村儿童周围喜闻乐见的事物和儿童经常看到、听到、接触到、从事的活动,比如山区农村儿童的民歌、农村生活中的手工制作。比如,从事园艺工作对儿童及街邻的价值是明显的:就儿童方面而言,这可以作为一种赚钱的手段,或者用这种方式为家庭供应蔬菜;就社会方面而言,园艺可以使地方清洁、街市美观,给农村带来变化,增加儿童对美的感受力和表达力。假如村民想把他们的后院及空地开辟成园地,他们就不会往那里扔垃圾,也不会允许别人那样做,农村卫生环境的改善也就自然而然地完成。园艺可以培养学生对劳动正确的认识,教育学生尊重劳动和热爱劳动,让农村儿童自幼就真正尊重农民以及农民的工作,有了这种尊重的态度,城市中人满为患的趋势就会消失。换句话说,在农村留守儿童身上培养热爱劳动的习惯,是一种比传授知识更为重要的社会职责,比起那些外部的人为的政府强制手段,它是实现

①[美]约翰·杜威.民主主义与教育.[M].王承绪,译.北京:人民教育出版社,2001:178.

城乡和谐发展的最有效的根本途径。因为真正的社会和谐依赖于每个人都能够从事自身擅长的活动,这既是个人幸福的来源,又是社会发展的保障。

三、农村学校教学为了农村儿童的日常经验

为了促进农村留守儿童正常社会化,使他们的经验得以扩展和深化,学校与生活必须联系起来,使儿童能把在日常生活中获得的经验带到学校去并加以利用,而又能把在学校里学到的东西带回去并应用于日常生活,使儿童生活成为一个有机的整体,而不是彼此隔离的混合物,使儿童的生活在课堂上得到继续,解答儿童在生活中的关于事情为什么要这样做、用什么办法、什么时候、什么目的等一系列问题。而教材上呈现的知识,意味着不偏不倚和客观地观察事实的能力,不问这些事实在儿童自己经验中的地位和意义,意味着分析和综合的能力,意味着高度成熟的智慧习惯和抽象思维的运用。一句话,已经归了类的各门科目是人类世代的科学产物,而不是儿童经验的直接产物。将农村学校与生活结合起来就意味着,儿童在学校如同他们在家里一样,都应该有事可做,全神贯注地从事他们最感兴趣的事。学生被鼓励互相提问,收集证据和提出观点,并通过实践对观念给予纠正,自主地从事问题界定和解决。但是,当下农村学校却不提供这种生长的和自己发展的机会,而是把儿童束缚在狭小的课堂范围内,让他们身体静止,不允许他们运用自己的双手、嘴巴和头脑,压抑了儿童活泼的天性,长此以往,他们的好奇心逐渐减弱,以至于对生活中周围的事物漠不关心,在陌生事物面前,他的反应力和敏锐性迟钝得让人惊讶。他的身体想要寻找活动的机会,他想要做点儿什么的冲动驱使他通过各种隐蔽的手段去实现自身的想法,他开始千方百计地寻找各种借口逃避学习,四处寻找机会从他的小监狱里逃出来。生活,在儿童看来绝不像在成人看来那样枯燥乏味,而是在不同的活动中进行的。世界,在儿童看来绝不像在成人看来那样平淡无奇,而是充满疑惑和疑问。因此,在儿童肌肉灵活和思维可塑的阶段,学校课程就应该让儿童运用自己的眼

睛去观察、运用自己的思维去判断,因为这就是他的个性形成的源泉。

因此,农村教学的第一原则是应该从儿童已有经验出发。对这个原理的忽略是农村学校死气沉沉和效果低下的原因。脱离儿童的日常生活,儿童被置身于被动的、接受的和吸收的状态中,只运用耳朵听和脑袋记,不允许表达自己的想法,不允许儿童用自己的方式和方法处理问题,一切都被限定在既有的统一模式中,个性的和社会的因素被压抑,不允许儿童遵循自己本性去选择学习材料和方法,结果造成学习的阻力和精力的浪费。传统农村教学直接以教材为蓝本,照本宣科,脱离了他们的生活和经验,灌输由专家预先规定好的学科化和体系化知识,基本与儿童的生活经验无关。教学变成一个被动过程,由别人强加给儿童,而不是由儿童自己的目的和思想控制的事情。我们削弱了孩子们的自信心,通过教学我们似乎在告诉他们:"你们的经验,你们的问题,你们的好奇心,你们的需要,你们了解的一切丝毫没有价值,在进入课堂之前,请把它们全部忘记,全心全意地空着脑袋学习教师教给你们的东西。"我们不了解儿童经验的能动的性质,把儿童的经验当作一成不变的东西,而不是把它当作某些变化的、形成中的、有生命的东西,不运用他们的表达能力、创新能力、操作能力和敏感性,取而代之的是,忽略和轻视了儿童的经验和能力,将它们当作教学的干扰物和阻碍,尽其可能地将它们从儿童的心里排除出去,以便留下更多的空间去记忆教材上的知识。基于社会本能,一些儿童变得忙于取悦教师、讨好教师,思考教师想要得到什么样的反应和答案,预测教师下一步的行动。一些儿童为了逃避惩罚,不得不违背自己的意愿而去从事教师要求他完成的任务。儿童根本不能"支配"自己的学习,在学习过程中,他们是被动的执行者而非自主的实践者,奴隶般机械地完成教师分配的任务,逐渐丧失了自主性、好奇心、创新力和信心,变得顺从、呆板和盲目。

总之,哪里的农村学校设置了实验室、车间和园地,哪里充分地运用了戏剧、游戏和活动,哪里就存在种种机会,使实际生活的情境重现于校内,使学生获得有用的知识和观念,并能够在生活中加以运用,使经验持续向前发展,使学校生活更有生气,更加智力化。知识的获得成为活动的回报和自然产物,而非有意识记忆的结果,知识由于在活动中能发挥支持和指导作用,从而具有了活力,能够从一种环境迁移到另一种环境而非死的信息。这样一来,学校教育与日常生活之间的彼此隔离就消失了,之前存在于它们之间的人为的鸿沟不存在了。学科知识代表了儿童直接的粗糙的经验具有的发展可能性。但是,它们毕竟不是现在的和直接生活的部分。儿童和课程构成了教学过程的两极。正如两点构成一条直线一样,儿童现在的经验以及构成各种科目的事实和真理,构成了教学。从儿童现在经验进展到我们称之为学科知识的东西的过程就是儿童经验持续改造的过程。农村生活与城市生活不同,树叶、花草、牛羊、蝴蝶、缝纫和编织,都是农村儿童日常所见的东西,更为儿童所熟悉,能提供观察及提问的机会。所有这些事实,比起城市生活中的事实来,与农村儿童的关系更为密切,他们理解这些东西的意义,这些东西能够为学习提供目的和动机。受已有经验和周围环境的影响,农村儿童对动物和植物更感兴趣,而非城市的高楼大厦。对城市儿童而言,水泥和砖块更常见,树木和动物对他们来说倒是不寻常的,他们的头脑,只知道牛奶、大米和鸡蛋来自商场,他们不知道有稻谷、奶牛和母鸡这些事物。一些城市儿童居然坚信土豆是长在树上的,很多城市儿童分不清楚韭菜和小麦。在城市,甚至环境温度也受到人为的调节(空调),季节的变迁过程对儿童的生活没有特别的影响,自然在儿童的活动中如此微不足道。在这种情形下,让城市儿童研究动物和植物是困难的,因为在他们的经验中,没有这些事实和原理。与此不同,大自然就在家门口和学校围墙外,农村儿童可以非常容易地找到观察的材料,自然与农村儿童的生活息息相关,四季变化就呈现在他们的眼前并影响到他们的日常生活,春天播种、秋天收获,这是每一个农村儿童都了解的基本常识。因此,将儿童生活引入课程,除了能激起儿童的好奇心和观察力外,还能向他们展示一些社会生活的原理,这些原理在他们今后的学习中会得到进一步的解释和扩充。通过理解自己的生活环境,儿童可以学会欣赏自然之美及其秩序,并且尊重劳动成果和衡量自己的能力,进行恰当的自我评价,与此同时,他也在为自己控制环境打下基础。所有这一切,都具有教育的意义,它们能训练体力和技能,培养创造性和独立性,养成互助合作和同情的品德。儿童了解到他所看到的周围事物的意义,懂得这些事物与他本人和他朋友之间的关系,由表及里地理解到他不能直接看到的各种事物,掌握它们的过程和原因,和这些事物的社会意义以及它们与整个世界的种种联系。从儿童的发展来看,儿童对这些关系的了解越多,对事物意义的掌握越深刻,对事物概念的理解越全面。

任何教学材料,如果不是从先前在儿童生活中占据重要地位的事情中引出,就会流于贫乏和无生命力。它们不过是一些儿童在学校中被要求学习的象形文字而已。只有当儿童在校外,即在实际生活中遇到了同样的问题,运用了同样的材料,它才开始对儿童产生意义。同幼年儿童研究周围环境一样,年龄稍大点儿的农村儿童逐渐开始研究他们周围成人所从事的各种产业,如制造业、生产业、农业和旅游业等,具体的产业类型因不同农村学校所在的社区不同而不同。在这时,农村课程应该包括鞋厂、磨坊的工作内容,麦田和稻田中的农活,儿童到工厂和农场去参观,课堂教学就以他们的参观和活动为依据。他们的识字和作文课,就是他们的参观和活动记录;他们的材料,就是那些反映各产业历史的、社会的、审美的、物质的、科学的和经济的信息,以便为学生理解他正在研究的产业提供帮助;他们的算术,就是去解决他们从农业或制造业中看到的实际问题;地理学习也是来自这些产业活动;等等。所有的学校教学都基于儿童生活环境和通过儿童日常生活经验进行,而非两相独立、互不相关。

第三节　农村学校不应该推行全科教学

如果做一个大范围的随机调查，问教育管理者和教师，为什么要推行农村小学全科教学。众口一词的答案是：国外都在推行全科教学，尤其是美国——当今世界教育最先进的国家。那么，又问：为什么美国要推行小学全科教学？这时，人们给出了五花八门的答案，尽管他们给出了众多不同的看法，却没有一个是真正的理由。翻开我们的教育文献，情况同样如此。那么，我们到底应该怎么办？跟着感觉和直觉走，不推行全科教学，一名教师教一门学科，对师资造成很大负担。或者是跟着潮流和风尚走，不管对与错，亦步亦趋地学习美国。我们认为，这些做法都是不理性的。正确的做法应该是，在根源上挖掘小学全科教学的来龙去脉。小学全科教学在美国的前世今生如何，分析其背后的根本原则和原理，最后再决定我们的农村教育应该何去何从。

一、小学全科教学在美国：起源

从历史起源来看，小学全科教学是美国移植欧洲教育传统的产物。毋庸讳言，美国教育，在许多方面都存有作为欧洲殖民地的印记。教育本身是文化迁移过程的重要部分。移民们在17世纪学校教学的移植中，不可避免地引进了当时英国教育的一些做法，其中就包括小学全科教学。众所周知，美国建国之初，地广人稀，大面积的自然资源需要人去开发和利用，因此，人们无暇顾及教育，也没有意识和观念去重新建立一种新的教育系统，而是向后看，学习荷兰和英国。对早期的美国人而言，他们最大的目标就是在新的土地上重建他们儿时的学校，复制他们儿时的学校教育系统。换句话说，在南北战争之前，美国一直都是从欧洲和英国移植教育和学校的，延续和维持欧洲的教育系统。在这场大型的教育复制过程中，小学全科教学从欧洲大陆被直接移植到美国。作为一种舶来品，小学全科教学并没有出现水土不服，是因为它切合了当时美国社会和教育的环境。

第一,全科教学很好地服务了以3R(read, write, arithmetic)为目的的小学教育。美国建国早期是典型的农业社会,家庭作为主要的生产和生活单位,起着重要的教育作用。儿童通常都是在家庭中,通过亲身参与社会生活的方式学会生活和生产的知识和技能。学校教育则主要负责儿童在家庭中不容易获得的符号知识的学习,而全科教学对于这种简单的符号知识的学习,是适用的。

第二,全科教学能够满足资产阶级对大量合格工人的需求。传统美国小学教育的双轨性非常明显。穷人的子女在具备基本的读写能力之后直接谋生,不能进入高等学校继续深造。离开小学后,他们的教育主要是通过在各行各业中以学徒身份完成,通过正式或非正式的学徒契约的方式完成,通常以助手的身份观察和帮助师傅,在完成实践工作的过程中获得相关的职业技能。而那些富裕家庭的子女却能够在小学毕业后继续完成高等教育。这就是说,全科教学主要针对的是那些小学毕业后需要养家糊口的劳动人民子女,而与那些小学毕业后仍然继续接受高等教育的统治阶级子女无关,他们有另一套专门为之服务的私立教育系统。

第三,小学全科教学适应了当时美国落后的教育状况。传统美国小学,学校规模小、班级人数多、采用复式教学、校舍差、经费短缺、设备简陋、教师少且素质低,在这种现实的教育状况下,全科教学在当时是合理的,也是有效的。

为什么说它是合理且有效的,首先,小学全科教学能够在很大程度上缓解教师缺乏的问题。由于地广人稀,交通不方便,传统美国小学不分班级,都混在一个教室上课。由于教学条件艰苦、待遇差,很少有人愿意当教师,师资极其匮乏。因此,小学全科教学能够在很大程度上缓解教师缺乏的问题,能够极大地节约教育经费和开支,具有现实的必要性。在只有一间教室的学区学校中,只有一名教师在冬天或夏天与各个年龄段的40—60人不等的一群男孩与女孩相处两到三个月,这就是美国当时大多数地区的普遍现状。①大多数的简易学校只有一位女

①[美]劳伦斯·A.克雷明.美国教育史2 建国初期的历程1783—1876[M].洪成文,等译.北京:北京师范大学出版社,2002:421.

士或教师执教，大多数的文法学校由一位教师负责，并经常有一二位助理教员帮忙，但乡村的文法学校由一位教师来负责所有的教学是常有的事。

其次，传统美国小学以读写算为目的，教学内容简单，一名教师能够轻松地应付所有学科的教学工作，换句话说，一名教师教所有学科是合适的。阅读是重要学科，教师花绝大部分时间来讲授课本和训练背诵。上课是先生讲课本，作业是学生念课本，考试是由学生抄答课本。教师为防止学生偷懒，强迫学生高声朗读，常常流为怪声叫嚷，初级学校遂赢得“唱读学校”的绰号。算术教授很少也很浅，而且很教条。教师教算术都从定义开始，再教读数字和记数字的方法，然后做练习。①

最后，由于教育目的狭隘，教学内容简单，教学方法落后，因此，对小学教师的素质要求不高，一个成人只要是能读、能写、能做几道算术题就可以当教师。一些教师几乎将全部的学科学习负担压给了学生，而自己仅仅充当一名学习过程中的智育监工。而另一些教师则基本上是“工头”，让一组组的学生共同过一遍教材。还有一些教师，试图对教科书的内容进行发挥、细化甚至阐释，实际上是在充当一名解说员。但不管教师采取何种教学风格，一个始终存在的问题就是纪律。儿童缺乏学习兴趣，普遍厌学，体罚就成了家常便饭。教师上课常常提着戒尺或皮鞭，从体罚到更温和一些的指责、羞辱，再到对抗性竞争与物质刺激，无所不用其极，以维持课堂教学秩序。教育文献记载，他们把学生当作敌人对待，有的居然以能用严酷手段制服学生而自豪，学校成为名副其实的儿童心灵屠宰场。②

总之，从欧洲大陆移植到美国，小学全科教学之所以能够在美国这片新土地上立足、壮大、大行其道，并最终成为割舍不掉的习惯和难舍难分的传统，从根本上看，是因为它符合当时美国社会和教育的需要，是当时美国社会和教育的必然选择。

①滕大春．美国教育史（第2版）[M]．北京：人民教育出版社，2001：54-55.

②滕大春．美国教育史（第2版）[M]．北京：人民教育出版社，2001：56.

二、小学全科教学在美国:问题

随着美国社会快速地从农业社会向工业社会转型,产业、科学和民主思想的发展给美国社会和生活带来革命性的变化。受其影响,教育目的也从原来的3R转化成促进每一个儿童的全面发展。

南北战争后,随着工商业的迅猛发展,科学发达,生产技术革新,新的机器设备和操作技艺迅速发展。资产阶级为提高生产以获得高额利润,驱使工人制造更多的剩余价值,不得不教给工人较多的文化知识和操作技能。换句话说,产业革命促使统治阶级认识到机器生产要求工人具备一定的生产知识和技能去顺利地完成指派的工作,大工业生产对工人的要求是传统手工业生产所不能比拟的。随着民主运动的高涨,民主思潮的澎湃,工人运动势如潮涌,劳动人民也开始有意识地争取教育权,确保每一个儿童无论贫富都应该在身体、智力、品德和审美等方面获得全面发展,而非仅仅提供3R的谋生技能。因此,传统的3R小学教育目的已经不能适应工业化大生产的社会需要。

大工业时期,机器生产代替家庭手工作坊,生产集中到城市的大工厂,人口大量涌向城市,家庭从原来的生产和教育单位转化成只提供住宿的地方,因此,原来在家庭和邻里完成的生活和生产知识的学徒式教育途径消失了,家庭地位的变化也促使学校教育不得不扩大教育目的,引入一些在传统上是由家庭完成的教育内容,承担一些在传统上是由家庭完成的教育责任——帮助儿童获得一些基本的生活和生产的知识和技能而非狭隘的3R谋生技能。

更重要的是,科学技术的发展和新发明的涌现彻底改变了人们的生活方式。过去城乡生活简单,所需知识不多,儿童通过日常生活中的观察和模仿就能够获得和掌握生活和生产的知识和能力。然而,大量科学发明的产生使科学技术被普遍运用到日常生活中,生活日趋繁复,吃穿住行都是运用科学知识的结果。因此,儿童需要具备基本的科学知识和能力才能满足日常生活的需要。换句话说,能读能写的简单的3R教育目的已经不合时宜,落后于快速发展的生活需要。

社会的变化也促使更多的人开始反思学校教育，抨击传统小学教育的狭隘性、片面性和非人化。事实上，在美国，从殖民地时期起的几百年来，教育者常常将儿童视作小大人，把儿童看成被动的知识吸收者，教学就是教师用漏斗向儿童头脑灌输知识的过程。卢梭、贺拉斯·曼和杜威等人对传统教育进行了强烈的抨击，指出传统教育目的太狭隘、学习材料太贫乏、教学内容太琐碎、教学方法太机械，不能为儿童的生理、智力、社会、审美和道德的发展提供全方位的营养，呼吁教育者应该尊重儿童、解放儿童，以儿童的和谐发展为目的、以儿童的兴趣为中心、以儿童的已有经验为基础，遵循儿童发展的自然法则，少一些人为的约束，多一些儿童的自主活动，少一些被动接受，多一些儿童的主动发展，个性发展比死的知识更重要，反对将成人的知识和过去的标准强加给发展中的儿童。"普及教育不仅仅是让每一个人有机会进入学校，普及的意义是，教育应该适应每一个人的多种需要和潜能。"①

在这样一种实践和理论背景下，美国小学教育逐渐认识到，3R的教育目的已经过时了，仅仅适用于传统农业等级社会，在工业化大生产的民主社会中，小学教育的目的应该定位于，促进每一个儿童的全面和谐发展，使每一个儿童都能够有平等的机会获得成功。

教育目的的改变引发了一系列与之相适应的教育手段的改革。为了实现新的教育目的，以杜威为代表的改革派主张将历史、地理、自然研究、手工、音乐、绘画等新的学科引入课程，满足不同儿童的多方面需要，实现儿童的全面发展。然而，改革派仅仅占据了小学教育的理论和口号领域，传统派仍然控制着教师教和学生学的实践领域。换句话说，这场改革并不彻底，它在引入新学科的同时，却保留了一些过去的习惯和传统，其中就包括小学全科教学。如上所述，小学全科教学服务于传统的3R教育目的，并不服务于儿童全面发展的目的。旧瓶装新酒，用旧的教育手段去实现新的教育目的，既不能获得旧学科的好处，也不能发

①Dewey, J. Monastery, Bargain Counter, or Laboratory in Education [M]//Simpson, D.J. Teachers, Leaders, and Schools. Carbondale: Southern Illinois University Press.2010.176.

挥新学科的优势。新的教育目的和旧的教育手段之间的机械拼凑和非理性妥协,导致美国小学教育的冲突和混乱。

“新旧科目数目繁多,每日排五六节还排不完,日课表排挤不堪。教师不能胜任多科的教学任务,学生也疲于奔命,难以全部学好、学懂。如何解决这些矛盾,各派争论不休。”①新学科没有发挥应有的效果,被视作花边和附加物,沦为娱乐和消遣的方式,在课程中处于外在的、机械的地位,并没有真正整合到传统小学课程中。新旧课程的机械拼凑,导致学习科目过多,课程拥挤。对儿童和教师而言,无论是生理还是智力都负担过重,怨声载道。教师和学生迷失在繁多的课程学习中,在目的上是分心的,在精力上是分散的。儿童的精神状态在新学科学习的过度情绪兴奋、神经紧张和旧学科学习的过度呆滞麻木、无动于衷之间快速地转换交替。

对于小学教育的混乱状况,当时流行的看法将之归结为新旧学科之间的内在冲突。认为新学科和旧学科,这两类学科在目的、结果和方法上尖锐对立,存在基本的冲突。前者主要是满足儿童当下生活的需要,要求思维的运用,为儿童提供直接经验,对儿童而言,它们是愉悦的。后者主要是知识的形式和符号,它们是进一步获取知识的工具,不要求思维和教学,而是通过机械训练和长期反复的练习获得,对儿童而言,它们是痛苦的。这种错误认识将美国小学教育引入无休止的指责与反指责之中,如同没有根的浮萍,摇摆不定。

一旦遇上财政紧缩和学校经费紧张,保守派便开始将谴责的矛头指向新学科。批评小学教育改革走得太快、太远,抱怨新学科的引入导致3R学习效率低下,缺乏严格的思维训练。儿童不如从前那样会写、会读、会快速和准确地计算,小学学习没打好基础,没有掌握必需的学习工具,以至于到初中、高中,跟不上学习进度。于是,学校董事惊慌了,报纸开始大肆渲染,各种大大小小的报告和法令开始出台,要求小学增加更多的识字、拼写和计算方面的训练,减少新学科的学习。

①滕大春.美国教育史(第2版)[M].北京:人民教育出版社,2001:353.

或许就在下一年或下一个月，一些人看到其他的县镇将新学科引入课程，唯恐落后时代，落伍于其他县镇，新闻媒体便见风使舵、竭力附和渲染。社会舆论和压力使得学校董事和管理者又变得紧张不安，大大小小的报纸以各种专栏的形式连篇累牍地报道，于是，学校董事会决定从某学期起开始增设新的学科，如自然研究、绘画、手工训练、音乐等科目。至此，每一个人都欢天喜地，除了负担过重、精力分散的教师。

对于扑朔迷离的美国小学教育状况，杜威一针见血地指出，小学教育的冲突、混乱和妥协，不是新学科与旧学科的内在对立，而是新的目的与旧的手段之间的冲突。旧瓶装新酒，不仅导致新学科没有发挥自身的优势，而且使旧学科的学习效果因为引入分心的材料而降低。换句话说，新学科学习的效果差不是由于新学科本身的原因，而是由于我们没有为它们的优势发挥提供应有的条件。新学科本身并没有非凡的魔力能够一跃而出，直接进入到学生的头脑中，相反，它们的效果被起源和适用于传统教育目的的全科教学所阻碍。

三、小学全科教学在美国：成因

自美国建国以来，以3R为目的的小学教育已经形成了一套与之相适应的学校管理和教学制度。社会的发展促使小学教育的目的发生改变，从3R谋生技能的掌握转化到每一个儿童的全面发展。尽管教育目的发生了改变，学校却并没有为新的教育目的提供新的手段，反而延续了传统的小学全科教学习惯。杜威认为，这与一种错误的教育观念有关。通常，我们往往认为一个教师教所有学科或一个教师教一个学科等学校组织和管理问题无关紧要，仅仅是实践的方便，与教育目的的实现不相关。忘记了恰恰是它们真正控制着整个学校系统，甚至是课堂教学。[①]事实上，无论官方理论和目的是什么，无论学校董事或领导制定和颁布什么样的教学计划，最终都必须落实到师生之间的面对面的交往之中，而在

①Dewey，J. The Educational Situation [M].Chicago: the University of Chicago Press.1902：23.

现实上控制师生交往的因素恰恰正是那些学校组织和管理制度，包括教师的任用和配置制度。正是在这个意义上，杜威断言，忽略学校的组织和管理制度而讨论教师的教和学生的学，是无知和自欺。当前在实践上制约着师生之间和生生之间交往的学校组织和管理制度——全科教学，它是传统教育的遗留物，其作用在于实现3R的教育目的而非新学科的教育目的，小学全科教学的优势只有在将它用于达成3R教育目的时才能确保。目的与手段的矛盾，使得我们既没有得到旧学科的好处，又没有获得新学科的优势。[①]

它是无用的，将新的学科引入到课程中而又不考虑教师的能力。学习过程必须经由教师而通达学生。学生能够获得什么依赖于教师的认识和理解。只有通过教师，课程材料所包含的价值才能传递给儿童，教师对课程材料的理解是透彻的、深刻的，那么儿童的理解才可能是透彻的、深刻的，教师的理解是表面的和外在的，那么儿童的理解也只可能是有限的和狭隘的。它表明，教师教和学生学的成功依赖于教师具备相应的能力。[②]因此，不考虑教师是否对历史、地理、音乐、绘画、手工和自然研究的价值具备个人的理解和情感，而仅仅将它们安排在课程表中，终究事与愿违。仅仅出台法令，规定某城市的小学某年级从某学期开始开设科学课程，只会带来混乱和分心，仅仅是将负担过重和糊涂的教师强加给负担过重和糊涂的学生。这种做法是滑稽的甚至是可悲的，认为音乐、绘画、自然研究等学科的学习仅仅就是学校主管部门制定法令规定儿童每天必须有几个小时的学习时间，必须完成规定的教材内容，掌握特定的书本知识，完成指定的练习。事实上，这些学科本身并没有魔力直接从书本知识转化成儿童的能力，如果教师对这些学科没有相应的价值标准，没有个人的热爱，没有正确的教学观念和方法去帮助儿童获得相应的智力和情感态度，那么，可以肯定的是，这些学科将一如既往地充当娱乐、消遣、炫耀的工具或沦为技巧训练。[③]

---

①Dewey, J. The Educational Situation [M].Chicago: the University of Chicago Press.1902:23-24.

②Dewey, J. The Educational Situation [M].Chicago: the University of Chicago Press.1902:33-34.

③Dewey, J. The Educational Situation [M].Chicago: the University of Chicago Press.1902:35.

因此,真正的冲突不是在学科之间——代表智力生活符号和工具的旧学科与代表儿童兴趣和个性发展的新学科,而是我们承认的目的与我们为之所提供的手段之间的矛盾。小学教育的混乱来自目的与手段之间的冲突。将新酒装入旧瓶,试图将旧的手段强加到新的目的上,新的目的自然不能实现。认为在新的教育目的下,小学全科教学仍然能够有效,这是自欺欺人。教育目的与手段的冲突,不仅导致旧学科的学习效率低下,也导致新学科的学习效果不佳。在没能为这些新学科提供相应条件的情况下,抽象地讨论某一新学科具备还是不具备这种或那种价值,是荒唐的。如果说,旧瓶不能装新酒,我们既不能责怪瓶子也不能责怪酒,而是从一开始就不应该将两者机械地、外在地结合在一起。[①]

四、小学全科教学在美国:本质

如上所述,小学全科教学作为传统教育的遗留物,已经不能适应新的教育目的,却依然存在于今天的美国小学教育中,这既有深刻的文化原因,也有政治、经济方面的原因。

正如杜威所正确认识到的那样,保守主义仍然在那儿。不仅在学校教师中,在教育管理部门中,还在家长的心里和头脑中,它仍然控制着社会的智力和伦理标准与期望。[②]一方面新的目的已经建立,另一方面旧的手段仍然存在。我们满心欢喜地接受了现在,却又割舍不下过去,顽固地抱住过时的东西不放,开历史的倒车。学校与整个当代社会生活紧密相关。我们必须认识到小学全科教学是一个更大的生活统一和社会统一的问题。政治、商业和科学,生活的每一个方面都要求统一、组织与和谐。处境不是来自旧教育与新教育的冲突,没有什么新教育和旧教育,有的仅仅是一些重要的社会趋势。这些趋势理应统一起来,共同服务于社会进步。因为缺少统一,缺少统一赖以建立的思想基础,它们变得分离和散乱,仅仅是机械结合和非理性折中。换句话说,我们希望达到的目的和我们实

①Dewey, J. The Educational Situation [M].Chicago: the University of Chicago Press.1902:43.

②Dewey, J. The Educational Situation [M].Chicago: the University of Chicago Press.1902:12.

际上做的事情，是两码事。我们想的是一套，而我们做的却是另一套。说一套，做一套，这种理智的缺陷是美国文化的真正敌人。[①]教育是更大的社会生活的一部分，它共享了这种社会混乱状况。查里·西伯曼(Silberman，C.)在不同场合对美国学校教育的表里不一进行了痛心疾首的控诉："学校的教育目的(学校声称的)和学校提供的实际教学之间有着明显的差距。"[②]古德莱德(Goodlad，J.I.)也强烈谴责美国社会容忍那种说一套而做另一套的现实："教育目的奢谈培养个人的灵活性、独立思维和创造力，而学校的实践却是另一回事。这就揭示出极大的虚伪。"[③]

时至今日，"美国学校的保守性依旧存在"[④]。现实的控制力量主要来自传统和习惯。传统和习惯延续和强化了产生它的旧的条件和环境。"有一件事是确定的，传统构成我们的大众思维，它们是社会的智力胶合剂。"[⑤]因此，挑战教育传统、改变学校习惯，阻力重重。全科教学已经成了美国小学教育的一项基本传统，而传统的东西一般是很难改变的。学校如同其他社会机构一样，一旦某种做法成为习惯，就会产生惯性和惰性，人们不是尽力去改进它而是千方百计地去维护它、延续它。杜威举例说，比如，我们经常佩戴的项链，哪天没戴，若有所失，很是不自在，更何况是存在时间长达两百年的全科教学传统，想要改变，何其容易，因为人们会以各种理由和手段极力捍卫。

然而，事情并没有这么简单。在美国，脱离开政治和经济因素来讨论教育问题，是虚伪和自欺。教育改革是社会改革的一部分。[⑥]教育的混乱反映的恰恰是社会生活的混乱。将教育的混乱归结为习惯和传统，只看到问题的表面，而看不

---

①Dewey，J. American Education and Culture[M]//Archambault，R.D. John Dewey on Education. Chicago: the University of Chicago Press，1974：290.

②[美]古德莱德.一个称作学校的地方[M].苏智欣，等译.上海：华东师范大学出版社，2006：2.

③[美]古德莱德.一个称作学校的地方[M].苏智欣，等译.上海：华东师范大学出版社，2006：3.

④[美]劳伦斯·A.克雷明.美国教育史3 城市化时期的历程1876—1980[M].朱旭东，等译.北京：北京师范大学出版社，2002：722.

⑤Dewey，J. The Economic Situation: A Challenge to Education[A]. Boydston，J.A. The Collected Works of John Dewey: Volume 6:1931-1932[C]. The Board of Trustees: Southern Illinois University Press.1985.128.

⑥Dewey，J. The Educational Situation [M].Chicago: the University of Chicago Press.1902：12.

到实质，只看到结果，而看不到原因。从本质上看，全科教学问题，教师的选拔、任用和配置问题，不仅是一个教育问题、文化问题，更是一个政治和经济问题。在美国，任何学校改革计划都必须考虑到商业和政治改革的需要。如果认为在政治和经济势力的阻碍下教育方面的任何大的决定性改革能够发生，就太天真了。[①]纵使我们可以培养出合格的教师，却不能在实践上为每一个教室配备合适的教师。只要教师的配置和任用被操纵在个人阴谋和政治交易之中，一些个人或利益集团企图通过操纵捐赠而获得学区控制权，那么，再美好的教师培养计划都将不起作用。出版公司不仅仅对教材、仪器和课程内容产生影响，而且直接对课堂教学过程产生影响。新学科的引入，是因为一些出版商，恰好有一些书需要出售。早已过时的学科完全应该退出学校，却仍然保留在课程表中，就是因为一些既得利益集团在背后操纵。[②]换句话说，学校教育的运作，包括教材选择和教师任用、配置等的控制权在学校系统之外的一些人的手中，他们没有任何教育知识，教育决策的制定由非教育性动机驱动。[③]讨论新学科的价值时，如果认为它纯粹是抽象的智力问题，这种讨论是有用的，但是，应该认识到新学科的教学问题不仅是一个学校组织和管理的问题，更是一个经济和政治的问题。

与其他社会机构相比，学校表现出最明显的与时俱进的特征，它也是最介于过去与现在之间的社会机构。因此，学校需要处理好过去与现在的关系。在一个进步的社会，学校能够改进传统习惯以实现现在的目的，在这个时候，我们可以说，它的目的和手段是统一的。而在一个保守的社会，学校在接受现在的目的的同时，却在延续过去的、过时的传统和习惯，在这个时候，我们可以说，它的目的和手段是对立的。小学全科教学在美国恰恰是后一种处境的真实写照。如上所述，在美国建国初期，社会处在传统农业社会中，家庭是生产和教育的主要场所，儿童通过学徒式亲身参与的方式获得智力和伦理教化，学校主要专注于知识

①Dewey，J. The Educational Situation [M].Chicago: the University of Chicago Press.1902：38.

②Dewey，J. The Educational Situation [M].Chicago: the University of Chicago Press.1902：38.

③Dewey，J. Democracy in Education[A]. Boydston，J.A. The Collected Works of John Dewey: Volume 6:1903-1906[C].Carbondale and Edwardsville: Southern Illinois University Press.1977.231.

符号的学习(3R),此时,小学推行全科教学有其合理性和必要性。然而,随着美国从农业社会快速发展到工业社会,工业大生产代替家庭和邻里小作坊成为生产单位,家庭作为教育单位不复存在,加上,民主运动和新的教育思潮的兴起,学校教育逐渐地扩大自身的目的,旨在促进每一个儿童的全面发展而非仅仅提供一些基本的谋生手段,如读书识字和简单算术技能,尽管教育目的发生了改变,由于政治、经济和文化方面的原因,全科教学仍然保留在美国小学教育中。旧瓶装新酒,美国教育中目的与手段之间的冲突,不仅导致传统3R的学习效率低下,而且导致如历史、地理、音乐、绘画、自然研究和手工等新学科沦为花边和装饰,不能发挥自身的优势,美国教育陷入混乱之中,在进步本能和习惯惰性之间摇摆不定。美国的历史和经验深刻表明,小学全科教学作为一种传统教育的遗留物,已经过时了。在社会和学校环境发生深刻变化的条件下仍然希望全科教学能够一如既往地有效,是不理智的。

第四节　专家教学应该在农村学校推行

在农村小学到底应该推行全科教学还是分科教学,是当前我国教育理论和实践界争论的热点课题。事实上,早在120多年前,美国就上演了一场轰轰烈烈的全科与分科之争。杜威实验学校历时八年,经过全科教学、分科教学和专家教学三个实验阶段,以铁的事实证明:全科教学只是在转移问题,而非解决问题;分科教学可能提供技巧,而不是教育;专家教学,超越了全科教学和分科教学。不仅如此,杜威实验学校还通过实践表明,小学专家教学的有效实行需要具备一系列的保障条件。尽管由于学校管理、经济和政治方面的原因,美国没能全面推行专家教学,但是,一直在朝着这个正确方向前进。无独有偶,联合国在《教育——财富蕴藏其中》中也明确指出,应通过开设尽可能多种多样的学科、活动或艺术的入门课程,并由那些既能表现出自己的热情又能阐明自己的生活选择的专家担任这些课程的主讲人，来努力提高独创性。[①]

很多人都说，全科教学属于新鲜事物，没有相关的理论和先例可循，事实上，这种说法不属实。早在120多年前，美国就进行了有关全科教学的历时八年的重要实验。1896—1904年，美国著名哲学家、心理学家和教育学家杜威在芝加哥大学创办了一所闻名于世的实验学校。此后的八年间，通过这个实验学校，杜威和他的同事不仅对当时一些流行的教育理念和实践进行了批判，也对一些新的教育理论和实践进行了实践检验，其中就包括全科教学和分科教学的实验，并最终提出了小学专家教学的结论。当然，如同所有生物、物理和化学实验一样，杜威实验学校也经历了一个不断尝试和探究的过程，经历了最初两年的全科教学实验，到后来的分科教学，最终杜威和他的同事选择了专家教学，并将专家教学作为实验学校的基本原则，一直坚持到学校被关闭。杜威的实验学校，经过八年的实验，以铁的事实向我们证明：必须超越全科教学和分科教学，小学教育需要专家教学。通过八年的实验，杜威实验学校不仅给我们贡献了小学专家教学的结论，而且向我们指出了推行专家教学的一系列保障条件，甚至还天才般地预测到专家教学不可能在美国推行并分析了其中的政治和经济原因。我们相信，有了杜威实验学校历时八年的先期实验，我们不仅可以从根本上解决我国当下农村教育的全科与分科争论，还可以少走弯路，避免重复实验，让我们在通向小学专家教学的道路上更自信、更坚定。

一、专家教学实验的背景

杜威实验学校是杜威个人经验发展的自然结果，但它更是当时特定历史和社会背景下的必然产物。美国自小学教育产生以来，一直都实行所谓的全科教学。一则是因为师资匮乏，二则是因为美国传统小学教育，教学内容比较简单，主要包括3R，其目的是为社会下层子女提供简单的技能训练，帮助他们获得基

①联合国教科文组织.教育——财富蕴藏其中[M].联合国教科文组织总部中文科，译.北京：教育科学出版社，1996：43.

本的谋生手段。然而,历史进入到18世纪后期,随着民主运动的高涨,民主的要求被扩大,不仅要求政治平等,还要求智力和伦理发展的机会平等。受其影响,小学教育被认为不仅仅是要为儿童提供谋生手段,更重要的任务在于训练儿童的心智,促进儿童的全面发展。在小学教育民主化运动过程中,有两个重要人物不得不提到,一个是卢梭,一个是贺拉斯·曼(Mann,H.)。卢梭主张,改革小学教育,顺应儿童天性,促进所有儿童的全面发展,而非仅仅给那些劳动阶段的子女提供狭隘的谋生手段。贺拉斯·曼,众所周知,是美国教育民主运动的先锋,他呼吁由国家办教育,普及小学教育,重组小学教育,使它为儿童的最大发展服务。与此同时,杜威及其所提出的新教育理论也在激烈地抨击传统美国小学教育视野狭窄、材料贫乏,以教材和教师为中心,不适应儿童的兴趣和需要,没能为他们思维的发展提供丰富的养料,仅仅注重知识的积累和机械技能的操练,同时他主张应该以儿童的兴趣为中心,在小学教育领域来一次哥白尼式的革命。随着时间的推移,新教育越来越被更多的人所接受,并逐渐影响到学校教育实践,手工、科学、历史、地理、音乐、体育、绘画科目等都纷纷以学科的形式进入到小学课程表中。

然而,正如杜威所正确指出的那样,旧教育和新教育仅仅是折中式的妥协,并未有机地整合起来。旧瓶装新酒,旧教育仍然固守机械的、死板的3R训练,而新教育尽管出现在课程表上,却仅仅是花边和装饰,成为消遣和娱乐的工具,仍然服务于旧教育的目的。换句话说,在当时,尽管新、旧教育同时存在于小学教育中,却各自为政、各行其是,目的和方法分散,课程变得越来越拥挤、臃肿,学生的负担越来越重,教学变得越来越死板、机械。各种权威调查显示,学生既没有获得旧教育的优势,又失去了新教育的好处,儿童的情绪处于极端兴奋、刺激和极端呆滞、麻木状态,学校学习并没有对儿童的品行造成影响。也就是说,学校教育是无效的,甚至是负效的,既造成了学生心不在焉和负担过重,又造成了教师负担过重和精神涣散。

鉴于此，革新派呼吁，小学应该向高中学习，实行分科教学，由不同的教师分别教不同的学科，确保手工、科学、历史和艺术等新学科发挥应有的作用。而保守派坚持认为，小学应该继续实行全科教学，由一名教师教所有的学科，它能够更好地实现学科整合，解决课程臃肿问题。就这样，一场有关小学分科与全科的争论开始上演在各大报纸和杂志上。

二、专家教学实验的过程

在这样一种特定的历史背景下，在解决全科与分科分歧上，杜威实验学校被赋予了不可推卸的历史责任和使命。换句话说，杜威和他的同事正是希望通过实验最终平息这场分科和全科大讨论，这是开办实验学校的初心之一。既然是实验，许多因素就不能提前预见，不能事先考虑到理论中，其中就包括专家教学的提出。在实验学校开办之初，杜威和他的同事并没有现成的结论，而是经历了全科教学、分科教学和专家教学三个阶段。

1896年1月，杜威实验学校在芝加哥的一所私人公寓里诞生，仅仅有16个学生和2名负责人。在最初的两年间，实验学校一直都是实行全科教学，直到1898年10月，也就是说，在实验学校创办之后的两年又十个月之后，实验学校才开始实行分科教学。此后又经历了长时间地对分科教学的理论探究和实践改进，最后才正式提出专家教学的主张。

实验的第一个阶段，1896年1月—1898年10月，主要实行全科教学（all-around teaching）。众所周知，美国小学一直都有全科教学的传统，加上在当时教师们普遍认为全科教学可能更有利于儿童生活的完整性，因此，在创办之初，实验学校实行的是全科教学，即一名教师教所有的学科。然而，随着实验的推进，结果并不让人满意，全科教学问题重重。问题首先在科学教学中被发现。众所周知，儿童的兴趣是教师有效教学的机会和杠杆，教师的职责在于利用儿童兴趣，提供有价值的材料，引导和促进儿童兴趣朝着更有成效和价值的方向发展。

然而,杜威和他的同事发现,全科教师在这方面显得无能为力。当儿童表现出科学兴趣时,全科教师没有能力为儿童提供满足他们兴趣所需要的科学事实和原理,而是随便拿些什么去敷衍和搪塞儿童的兴趣,或者迁就、放纵兴趣,或者压抑、窒息兴趣,最终让儿童的兴趣一事无成。同样地,在儿童观察能力训练方面,全科教师也是捉襟见肘,或者让儿童没有重点地胡乱观察一通,或者漫无目的地进行官能操练。与此同时,杜威和他的同事还发现,全科教师导致儿童营养不全,在某一方面吃得过多而在另一些方面吃得过少。比如,当儿童对花和金属颜色感兴趣时,让儿童画画是好事,这是利用儿童兴趣的一种方式,但是,若全科教师停止于此,儿童可能有一些艺术发展,但他在科学方面的兴趣没有得到利用。有的全科教师可能利用儿童的兴趣,提供语言教学,进行阅读和单词拼写,此外,便不知道应该做什么了。它的后果便是,没有开发儿童的科学兴趣,没有帮助儿童形成对待自然的更理智的态度。此外,在其他学科的教学方面,全科教师的表现也不尽如人意。

由此,经过两年的实验,杜威和他的同事决定放弃全科教学。教学效果的不佳促使他们更仔细地思考教师专业化的问题。用杜威的原话来说即是:它是无用的,为儿童开设一些新学科,又不考虑相应的教师能力。为儿童开设语文、数学、英语、科学、手工等课程却又不考虑教师的兴趣和能力,这是滑稽的和可笑的。教师的教和学生的学都依赖于教师是否具备相应的能力。比如,开设科学课程,而又不考虑教师是否对科学有个人的理解和认识,这是不可能达到科学教育目的的。只要求某地区某年级的小学课程开设科学课而又不考虑教师的兴趣和能力,只会带来混乱和分心。它是滑稽的,甚至是可悲的,仅仅在课表上安排有科学课程,规定完成特定的教材内容和实验操作,知识自身不具有魔力,不可能像爱丽丝穿越镜子一样,穿过教材到达儿童的头脑中。因此,不考虑教师对科学是否有个人情感、价值标准和能力,是否有相应的方法帮助儿童获得科学的智力、情感和态度,科学的学习只会沦为混时间、感官刺激、娱乐、炫耀或技巧练习。

到1898年10月,实验学校进入到第二个阶段。学校开始向高中学习,采用分科教学(departmental teaching),教师按系组织,与大学保持一致,主要包括历史系、科学系、数学系、家政科学系、产业和手工系、艺术系、音乐系、语言系和体育系等。每一个系有系主任,由那些在社会、经验和能力方面合格的教师担任,主要负责课程开发和设计工作。然而,实验结果让杜威和他的同事认识到,高中孤立化的分科教学同样是不可取的。分科教学的结果是儿童经验的完整性被不同分科教师的喜好和专长所破坏,每一个教师独立完成自身教学而不考虑其他教师的工作,犹如工厂流水线上的工人,按时间上班,按钟点拿钱。

因此,实验学校进入到第三个阶段,在这个阶段,专家教学(expert teaching)的概念和原则被正式确立。为了避免第一、二阶段的不良后果,从一个极端走向另一个极端,杜威和他的同事深刻反思后认识到,问题不是全科或分科而是专家教学。首先,当手工、艺术、科学、文学被引入到小学课程后,在生理上和能力上不可能有所谓的全科教师,一个人不可能在所有学科领域都具备充分的知识和能力,在某些学科方面,肤浅的教学是必然的结果。与此同时,儿童在没有专家思维模式可供模仿的情况下,必然获得散漫和马虎的工作习惯和思维方法。其次,分科教学的各行其是,肯定是以牺牲儿童经验和思维的完整性为代价的。分科教学所导致的不恰当的孤立,恰恰是缺乏合作的结果,学校的合作精神能够成功避免分科教学在材料和方法上狭隘和孤立的危险。当不同的学科由共同的理念和原则所控制时,统一化的目的和方法就能够被确保。实验表明,在充分交流和合作的基础上,不同学科由那些在倾向、兴趣和能力方面合格的专家去教,教师和学生的全面发展才能够得以实现。至此,杜威实验学校真正确立了专家教学的指导原则,一直到学校关闭,从未改变过。

三、专家教学实验的结论

由上可知,杜威实验学校专家教学的提出并非一帆风顺,而是经历了不断探究和检验的过程。历时八年的实验，成功和失败、批判与反批判，都为我们解决今天的全科和分科争论提供了充分的事实根据，也使我们更深入、全面地认识了专家教师。旧瓶不能装新酒。杜威实验学校的经验表明，要有效地推行专家教学需要具备一系列保障条件。

第一，专家教学成功主要得益于教师间的亲密合作和充分交流。学校作为一个社会组织，应该像一个理想的家庭。在杜威实验学校，教师间的交流和合作无处不在，放学后、在校园内，甚至是在吃饭之时，随时随地都是教师间交流和交换经验的机会和场所，交流的内容无一不与学生有关，包括同一名教师到不同班级教学时的学生反应和不同教师到同一班级教学时的学生反应。正是这种自由讨论，促进了每一位教师不断地学习，加深对儿童和课程的理解，持续开发和创新教学材料和方法。因为合作有了智力的性质，在经验和观念的交换中有充分的智力内容在其中，如此一来，那些没有能力的教师将被及时发现和劝退。此外，为了增进交流与合作，杜威实验学校还规定，每名教师每天至少保证20—30分钟的时间到其他教师的班级和教室参观、访问。在实践上，为了确保专家教师之间工作的统一和协调，学校还安排有专门的教师每周至少8小时负责每一名儿童教育方案的整合和身体发育状况的调查。

在实验学校的管理上，合作和交流代替了传统的教学监督、检查和对教师的等级划分及评估。除了专门负责课程的副校长、系主任和专家教师之外，还有经过专门培训的调查员，每周以书面的形式在正式和非正式教师研讨会上报告实验某一理论假设的效果，而来自每一位教师在每天实际接触不同年龄儿童过程中获得的信息将进一步补充和修正初期的理论假设。所有这些材料，一方面成为教师们正式和非正式交流过程中的资料，另一方面又成为师范大学教育理论问题研究的原始材料，变成系统的教育科学临床档案。

第二，专家教学需要相应的课程设置和教学管理方面的改革。如果教育是生活，所有的生活从一开始就有科学的、艺术的、地理的、历史的和语言的方面。

学习的过程不是序列化的,而是新态度、新兴趣在经验中的发展。因此,杜威实验学校用以主题为中心的教学代替了传统的以教材为中心的教学,主题涉及科学、艺术、地理、历史和语言等丰富内容,充分满足了儿童多方面兴趣和经验发展的需要。这就是说,在课程设置上,一、二年级仅仅让儿童学习阅读、写作和算术,到三年级,才为他们开设科学、历史、地理等学科,这种做法是不正确的,与儿童经验的整体性相违背。

与此同时,为了适应主题教学,在杜威实验学校的教务管理上,教学时间的安排不是按照固定的课时,而是分为春夏秋冬四个季度,允许充分的灵活性和弹性。换句话说,教学主题应该周期性集中和变换,不是所有主题同时并进,有时一个必须到前台,其他到后台,直到儿童认识到他有能力或技能能够独立前进和运用。这就意味着,一些主题可能会持续一年或者更长时间,而另一些主题可能只需要几个星期的时间,这全由儿童兴趣和能力发展的需要所决定。而传统的小学课时安排,45分钟一节课,死板、机械,教师的教学受固定的课时所限,导致每一堂课的课程内容过于琐碎,匆匆忙忙开始,马马虎虎结束,浮光掠影,不容许儿童把活动或问题彻底展开,探本求源,也不容许把一项活动引导、迁移、扩展到另一项活动。而做不到这一点,就不能保证儿童经验的连续性和整体性,能力和思维的发展也就成为一句空话,反而容易养成学生草率、注意力分散和不负责任的习惯。

第三,专家教学需要小的班级规模。在杜威实验学校,即使在学生人数最多的时期也是小班化教学:学生140人,23个教师和教员,外加10个来自芝加哥大学的研究生助手。在经费最紧张的时期,芝加哥大学校长哈珀(Harper,W.R.)曾建议杜威增加班级规模和提高学费,杜威再三思量,同意了后者而坚定地拒绝了前者。因为在杜威看来,小班是保障专家教学效果的首要前提,否则,因材施教和儿童个性发展都将是奢谈和空想。

第四,专家教师应该拥有充分的专业自主权,在教学材料和方法的选择和组织上拥有充分的自由。高等教育不可能真正“高等”,直到小学教师在选择和组织教学材料和方法上拥有同样的权力和能力,如同大学教师一样。智力自由和合作的精神一直被大学教师所独占,小学教师在教学材料和方法的选择方面缺少专业自主权。通常由教育局和学校领导通过外在的方式强行要求教师在某个学期、某个月、某一周必须完成特定的教学任务,甚至将教学任务精确规定到教材的具体页码,要求教师按食谱做菜。实验发现,一旦教师在专业工作中没有明确的发言权,那么,他的目的和兴趣将会放在如何完成上级规定的任务上而非研究教育过程中更为重要的问题——哪些教学材料具有内在价值,哪些教学方法能够满足不同儿童的兴趣和需要。一旦教师将注意力放到了完成任务的效果上,必然的后果就是牺牲儿童智力和道德发展。因此,在杜威实验学校,专家教师在材料和方法的选择和开发上拥有最大的专业自主权和最大的自由。

第五,专家教学的成功是大学和小学合作努力的结果。教育都是一样的,不存在高等与低等的区别,仅仅都是教育。人类智力和知识的发展是需要合作的事情,大学与小学应该保持自由而又全面的合作。因此,杜威实验学校除了与芝加哥大学教育学院有密切合作外,还获得了大学其他院系的多方面支持。比如,为实验学校的学科教学提供专业建议,开放实验室和其他资源供实验学校师生使用,同时,大学教授也积极参与实验学校相关主题的教学,为儿童讲解自己的研究领域和最新成果。

四、专家教学在美国的处境

至此,很多人都会发出这样的疑惑:既然美国早在120多年前就已经进行了为期八年的专家教学实验,那为什么美国没有推行专家教学?对于这个问题,杜威在一次关于小学教育的演讲中做了专门的回答:美国不推行专家教学的原因很多,一言难尽,但至少我们应该注意到,它不仅仅是一个教育问题,更是一个政治和经济的问题。从教育本身来看,专家教学要挑战教育传统、改变学校习惯,阻力重重。首先,全科教学一直都是美国小学教育的传统,而传统的东西一般是很难改变的。学校如同其他社会机构一样,一旦某种做法成为习惯,就会产生惯性和惰性,人们不是尽力去改进它而是千方百计地去维护它。其次,美国不推行专家教学有经济和师资方面的考虑。众所周知,师资匮乏一直是美国教育的一大难题。推行专家教学,势必会进一步加剧问题的严重性。比起专家教学,全科教学更节约师资,更节约经费开支。再次,另一个阻力来自学校管理层面,一旦实行专家教学,现行的一整套与传统教育相适应的学校行政管理和教务管理系统都必须得改变。正如杜威所正确认识到的那样,那些教育管理人员,整天忙于日常例行的公事,将大部分精力用于制定规则、章程和撰写报告,已经失去智力的活力。然而,现实是,学校管理和运作机制却极大地影响到学科教学的效果。仅仅抽象地讨论这个或那个学科是否有价值,而不考虑学校管理和运作机制的制约因素,是错误的。事实上,科学、手工和艺术等新学科本身并没有魔力直接转化成儿童的能力,它们的实施效果往往受传统学校管理和运作机制的阻碍。因此,真正的冲突不是学科之间——代表传统的读写算的符号工具和代表个人发展的儿童兴趣的矛盾,而是我们承认的目的和我们实现这些目的所使用的手段之间的矛盾。

在美国,任何学校改革计划都必须考虑到商业和政治改革的需要。如果认为在政治和经济势力的阻碍下教育方面的任何大的决定性改革能够发生,就太天真了。只要教师的配置和任用被操纵在个人阴谋和政治交易之中,一些个人或集团企图通过操纵捐赠而获得学区控制权,那么,专家教学便不能实现。出版公司不仅仅对教材、仪器和课程内容产生影响,而且直接对教学过程产生影响。新学科的引入,是因为一些出版商,恰好有一些书需要出售。已经过时的学科完全应该退出学校,却仍然保留在课程表中,就是因为一些既得利益集团在背后操纵。讨论老教育和新教育的相对价值时,如果认为它纯粹是抽象的智力问题,这种讨论是有用的,但是,我们应该认识到学科教学问题不仅仅是知识组织的问题,更是经济和政治的问题。

今天,很多人之所以提倡全科教学,其主要的理由是美国在推行全科教学。事实上,只要稍稍了解美国教育的人都知道,全科教学仅仅在一些比较贫穷的学区比较流行,而那些富人比较集中的学区和私立学校,大部分都是实行专家教学。因为美国学校的经费主要由房产税构成,在贫穷学区,全科教学主要是出于节约经费和节省师资的考虑。事实上,真正了解美国小学教育的人都知道,美国的全科教学与我们所定义的一个教师教所有学科的全科教学有着本质区别。

有小孩在美国上过学的人都知道,在美国小学,负责一个班级的教师远远不止一个,除去负责儿童日常学习和生活的辅导教师、生活教师和教学助手之外,还有一大批成人在课内和课外围着儿童转,支持他们的学习。比如:在学习恐龙主题时,小学会从大学请来古生物学家专门为儿童进行专业讲授,和儿童一道深入分析恐龙灭绝的原因;学习植物种植主题时,小学会从大学请来植物学家与儿童一道进行有趣的植物学实验;学习手工时,小学会从社区请来专门的技师与儿童一道学习陶器的烧制;学习光电主题时,小学会带领儿童到科技馆,请相关专家进行专业讲解和实验;学习交通工具主题时,小学会带领儿童到产业博物馆,请历史学家为儿童讲解交通工具的演化历程;学习生物进化主题时,小学会带领儿童到动物园和自然博物馆,请生物学家和历史学家现场为儿童讲解动物进化历程;学习诗歌主题时,小学会带领儿童到图书馆,请专业研究者为儿童讲解诗歌在人类生活中的价值和意义;等等。此外,美国小学每个新学期都要给儿童重新分班,以及推行跳级串班、跑班制和选课制等配套制度,这些都旨在弥补全科教学的不足。透过这些做法,我们至少了解到,美国已经努力地在朝着专家教学的方向发展,而非如一些人表面看到的那样,由一名教师全部包干所有学科的教学工作,不切实际地让外行冒充专家,勉为其难、不懂装懂。尽管发展速度很慢,历时120余年,至今美国小学还是没能真正实现专家教学,但毕竟,他们一直在朝着这个正确方向前进。

总之，亦步亦趋地跟在美国后面走，是不对的，只能模仿到他们的那些已经过时的东西。美国正在从全科教学向专家教学转型，必须要认清这个现实。要走在世界教育前列，我们必须要有前瞻性思维，看到未来小学教育发展方向。美国人认为，最终阻碍专家教学成为现实的真正原因是美国人缺少意志和决心。我们相信，在中国，专家教学一定能枝繁叶茂、开花结果，从而为世界小学教育朝着专家教学方向发展提供关键性引领。

第五节　农村学校小班化教育的方兴未艾

近年来，随着出生人口的减少，以及农民工子女向城市的流入，农村学校，特别是布局调整之后保留的西部农村教学点，逐步呈现出班级人数不足20人的自然小班化倾向。从农村现实来看，尽管放开了二胎的生育，然而，农村班级小班化的趋势仍然愈演愈烈。加上农村教学点的恢复和重建，越来越多的农村班级人数少于30人，一些教学点的班级人数甚至低于10人。由此可知，小班化已经成为农村教育的必然走向。然而，调查发现，农村自然小班，并不等于“小班化教学”。它在学校建设、班级管理和课堂教学等方面与大班没有实质性区别。因此，推行小班化教育，让每一个农村教师都具备相应的小班能力，具有必要性和紧迫性。并且从社会、经济和教育发展趋势来看，农村小班化教育，应天时而顺民意，直接关系到广大农民的切身利益，具有基础性、先导性和全局性的重要地位。

一、农村小班化教育的内涵和意义

农村小班化教育，指的是在班级人数较少的农村学校实施的一种教育，它旨在帮助每一个学生个性化发展，形成社会生活所必需的独立判断能力、分析能力、解决问题的能力、反思能力和终身学习的能力，充分满足每一个儿童的多种需要。这包括四层含义：

首先，农村小班化教育发生的背景是农村，与城市小班化教育相区别。教育的起点是学生已有的知识和经验，农村学生的已有知识和经验明显不同于城市学校，这就造成了农村教育与城市教育的起点的不同。任何教育都发生于特定环境中，环境影响着教育的效果。农村学生的生活环境是农村，他们所熟悉的事情和活动是围绕农村生活展开的，而城市学生生活的环境是城市，他们所熟悉的事情和活动是围绕城市生活展开的。很明显，农村生活所见、所闻和所感不同于城市生活的所见、所闻和所感，因此，农村小班化教育在目的、课程、资源和教学方面都应该有别于城市小班化教育。

其次，农村小班化教育的目的在于帮助每一个学生个性化发展。它不是要从外部强行地将教学统一化、标准化，不是把所有的学生都当作流水线上的机器零件，而是看作一个个活生生的有着不同的知识经验、能力、种族、民族和文化背景的人。这就好比人体所需要的营养，传统教育往往无视每一个人所需要的营养的种类和数量的不同，从外部统一规定所有学生所需营养的种类和数量，从而造成一部分学生营养过剩，一些学生营养缺乏。而农村小班化教育就是在对每一个学生所需要的营养进行测量和确定之后，制定个别化的营养方案。根据每一个学生的学习起点、学习背景和学习风格的不同，制定有针对性的教学计划。国内外众多实验研究和理论研究都已经表明，班级规模影响教学效果，小班化教育有利于学生的个性化发展。班级人数“多一个，少一个，没什么关系”的想法和做法是有问题的。

再次，农村小班化教育的结果在于帮助每一个学生形成社会生活所必需的能力。而非像一些所谓的“软教育”主张的那样，让学生在体验到一些无目的的感官刺激之后，什么都没有学到。人既是个体的人，也是社会的人。个性发展与社会能力的形成并不对立，缺少社会能力的个性必然不能适应社会，与社会格格不入。

最后,农村小班化教育是一种教育形态,而不是某种特殊的教学组织形式或教学策略和方法,它涉及教育目的、教学、课程、学生、评价等教育要素的重新理解和改革。

这种对农村小班化教育的概念认识与当前流行的对农村小班化教育的三种误解有着本质区别:

一是认为班级人数减少了就是小班化教育,而不考虑其他教育要素的相应改革。应该认识到,班级人数的减少仅仅是小班化教育的条件之一,更重要的是教师如何教、学生如何学,学生从中获得了哪些有价值的东西。

二是认为农村小班化教育与城市小班化教育相同,在教育教学过程中没有什么特殊的考虑或要求,导致农村小班化教育的"农村"特色严重欠缺。

三是认为与城市小班化教育的精致化的高要求不同,农村小班化教育就是要给农村孩子降低期望,降低要求,放任自流。从上面的概念分析中可知,这种看法和做法是有问题的。农村小班化教育绝不是要放弃农村孩子,而是要用与城市孩子同样高的要求和标准去要求农村孩子,甚至是更高的要求,帮助他们修补社会生活环境的不利带来的种种弊病。在教育公平和教育均衡的视野下,农村孩子和城市孩子一样,都需要生活,毕业后都需要参加同样的社会竞争,都面临着全球化市场的考验。因此,他们也同样需要形成社会生活所必需的能力,包括独立判断能力、分析能力、解决问题的能力、反思能力和终身学习的能力。

从本质上看,农村小班化教育和城市小班化教育,在具体的教育教学过程中,对教师的特殊要求有所不同。一方面,教育对象不同。农村小班化教育的对象是农村孩子,农村孩子生活在农村,进入学校之前已经积累了一大堆对世界、对人、对自己、对物的前认识和前观念,它们可能有利于系统化的学科学习,也可能对学科学习造成阻碍。当代学习研究表明,如若这些来自学生心灵深处的前认识和前观念得不到显性化和反思批判以及矫正,那么,任何新知识和新经验的获得都将不可能。再或者就是将新认识没有任何有机联系地叠加到已有的前认识和前观念基础之上，造成头脑的不灵活，甚至形成心理和思想畸形发展的“双面人格”。然而，无论如何，学生的这些已有认识和观念是农村小班化教育的起点，而非那些从外部指定的由完全不了解特定班级学生特点的教材专家所编制的教材。由于每一个农村孩子的生活环境和遭遇各不相同，如何去全面了解和理解每一个学生的前认识和前观念，就给农村小班教师的有效教学带来了极大的困难和挑战。另一方面，如果教师的教学不是依照教材和教学参考书依葫芦画瓢，那么，教师要实现有效教学必然需要开发和组织相关的教育资源和活动，为学生提供具有教育意义的经验，从而支持能力和思维的发展。如上所述，这种资源和活动应该基于学生熟悉的事情和活动，在学生的已有知识和生活经验范围内，只有这样，教师的学科教学内容才能有效地附着于、扎根于学生的已有知识和经验中，并得到进一步的同化、顺应和再建构。这就是“从已知到未知”，这是一条大家耳熟能详，却屡次违背的教育原则。那么，接下来的问题就是：学生熟悉的事情和活动是什么？不同学生熟悉的事情和活动又是什么？应该开发哪些资源和活动才能更好地触及每一个学生的最近发展区（既能激发他们的思维，又不过于困难导致他们失去信心）？这些都需要农村小班化教师去了解和研究，才能为教育提供有意义的经验和支架式支持。否此，教师的教学只能流于表面化和机械化，学生的学习也只能是死气沉沉和机械呆板。正如苏联教育家阿莫纳什维利所正确断言的那样：没有哪一种教学方法，没有哪一个教师，能够在学生人数任意增加的班级里获致同样的教育效果。[①]儿童的班级不是一个公式化地对儿童施行教学和教育的大规模生产车间。在17世纪，夸美纽斯认为，同时在一个容纳300名学生的班级里进行教学是可行的。我们原谅这位天才教育家的谬论。那么，在个性张扬的今天，这种批发教育的教学法是否可以被接受呢？这值得深思。

①[苏]阿莫纳什维利．孩子们，你们好![M]．朱佩荣，译．北京：教育科学出版社，2005：32．

二、小班化教育是适应农村现实的必然举措

小班化教育是实现农村教育现代化的新平台。今天,面对世界科技飞速发展的挑战,增强民族创新能力关系着中华民族的兴衰存亡。在我国,农村人口比例很大,要从根本上解决教育面向未来的问题,必须把农村放在优先发展的位置。教育现代化是全部教育的现代化。它的最终目的在于,让广大人民群众都享受到教育发展的成果,而不仅仅是某一地区的某一部分人。全面提高农村教育的质量,缩小城乡教育水平差距,不但要使农民有均等的受教育机会,而且要使他们接受持续的、高标准的、高质量的教育。然而,在留守儿童越来越多的农村,要实现教育现代化,不应该盲目地与城市学校在校舍、装备等硬件方面比高低,而应该把当前入学人数减少、课堂空间扩大、教学时间增多、大量教育资源闲置的天然优势利用起来。加强教师培训、转变教育观念、改进教学方法、优化课程教材,从外在化、形式化的"自然小班"转换到名副其实的小班化教育。通过它去提高每个学生享受教育资源的充分程度,满足他们接受优质教育的迫切需要。

教育现代化的根本是人的现代化。而要实现人的现代化,就需要建立一种使学生主体意识焕发和个体创新能力提升的教育途径。在归根结底的意义上,教育的效益是人的质量而非经济利润。我们不能单纯地用经济学的效益观来衡量农村小班化教学,认为效益低,便代之以"撤点并校"。实践表明,"学生统统进城",这是不负责任的,只会让更多低收入群众无法享受优质教育。其实,农村学生进城未必就能保证教育质量,农村学校设在农村也未必就不能保证教学质量,关键在于选对方向。当前,农村学校一半以上的班级已经小班化,并且各方面数据显示,纵然村小教学点都"进乡""进镇",但依然阻止不了小班化趋势。而一旦将这些"小班化"了的学校撤销,好不容易取得的"普九"成果难以巩固,基础教育损失不可挽回,农民有意见。事实上,优化人的发展,让每个学生受到充分的教育,这即是在更深的意义上提高了教育效益。我们相信,小班化教育以其充分发挥多元化、个别化及适性化的教学精神和满足学生个性化学习需要的特征及优

势,正在并必将成为新时期教育现代化的重要表征。

小班化教育是达成农村教育优质化的新契机。教育优质化即是教育的全面化、充分化和个性化。优质教育本身应该是一种能够满足不同阶层、不同种类、不同个性需求的体系架构。因此,当发达地区在追求高品质教育服务的同时,也不应该忘记为农民子女提供更适合的教育关怀。优质教育是农村人民的热切期盼。随着我国经济持续、快速的健康发展,农民的生活条件有了很大的改善,新形势下老百姓对教育的需求已逐步由"有学上"转变为"上好学"。为了给孩子选择高质量、高水平的教育,近年来,陆续有不少的农村家庭舍近求远、放弃在农村中小学就读的机会,花费大量精力和财力将孩子送到城里的公立学校乃至于私立学校读书。这既造成了农村教育的不景气,也造成城市学校班级规模的极度膨胀。这一切都显示,我国的优质教育已经处在了捉襟见肘的"短缺时代"。广大人民群众对优质教育的需求与优质教育供给不足的矛盾日益尖锐、突出。而要从根本上解决此问题,关键还在于努力扩大优质教育的供给。不建设更多、更好的学校就根本无法满足广大农民对子女教育的高要求。在现代社会,教育是个人获得发展和实现自我价值的重要途径,是每个人可以不受家庭背景影响、平等享有的机会和权力。过去那种把政府主要财力投资于少数重点学校的主张和做法,已经在普及教育优质化、优质教育普及化的新型办学理念下失去了存在的根基。应该摒弃那种片面强调教育发展速度、投资力度和改革规模及数量的粗放型办学模式,重新树立起精致化、以创新精神和创造能力培养为旨归的小班化教学作为今后农村教育改革的方向。

三、小班化教育为农村教育革新开拓新思路

小班化教育是教育的自然超越,是农村趋于理性和成熟的内在呼唤。它不仅能够最大限度地保护、利用现有的农村教育资源,而且能够让教育公平和教育均衡得到稳步发展,为新时期农村教育提供了新思路。

农村小班化教育是促进教育公平的新方略。“为每个学生提供适合的教育才是最公平的教育。”[①]这是顾明远先生在2010年4月19日《中国教育报》上提出的关于教育公平的深层次阐释。它的提出，不仅仅是对教育公平的内涵拓展，更是对新形势下教育发展的方向指引。怎样理解教育公平？教育公平有入学机会的公平、教育过程的公平，而最终的公平应该是使每个儿童的潜在能力得到充分的发展，都能获得教育的成功。这意味着，以培养一般化、抽象化人才为目的的传统教育必将被以培养个体化、个性化人才为目的的现代教育所取代。战国末年的《学记》说：“君子既知教之所由兴，又知教之所由废，然后可以为人师也。”又说：“使人不由其诚，教人不尽其材。其施之也悖，其求之也佛。”它表明，教师对学生要诚心，要了解学生的学习情况，了解他们的优势和劣势，因材施教，否则就达不到育人的目的。这恰恰与以“少一倍学生、多一倍关怀”为宗旨的小班化教学追求，不谋而合。实践证明，在小班环境里，教师对学生的关注度、师生间的交流和互动，以及每一个学生受教育的均衡度和充分度都将得到成倍的增长，而这恰恰是对教育公平的最好诠释。

现如今，在众多城市学校如火如荼地实施小班化教育的时候，人们可曾想过，谁才是更需要小班化教育的群体。在美国，各州小班改革无一例外地优先指向了弱势群体。如果说教育效率更多地强调“锦上添花”，那么，教育公平则应该更多地强调“雪中送炭”。一方面农村儿童缺少良好的家庭教育，导致他们在文化知识、课外常识和视野见闻等诸方面存在不足。另一方面师资力量薄弱，让农村儿童的处境雪上加霜。很多时候一个农村教师带几个班，外加做一个班的班主任。繁重的工作任务使他们难以照顾到班里的每一个孩子。并且在客观上，许多农村教师在教育观念、学科知识、教学方法等方面不及城市教师，往往重知识传授，轻问题探究，重单向灌输和死记硬背，轻理解对话和互动合作。久而久之，学生失去学习的兴趣，走向辍学之路。调查发现，小班教师并不会因为班级人数的减少而自动改变已有的教学方式。那些被莫名“抛入”到小班课堂的农村

①顾明远.为每个学生提供最适合的教育[N].中国教育报，2010-04-19(2).

教师对于如何有效地实施小班教学表现出“迷惑不解”和“不知所措”。这就是说，自然小班的大量出现，仅仅是农村推行小班化教育的基本前提，问题的关键在于如何进行小班教师培训，更新他们的教育观念，优化他们的教学方法，提高他们的教学技能。

农村小班化教育是实现教育均衡的新出路。实现义务教育的均衡发展，关键在于优先发展农村教育。由于历史、社会和政策的原因，我国公共教育资源的配置在区域间、城乡间、学校间、社会不同群体间存在着不均衡，从而导致基础教育在数量、质量上的严重不均衡。尽管各级政府采取了各种有效措施去改进这种状况，然而，教学设施落后、优质师资匮乏、优秀生源流失的种种问题仍然束缚着农村教育的发展步伐。到目前为止，为了促进城乡教育均衡发展，以下两类政策措施被人们采用过，却最终不得不放弃。

一是撤点并校。基于“进城务工、定居的农民越来越多了，仍然维持原有的农村学校布局不合适”的认识，自2001年起，我国开始大面积实施撤点并校。近十年的结果表明，它至少在以下方面判断失误。首先，进城务工者虽然增多了，可这个“进城”却不是真正意义的进城，而是像候鸟一般漂泊在全国各地，绝大多数最后仍不得不将生活的根据地放到农村；其次，加重了农村家庭的负担，实际上是把政府下乡办教育的一部分成本转嫁给了农民；再次，孩子进城上学对家庭而言不是省事了，而是更操心了，比如安全问题以及形形色色的“城市诱惑”等。至于“农村家长欢迎进城”，这更充满了心酸。按常理来说，如果家门口有合适的优质学校，谁会愿意将孩子送到很远的地方？“欢迎”背后的事实是，农村教育水平实在太差了，农民才不得不进城。

二是教师定期轮换流动制。这正在被人们视为灵丹妙药。不可否认，它确实对改善贫困地区学校的师资状况、合理配置教师资源有一定效果。不过，这样的一时之计有如扬汤止沸，并不能从根本上改变农村教育面貌。因为在根基上它只是把教师（优质教育资源）当作纯粹的“物”，而没有把他们当作有正常情感需要的活生生的人来看待，此乃其无法克服的致命缺陷。在操作上，如何流动？是全部流动还是部分流动？流动优秀教师还是普通教师？是好学校的好教师流动到差学校去，还是差学校的差老师流动到好学校去？这一系列难题，将导致其无法遍地开花，只能无疾而终。因此，教师流动了，义务教育就实现了均衡，这种想法似乎过于幼稚。

不得不看到，在处理城乡教育均衡发展这一问题上，人们往往寄希望于通过外在的、强制性的手段去达成一种数量上的绝对均衡，不是折腾一些学生，让他们“进城”，无家可归，就是折腾一些教师，让他们“下乡”，无家可归。然而一旦我们抛弃僵化的、非此即彼的思维方式便会发现事情并非如此。本质上，真正意义上的均衡在于，每个学生都能够受到适合于他自身发展需要的教育。由是观之，当前促进城乡教育均衡发展的根本出路在于，抓住学龄人口下降的宝贵机遇，就地取材、因地制宜、因势利导，充分利用小班化教育这一平台，从根本上推进内在的、深层次的教育均衡。

四、小班化教育是农村新课改背景下实施素质教育的最佳途径

小班化教育是推进农村新课改的突破口。目前，基础教育课程改革和素质教育正处在由外延式发展向内涵式发展的阶段，在这一纵深推进过程中，农村成了难点、重点所在。因此，当下的重中之重在于，如何发挥出农村小班化教育与新课改之间的互促效应，使它的影响力不单单限于班额缩小本身，而要以小班为载体，发挥其内在潜力，优化新课改运行环境，更好地贯彻、落实素质教育新理念。应当承认，在农村，教师、学生和家长对新课改的理解和支持程度都比城市低，对新课改的适应能力也较差。尤其是撤点并校以来，生源质量下降，新课程在实施过程中遭遇到诸多新的困难。学习氛围差、学生基础差、学生自主性弱、学困生增多、教育资源贫乏等，导致新课改所倡导的探究学习、合作交流、师生互动、动手操作和研究性学习等先进的教学方式和策略很难在现有的农村课堂得

到有效的落实。在本质上，实施小班化教育，体现了以学生个体为本的教育理念，这与新课程所倡导的核心精神相一致、相吻合。在实际效果上，两者的“合流”能够实现“双赢”。即是说，新课改有了小班化教育这一平台，其成就将更为显著；而小班化教育有了新课改这一支撑，其优势将更为突出。

我们知道，新课程就是要改变课程过于注重知识传授的倾向，强调形成积极主动的学习态度，加强课程内容与学生生活和现代社会的联系，关注学生的学习兴趣和经验；改变课程实施过于强调接受学习、机械训练的现状，倡导学生主动参与、乐于探索、勤于动手，培养获取新知识的能力、分析和解决问题的能力以及交流与合作的能力。与之相似的是，推行农村小班化教育，就是要利用农村儿童独特经验，开发农村环境独特资源，营造学生主动学习的环境，激发学生学习的内在动机，调动学生学习的积极性，增强学生的自信心和学习兴趣。它倡导动手实践、自主探究和合作交流的学习方式，力求改变传统课堂教学中单一化、模式化、教条化、静态化的弊端，让学生在合作中理解、在活动中体验，通过学习去充分展示自我、张扬个性。

小班化教育是深化农村素质教育的着力点。素质教育从提出到现在，已经有很长一段时间。但时至今日，素质教育在农村的推行依旧困难重重。究其原因，关键在于缺少运行的有利环境。随着教学改革的不断深入，如何给学生提供自我展示和发展的空间，充分调动学生的主体性，激发学生的学习热情，成了改革关键。然而，面对日益减少的班额，传统模式下的课堂教学已经表现出明显的不适应。这就需要农村教育从理论到实践、从形式到内容、从观念到技术等方面做出一系列根本性变革。

素质教育倡导因材施教，让每个学生受到适合他自身个性发展的教育，其突出特点在于尊重学生的差异，鼓励并促进学生的独特发展。与之相应，小班化教育同样强调发掘和利用大环境中的自然和社会资源，带领儿童“走出去、请进来”，丰富社会知识和直接经验，使儿童在现实生活中体验、吸取个性化发展的养料。过去,囿于班级人数过多所造成的组织、管理问题和安全因素,农村学生不能去看花开、观落叶、种植物。现在,班级人数的减少,为教师的大显身手开辟了天地。他们可以利用一切可能条件,带着学生走进田埂、漫步树林,深入田间学种植、走向社会搞研究,以此来培养学生热爱自然、热爱家乡、热爱生活的情感,帮助他们学会保护自然、建设家乡、享受生活的本领,让农村教育资源"活起来",重新走进儿童的学习生活,真正落实素质教育的新理念。而这也是陶行知先生对农村教育的殷切希望:"我们要解放小孩子的空间,让他们去接触大自然中的花草、树木、青山、绿水、日月、星辰以及大社会中之士、农、工、商、三教九流,自由地对宇宙发问,与万物为友,并且向中外古今三百六十行学习。"①

五、小班化教育是构建和谐社会和建设新农村的具体行动

小班化教育是农村教育可持续发展、构建和谐社会的需要。农村小班化教育旨在尊重儿童身心发展规律,适合农村社会环境,为每个学生提供适合的教育,培养社会有用人才。社会化和个性化是农村小班化教育的特色,均衡化和和谐化是农村小班化教育的旨归。

在根本上,发展农村教育,办好农村学校,是解决农村和农民问题的关键所在。然而,教育资源的相对缺乏和经济的相对落后,使得农村教育的发展日益"无力"。尤其是在学校布局调整逐步推进的背景下,长期的生源锐减和教师队伍的断层、流失加大了农民的教育成本,带来了新的求学困难。在这样一种严峻情势下,如若农村教育不做出大的改变,学校本身将难以维持。不仅仅在农村,在城市,小班化教育也都被视为"奢侈品",属于稀缺教育资源,只有交了很高择校费的学生方可入内。之所以出现这样一种现象,根源在于小班改革耗资惊人,仅美国加利福尼亚州一年的投入就达十亿多美元。可喜的是,由于种种原因,农村学校的班额正在发生着自然缩减。它意味着,我国农村小班化教育改革不需

①陶行知.创造的儿童教育[M]//方明.陶行知教育名篇.北京:教育科学出版社,2005:325.

要增加额外支出，至少节约了强制减少班额和额外增加校舍、教师的费用，而唯一需要改变的就是加强教师培训的小班针对性。而这就足以让一些农村小班化教育的担忧者看到希望。农村有了小班化教育，学生学习进步了，学习兴趣浓厚了，校园活力提高了，进城择校的学生减少了，农村学校的生源自然留住了，师资队伍自然稳定了，农村教育的生存和发展便获得了新的生机和持续动力。在大的方面，把优质教育办到老百姓家门口，一则方便了学童就近入学，保证了农村孩子受到优质教育，避免了撤点并校所导致的学校规模与学生个性发展之间的矛盾。二则给农民带去了实惠，也避免了撤点并校可能引发的干群关系紧张，这正是和谐社会建设的现实需要。

小班化教育是培养新农民、建设新农村的需要。毋庸讳言，在新农村建设过程中，推行小班化教育，主要是解决新农民的培养问题。所谓新农民，就是指能够灵活适应农村社会环境的现代农民，他们勇于冒险、有思想、有创意和有实干精神。在当前，一方面社会需要大批富有创造能力的人才，另一方面成千上万的农民工却又找不到工作。它折射出，现阶段我国农村教育与新农村建设的实际需求极不协调，培养和造就新型农民的任务十分艰巨。它显示出，困扰农村教育的应试化、城市化取向仍十分顽固。人才培养目标与农村建设需求相背离，农村教育和农村生活互不兼容，教育内容脱离农村实际，农村生活中迫切需要或必须具备的内容没有得到反映，以至于培养出来的学生，若升学无望，则“就业无门，致富无术，与农村建设无关，十足无用”。大多数青少年受了这种教育后，“种田不如老子，管家不如嫂子”，甚至无法适应他们生于斯、长于斯的农村，经受着精神和物质的双重折磨。因此，推行农村小班化教育，就是要从根本上改变农村教育面貌，突破传统教育范围和城市教育旧模式，突出农村特色和时代特征，建立真正适合农村社会发展的办学模式，创新观念、更新内容、优化手段，培养新型农民。

与此同时，小班化教育还承担着乡村文化改造与重塑的使命。新农村建设，经济发展是根本,文化建设是关键。文化具有其他社会要素无法取代的凝聚、同化、规范、引领社会群体行为和心理的功能。然而,随着物质生活越来越发达,乡村文化却越来越贫乏。过去常常有各种群众文化活动在学校开展,丰富了农村社会生活。现如今农村学校已基本丧失了大众文化引领的功能,成了应试的"孤岛"。尤其是撤点并校以来,大量农村学校被关闭或合并,导致学校文化辐射功能消亡、乡村文化断裂和乡土认同迷失。学校是乡村文化和科学知识的聚集地。"好的乡村学校,就是改造乡村生活的中心。""倘使有活的教师,各办一所活的小学,作为改造各个乡村的中心,再以师范学校总其成,继续不断领导各校各村前进,不出十年,必著成效。"①在新农村建设过程中,我们要利用小班化教育这一优越的学习平台和文化环境,改造、重塑和提升学校引领乡村文化发展的重要功能,以和谐健康的文化培育、塑造、丰富农民的物质和精神生活,提升他们的道德境界,推动学校成为新农村建设的重要阵地。

第六节　农村学校新型家校合作关系创建

农村学校家校合作,是指农村学校通过与家庭合作将农村留守儿童学校经验与家庭经验统一起来,儿童家庭经验能够为学校经验的获得提供基础,而儿童在学校获得的经验又能为家庭经验进行智力方面的阐释与澄清,从而有效地促进儿童生理、智力、情感、社会、审美以及道德等方面的和谐发展。在这种情况下,农村留守儿童获得的学校经验,有利于儿童身体健康发展,防止儿童受到意外伤害,有助于培养儿童的科学精神和民主精神,有利于对农村留守儿童进行因材施教。为了更好地进行家校合作,学校应该以农村留守儿童家庭生活经验作为出发点进行物理环境、课程、教学以及评价方面的重建,而儿童生活的家庭与社区则应该在物理环境、心理环境以及文化环境方面进行改造。换句话说,应该

①陶行知.地方教育与乡村改造[M]//胡晓风.陶行知教育文集.成都:四川教育出版社,2007:207.

鼓励家长参与家庭和学校的各种教育活动，应该在学校管理人员、教师和家长之间建立一种合作的支持性关系，而且家长应该被看作是决策过程的积极伙伴，监督和支持其子女的学习。仔细梳理已有研究与实践，可以发现目前家校合作方式主要有三种。第一种是家庭与学校之间的信息交流。学校将儿童校内学习态度、与同学的交往、活动参加以及考试成绩等方面的情况告知家长，家长则将儿童在家里的学习情况、生活情况汇报给学校。第二种是家长协助儿童在家学习。家长陪同儿童阅读学校指定的课外书，监督儿童完成每天的家庭作业，陪伴儿童开展课外活动。第三种是家长支持学校教育教学活动。家长按照学校的要求，为儿童准备学习材料。在合作过程中，学校往往处于主导地位，而家庭则处于从属地位。通过仔细分析，可以发现，这些合作并非真正意义上的家校合作。而在广大农村地区，家校合作更是名存实亡。

一、农村学校中家校合作的本质

农村学校家校合作旨在将农村儿童学校经验与家庭生活经验统一起来。之所以要将儿童家庭经验与学校经验统一，是因为任何教育教学的起点都是儿童已有经验。对此，奥苏贝尔（Ausubel，D.P.）曾经说过："假如我不得不把全部的教育心理学归纳为一条原理的话，我将一言以蔽之：影响学习的唯一的最重要的因素就是学习者已经知道了什么，探明这一点，并据此进行教学。"[①]儿童的生活主要由家庭生活与学校生活构成，相应地，儿童的经验主要由家庭经验与学校经验构成。所以，通过家校合作，"儿童可以把他在家中学到的东西继续利用于学校，又将在学校学到的东西应用于家中。这是打破隔离状态的两件大事——使儿童带着在校外获得的一切经验来到学校，又给他可立即在他的日常生活中应用的一些东西"[②]。因此，理想状态下的家校合作，应该是儿童在家庭中得到生活经验的滋养，而学校则应该基于儿童家庭生活经验开展教育教学，对生活经验给予智

①Ausubel，D.P.Educational Psychology: A Cognitive View[M].Holt，Rinehart and Winston，1978.1.

②[美]约翰·杜威.学校与社会·明日之学校[M].赵祥麟，等译.北京：人民教育出版社，2005:61.

力方面的观照与探讨。

第一,儿童通过参与家庭生活,获得大量生活经验,初步地形成智力、情感、道德、社会性等方面的基础。家庭一直以来都是儿童社会化的重要场所之一,承担着重要教育作用。家庭经验对儿童的发展会起到以下方面的作用:

首先,家庭经验能够起到训练儿童智力的作用。儿童参与农作物比如稻谷从种植到端上他们饭桌的整个过程:培育、播种、移植、成熟、收获、储藏、脱壳直到最终烹煮成为米饭。从田间原料的生产到成品的实际应用这一整个过程,都清楚地显示出来。不仅如此,实际上每个家庭的成员都分担了工作。当儿童有一定的力气和能力时,家庭成员就逐步地向他们传授各种生产过程中的诀窍。这是直接而紧密地关系到儿童自身的事情,甚至可以说儿童是到了实际参与的程度。这个过程中的一切,都在不断地培养儿童的观察力、创造力、建设性的想象力、逻辑思维,以及获得通过直接接触实际而产生的那种现实感。比如,儿童可以看到:母鸡下蛋,鸡蛋孵化,小鸡破壳而出,成长为母鸡,再下蛋。这个过程是多么地奇妙!儿童可以体验到生命的生生不息、绵延不断,必然会有感于大千世界的奇妙,进而培养出对大自然界动植物的好奇、探险之心。

其次,家庭经验能够更加深刻地影响儿童的情感、道德方面。家庭生活,由买菜、做饭、洗衣、打扫卫生等活动构成,需要靠家庭成员的劳动来维持。儿童参与其中,可以亲身体认劳作的艰辛,会对家人产生同情之心。没有参与家庭劳动的儿童,对于家人的劳动,没有丝毫的体恤,相当冷漠。社会上虽然有时会组织一些感恩主题的活动,但是在这种活动中儿童所表露出来的感恩之情,很多时候是受周围环境的影响,而并非发自内心。这种活动,表面上看来好像是培养了儿童的感恩之心,实质上却仅仅激发了儿童的感伤情绪。

再次,家庭经验能够培养儿童的社会性。儿童参与生活中的劳动,可以看到自己的劳动在维持整个家庭运转过程中的作用;可以体会到自己的劳动能够改善家庭的经济条件、提升家庭的生活水平;认识到自己是家庭这个小型社会的一员，有着不可推卸的责任与义务。这些对于培养儿童的社会性是非常有利的。比如，儿童喂养小猪，然后拿到市场上去卖，将收入用于购买食物或者交纳学费。在这个过程中，儿童懂得活动的意义与价值所在，而不会将其当成苦役。“我们不能忽视这种类型的生活中所含有的训练和品格形成的因素，即养成守秩序和勤劳的习惯，对于世界的责任感以及应当做这些事情和生产某些东西的义务感。每个家庭总是有些事情需要去完成，它的每个成员必须竭尽自己的本分，并与其他成员相协作。在行动中具有实效的人格被培育出来并通过行动得到检验。”①

当然，由于儿童家庭缺少知识方面的储备，儿童家庭经验当中较为复杂的部分得不到智力方面的解释，会对儿童形成困扰。这就要求学校教育对儿童生活经验进行扩大、丰富和逐渐阐释。另外，儿童家庭生活环境没有经过刻意的选择与控制，儿童很多时候都是在自发、偶然、自然的状态下获得家庭经验，所以其中也包含着一些不良经验。比如，儿童与家长一起生活的过程中，对家庭成员的不良习气耳濡目染，容易模仿。如果不对这些不良经验进行澄清，儿童身心发展就会受到不良影响。

第二，农村学校应该以儿童家庭经验为基础开展教育教学工作，不应该仅仅强调书本知识的学习。首先，学校的教育教学内容应该以儿童家庭经验为中心。学校生活应当从家庭生活里逐渐发展出来，它应当开展并继续儿童在家里已经熟悉的活动。也就是说学校必须呈现现在的生活——即对于儿童来说是真实而生气勃勃的生活。像他在家里，在邻里间，所经历的生活那样。因此，学校科目相互联系的真正中心不是科学，不是文学，不是历史，不是地理，而是儿童本身的社会活动。一旦学校的工作违反这种原则，学习内容与生活经验无关，片面地强调知识的学习，就会使儿童的教育面临重重困难。我们由于太突然地给儿童提供了许多与这种社会生活无关的科目等，而违反了儿童的天性，并且削弱了伦理效果。现在教育上许多方面的失败，“是由于它忽视了把学校作为社会生活的一种形式这个基本原则。现代教育把学校当作一个传授某些知识、学习某些课业

①[美]约翰·杜威．学校与社会·明日之学校[M].赵祥麟，等译．北京：人民教育出版社，2005：27.

或养成某些习惯的场所。这些东西的价值被认为多半要取决于遥远的将来;儿童所以必须做这些事情,是为了他将来要做某些别的事情;这些事情只是预备而已。结果是,它们并不成为儿童的生活经验的一部分,因而并不真正具有教育作用”[①]。其次,儿童家庭经验中的不良经验需要学校来进行净化。学校环境的职责,“在于尽力排除现存环境中的丑陋现象,以免影响儿童的心理习惯。学校要建立一个净化的活动环境。选择的目的不仅仅是简化环境,而且要清除不良的东西。每一个社会都被一些无关紧要的东西、旧时留下的废物以及确实是邪恶的东西所累,阻碍进步。学校有责任从环境中排除它所提供的这些坏的东西,从而尽其所能抵制它们在通常社会环境中的影响。学校选择其中最优秀的东西,全部自己使用,努力强化它们的力量。随着社会变得更加开明,学校认识到它的责任不在把社会的全部成就传递下去,保存起来,而只是把有助于未来更美好的社会的部分传递和保存起来。学校就是社会完成这个目的的主要机构”。[②]儿童虽然参与生活,获得了家庭经验,但在与成人共同劳动的过程中,也会受成年人不良习气的影响。例如,成年人粗俗的语言,不良生活习惯,比如抽烟、喝酒、赌博等,会对儿童造成影响,因此,这些不良生活经验需要学校来进行澄清与净化。

二、农村学校中家校合作的意义

传统上,农村留守儿童学校经验与家庭经验完全没有关系。因此,从儿童的观点来看,当走进教室时,他不得不把他在家庭和邻里间占主导地位的观念、兴趣和活动搁置一旁。学校由于不能利用这种日常经验,于是煞费苦心地采用各种方法和手段,以激发儿童对学校功课的兴趣。要改变这样一种现状,必须通过家校合作,使儿童能随便地、平常地把获得的经验带到学校去并加以利用,而又能把在学校里学到的东西带回去并应用于日常生活。良好的家校合作,可以促进儿童身心健康发展。

①[美]约翰·杜威.学校与社会·明日之学校[M].赵祥麟,等译.北京:人民教育出版社,2005:7.

②[美]约翰·杜威.民主主义与教育[M].王承绪,译.北京:人民教育出版社,2001:26-27.

第一,农村学校应该向农村留守儿童传授生理知识,有利于儿童身体健康。仔细梳理已有农村留守儿童研究成果,可以发现,农村留守儿童在身体发育、身体健康方面均存在较为严重的问题。成因是不良生活习惯,比如吃垃圾食物、饮食不规律、不注重食物营养搭配以及不讲究个人卫生等。不良生活习惯的形成,主要是农村留守儿童缺乏生理知识。这些生理知识缺失,主要是因为学校教育对儿童家庭生活经验的忽视。因此,学校应该向儿童传授生理知识,敦促儿童养成健康生活习惯,拥有强健的体魄。比如,看到农村留守儿童吃垃圾食物,如果我们只是强令禁止,儿童虽然不会当着你的面吃零食,但是他们仍然可以背着你去吃零食。学校就应请医生向儿童讲解垃圾食物的危害。而且,还可以在此基础上,引导儿童对垃圾食物进行专门的研究,让他们弄清楚垃圾食物暗藏哪些病菌,垃圾食物的危害是什么。这种方式既可以唤醒儿童的自我保护意识,又可以增强儿童身体素质,还可以提升儿童学习的兴趣与能力。

第二,农村学校应该组织农村儿童学习人身安全方面的知识,防止儿童受到意外伤害。这些年来,农村留守儿童受到人身伤害的事件多有发生。比如,农村留守儿童暑假下河游泳,不慎溺亡。再比如,许多农村留守女童受到坏人侵害,受到生理与心理双重伤害。儿童受到意外的伤害,除了家人照顾不周外,更多的是因为儿童缺少安全意识。然而,农村留守儿童的学校经验没有相关内容。因此,学校应该转变观念,不要让儿童学习一些与生活无关的书面知识,应该关注儿童人身安全方面的问题,组织儿童学习与讨论,防止类似的意外再度发生。

第三,通过家校合作,了解儿童家庭经验,农村学校可以对农村留守儿童因材施教。首先,家校合作有利于农村学校熟悉每一个学生。如果千篇一律地对待儿童,就不可能建立真正科学的教育学。“每个儿童都有很强的个性,同样任何科学都必须对本科学的所有材料做出判断。每个学生都必须有机会显露他的真实面目,这样教师就能发现学生在成为一个完整的人的过程中需要干些什么。教师只有熟悉她的每个学生,她才有指望理解儿童,而只有当她理解了儿童,她才有指望去发展任何一种教育方案，使之或者达到科学的标准，或者符合艺术的标准。”①家校合作是深刻认识理解农村留守儿童的基本途径，只有通过这种途径，我们才能看到一个个在校外生活的儿童的生动形象，而不仅仅是在学校中生活的较为单一的形象。这样一来，学校可以了解儿童是一个全面的人，是一个发展中的人，也是一个有着喜怒哀乐的人，就不会因为“污名效应”而对儿童产生厌恶甚至排斥的心理；就会在与农村留守儿童接触的过程中，自觉地调整对他们的看法乃至于态度，慢慢地转变对他们的认识。学校对农村留守儿童的教育教学，就会更加细心、更富于耐心，进一步地提升教育有效性，从而促进他们的成长。其次，通过了解农村留守儿童家庭经验，农村学校可以开展具有针对性的教育教学，提升儿童智力发展水平。缺少良好的家校合作，儿童家庭经验与学校经验就会存在隔阂，两种经验就会独立生长，甚至相互冲突，造成儿童经验的浪费，影响儿童智力水平的提升。很多农村学校全然忽视农村留守儿童已经有的家庭经验而进行知识的灌输，认为自己的工作就是将教材、书本上的内容传授给学生，而不去考虑这些知识是否会被儿童吸收，而更少考虑对农村留守儿童的生长有无促进作用。这种情况，在当下强调素质教育的今天，在农村学校并不少见。这样一来，学校学习完全停留于符号阶段，对儿童生活经验丝毫没有关照，使得儿童缺少学习方面的兴趣。那些与农村留守儿童生活丝毫没有关联的内容，不能够引起他们的注意与兴趣，只会给他们带来疑惑。“使学校的工作与学生的经验生动地联系起来的种种努力必须从改变学习材料开始，以适应地方生活特殊需要和一定的特点。”②所以，学校应该了解农村留守儿童生活环境，基于农村留守儿童生活经验设计校本课程。

第四，农村学校教育以农村留守儿童家庭经验为出发点，有助于培养儿童科学精神。随着科学技术的发展、科技产品的推陈出新，科技产品在人们生活中占据着越来越重要的地位，深刻地改变了人们的吃穿住行的方式。现在电视机、洗

①[美]约翰·杜威.学校与社会·明日之学校[M].赵祥麟，等译.北京:人民教育出版社，2005:283-284.

②[美]约翰·杜威.学校与社会·明日之学校[M].赵祥麟，等译.北京:人民教育出版社，2005:318.

衣机、电冰箱、电脑以及手机等,已经不是什么稀罕之物,早就飞入寻常百姓家了。儿童在享受着这些科技产品所带来的便利时,也被其强大功能所深深地吸引。儿童就会思考:千里相隔的两个人,为什么通过手机就可以对话?洗衣机为什么能够将衣物清洗干净?电视机是如何工作的?并且热切地想知道答案。这些科技产品,对儿童而言,同样是一种良好的智力资源,吸引着儿童的好奇心,但是,学校没有提供相应的智力方面的支持,而只是自顾自地、按部就班地按照教科书进行教学。这样的学校经验与儿童家庭生活经验完全脱节,不能激发儿童学习兴趣,更为重要的是不能够培养儿童科学精神。因为,如果学校没有对儿童日常生活经验中的科学原理加以阐明,儿童就会对生活经验存在大量疑惑。这样一来,儿童就会认为生活是不可控制的,很难形成科学思维。因此,农村学校应该对农村留守儿童家庭经验中的事物所蕴藏的科学原理加以详细地说明,这样不仅提升了儿童在学校学习的兴趣,而且让儿童了解到世界上的事情的运作都有其自身的规律,有利于儿童形成科学思维方式。

第五,学校教育以儿童家庭经验为出发点,有助于培养儿童民主精神。当今社会,家庭作为生产单位的功能已经一去不复返了,没有哪个家庭可以独自生产自己所需要的一切生活用品。每个家庭中的成员只有参与不同产业的工作,换取报酬,才能购买其他产业所生产的商品。这些内容,是每个儿童都十分感兴趣的。但是,儿童家庭往往认为受教育只是获取个人成功的一种手段,而忽略了教育的社会性,也就是作为个体的人,同时应该为社会服务。同样地,学校没有相关方面的内容,很多农村留守儿童失去了了解各种不同产业运作过程的机会。因此,学校教育应该引入这些家庭经验,让儿童知晓产业运作的过程,不同产业之间的关系,认清每个人在社会中的作用与职责。农村学校应该让儿童了解,当下的社会是一个分工合作的社会,每个劳动者对社会的存在与发展都做出了自己独特的贡献,都是社会中不可或缺的重要一员。这样一来,学校的教育除了具有智力方面的作用外,还可以培养儿童民主精神。

三、农村学校中家校合作的策略

由于较少陪伴自己的孩子，很多家长出于一种补偿心理，很少让儿童参与家庭劳动，导致儿童缺少家庭经验。与此同时，农村学校教育则固守书本知识，对农村儿童生活经验缺少关照，不能激起儿童智力兴趣，在儿童身体、情感、社会、审美以及道德等方面同样无所作为。这样一来，农村留守儿童在发展的过程中就会出现较大的问题。要改变这种状况，应该从两个方面进行努力，一是以农村留守儿童家庭生活经验重建学校，二是对儿童生活的家庭与社区进行改造。

第一个方面，以农村留守儿童家庭生活经验重建学校。大多数人因为受到学校教育时间太长，故而理所当然地认为学校教育是好的，除此之外的教育都是不好的。我们要开展好家校合作，必须改变这种观念，如果这种观念得不到根除，家校合作是无法建立的。特别是当下，学校不能一味固守书本知识的教育，而应该将农村留守儿童生活经验引入学校教育，从以下几个方面进行重建：

首先，基于儿童家庭生活经验重新认识农村学校功能。人们通常认为家庭是生活的地方，学校是学习的地方，我们在学校应该抓紧时间学知识。学校环境，不能太舒服了。在学校物理环境建设方面应该反对这样的观点。如果想尊重儿童家庭经验，我们必须努力使学校成为一个儿童都喜欢去的地方，让学校充满家庭式的温暖、充满生活气息、充满家庭成员之间的关爱之情。学校的物理环境应该模仿儿童家庭生活的环境。可以开办植物园，让儿童种上自己喜欢的花草、蔬菜、小树。还可以办一个小型的家庭动物园，让儿童饲养小猫、小狗、小鸡、小兔等作为自己的宠物。学校条件允许的话还可以为儿童修建一个小池塘，在池中放养一些小鱼、小鸭、小鹅等等。还可以为学生开辟一些游玩的游戏室，甚至全天开放学校的游戏室、操场。除此之外，为了给儿童的学校经验提供智力支持，学校还应该建立图书室。可以让学生自己动手装扮学校的教室，而不仅仅是光秃秃的墙壁。通过重建学校环境，让学校真正成为儿童的乐园。

其次，基于儿童家庭生活经验开发课程。学校课程应该以儿童家庭生活经验作为基础。没有儿童经验作为课程的基础，学校教育将成为无源之水、无本之木，效果将会停留于浅层次上、符号形式上，而非真正的教育。这种教育不能真正地深入到儿童内心深处，相反，还会培养儿童一些不良的品质，比如感伤主义、虚伪、敷衍了事的思想和行为习惯。比如，教师让农村留守儿童以“我的海南之旅”为主题写作文，但实际情况是很多农村留守儿童压根儿就没有去过海南。这种对儿童家庭经验置之不理、进行命题式的作文的方式，有可能导致儿童胡编乱造、弄虚作假，不仅没有起到锻炼表达能力的效果，还助长儿童不良习气的形成。因此，学校在开展课程时，应该充分考虑儿童的生活经验，充分利用与儿童家庭生活经验相关的课程资源。比如在学习科学时，学生家长也可以成为学校课程资源的重要组成部分。很多农村儿童在生活中，都目睹了甚至与家长一起参与了家中农作物的种植。学校可以让有经验的家长给学生讲解如何选种、育种、播种、浇水、施肥、防治病虫害、增加产量。这种方式将学校的课程与儿童生活经验紧密地联系起来，促进了儿童校内经验与校外经验的统一，提升了学生的学习兴趣。除此之外，儿童更加能够体验到家长在工作中的努力与付出，从而更热爱自己的家乡，对农民、农业更富于理解与同情。

再次，基于儿童家庭生活经验开展教学。学校教学组织形式应该以儿童家庭经验作为基础，开展形式多样的教学，而不应该拘泥于传统授受式的教学方式。儿童在家庭生活过程中，都是通过活动的方式去做一些事情，比如帮助家长喂鸡、做饭以及打扫清洁等。因此，学校应该多通过活动进行教学，而不仅仅是通过讲授进行教学。比如在锻炼儿童语言表达能力时，教师可以带领儿童去短途旅行，一起讨论沿途的自然景色。教师可以引导儿童观察沿途所看到的鸟类，试着让儿童去比较不同的鸟儿在羽毛的颜色、体形的大小、鸣叫的声音等方面有哪些不同，并且在回到学校后，让学生把自己的想法记录下来。通过这种现场教学，儿童的观察、比较、表达能力得到了培养。可以多采用现场教学的方式。比如，在学习动物生长、发育、变形时，教师可以将儿童带领到池塘去观察蝌蚪的成长,而不是让儿童坐在教室里听教师指着图片进行讲解。除了采用现场教学外,教师还可以引导学生进行合作探究式学习。比如,儿童在学校种植的花草叶子黄了、枯萎了,儿童很想知道原因及解决的办法。教师可以鼓励学生组成学习小组,对花草生病的原因展开观察、研究,并找出解决方法。

最后,基于家庭经验对儿童开展评价。对儿童生活方面的评价,应该以家庭生活方面的背景为基础。比如,如果农村教师是看到儿童在校内不整洁的衣着,难免心生厌恶。但通过家校合作,教师了解到儿童每天早上起床之后,还要帮助爷爷奶奶干完家务活后才来学校,所以没有时间换衣服。了解这种情况之后,教师恐怕更多的是对农村留守儿童艰苦生活的同情,更多的是对农村留守儿童的赞赏之情。对儿童学习方面的评价,不应该仅仅以儿童的考试成绩作为评定标准,更应该以儿童是否学会生活作为标准。前文已经提到过,学校教育教学应该以儿童生活经验作为标准,因此,评价儿童学习效果最重要的标准应该是儿童是否将他们在学校里获得的经验运用到生活中。评价的方式,应该采用动态评价。学校应该为每个儿童建立档案,从其入学开始就将其平时各个方面的表现以及学业成就的情况加以归纳,档案应该一直伴随儿童的成长过程,通过档案,可以了解儿童变化发展的过程,可以为儿童提供充分的教育材料。

第二个方面,清除儿童在以家庭为中心的社区生活中的一些不良环境,这意味着应该对社区的环境进行有意识的改造。家庭应该让儿童参与家庭事务,而非袖手旁观,让儿童在家中成为小帮手、小助手,而不是小皇帝、小公主,与家人一起塑造社区环境。

首先,改良社区物理环境,为农村留守儿童营造一个健康的生活环境。一个村庄就是一个社区,就是儿童的聚居区,社区的物理环境对儿童身心健康发展起着潜移默化的影响。这就要求每个家庭应该有意识地关注自身生活的物理环境。在学校里,教师让儿童注意个人卫生,不要随地吐痰,但是一回到家中,儿童看到家人随地吐痰,时间一长,便也会跟着家人一起做了。这样的做法极易滋生细菌，引发疾病。教师让儿童勤洗澡、勤换衣服，但是回到家中，家人则极少洗澡，衣服半个月才换一次，长期目睹此种情景，儿童恐怕也会跟着学起来。甚至儿童一走进家中，则秽气冲天，室内家具上遍布灰尘，家中物品杂乱摆放，几无容身之地。儿童长期生活在这种环境中，极易受到病菌的侵蚀，经常生病。因此，必须让儿童与家人一起做好居所的清洁工作。总的来说，每个农村留守儿童家庭居住条件不必是高楼大厦、画栋雕梁，但应该是窗明几净、室无微尘。家庭成员穿着不必靓衣华服，但必须干净整洁。条件允许的话，儿童还可以与家人一起将居住的环境加以美化，在门前屋后种上一些花草，陶冶情操。这样一来，整个社区的物理环境就会对儿童的身心健康起到积极的影响。

其次，改造社区的心理环境，为农村留守儿童创设一个健康的心理环境。在农村留守儿童家庭中，家长应该与儿童一起营造一种温馨、乐观、积极的氛围。家长应该注意自己的言行，不要随意责骂儿童。家庭成员之间也应该互相尊重，而不是互相责备、抱怨，甚至打骂。对于农村留守儿童的学习，则应该大力支持，而不是在儿童耳边不停地唠叨"读书无用论"。家庭之间应该互相帮助，为儿童塑造一个健康的成长环境。时下的中国农村，并不是与世隔绝的世外桃源，也受到了拜金主义影响，导致农村家庭之间的关系出现了微妙的变化。同一个村庄的邻里之间的欢声笑语不见了，取代的是家庭收入的攀比。长此以往，家庭之间渐渐地心生嫌隙，互不理睬，甚至互相仇视。这样一种社区环境，同样不利于儿童合作意识、民主精神的培养，不利于儿童心理方面的发展。故而，为了农村留守儿童的发展与成长，家长们应该把儿童的发展作为最重要的目标，能够像了解自己的孩子一样了解一些其他家庭的孩子，这就形成了一种教育力量。

再次，创建全新社区文化环境，为农村留守儿童构建一个健康的社会环境。与城市相比，农村文化生活相对贫乏。很多村民在农忙之余，没有更好的娱乐方式，故而只能自己一个人喝酒，或者几个人一起抽烟聊天，或者聚集在一起打牌，或者聚众赌博。这些缺乏引导的娱乐方式，毫无文化内涵可言。这些成人的生活方式往往成为农村留守儿童效仿的对象，容易对儿童造成不良影响。因此，应该在学校的指导下，让儿童与家庭一起创建一种全新的社区文化环境，进行有益村民、儿童的文化生活。可以在社区建立图书室，购置儿童与村民所需要的书刊，比如儿童喜爱的图画书以及村民在生产劳动方面用得上的农业技术方面的杂志。图书室应该全天开放，让村民与儿童在闲暇时间都能受到文化的滋养。除此之外，还可以开展一些与农村生活相关的文体活动。比如，丰收之后，可以组织一些庆祝活动，以家庭为单位开展家庭运动会。运动会的内容可以是接力运南瓜，还可以是抱小猪赛跑。儿童在学习之余，还可以聚集在一起，将自己阅读的书籍中的故事改编为话剧，为村民表演。上述各种举措丰富了农村文化生活，为儿童的健康成长营造了一种良好的文化氛围。

农村学校中家校合作，通过农村学校打破农村留守儿童家庭经验与学校经验之间的隔阂，将两者完美地统一起来，能够改变农村留守儿童在身心发展方面的不利处境，能够促进农村留守儿童在生理、智力、情感、社会、审美以及道德等方面的发展。虽然文中所提出的家校合作的理论、方法以及措施主要针对农村留守儿童，但对其他类型的儿童也具有重要的参考价值。

第五章　农村教师培养

教育是人类文明延续的重要方式，也是经济和社会发展的重要因素，而教师素质对教育则起着关键性的作用。教育的一切改革最终都离不开好老师。可以这么说，如果存在一个基础教育的热点问题，在大多数情况下，这也必然是一个教师教育的热点问题。教师在基础教育中发挥着中心作用。如果我们相信大多数成功的、持久的教育变革是由教师的改变引发的，而不仅仅是由于教学或课程中所使用的教材的改变，那么从人的维度关注变革是尤为重要的。[①]而具体到农村留守儿童的问题上，我们认为，农村留守儿童问题的根本解决依赖于学校，而学校能否发挥功能和作用关键在于教师素质。换句话说，在农村留守儿童问题上，农村教师应该一马当先，成为农村留守儿童教育的主力军和专家。帮助农村留守儿童学会思考，用不同的眼光看世界、用多种观点认识世界，弥补他们由于生活环境限制所导致的视野狭窄、见识短浅和盲目任性，充分实现每一个农村留守儿童的潜能，最大限度地运用到有用的社会服务和社会目的中。农村需要千千万万个专家教师。他们精神崇高、知识丰富、品德高尚、眼界宽阔，对农村儿童深切同情，他们用广博的知识、对未知的热情、对儿童的了解和对农村社会改造的决心深入到农村教育第一线，为的是改变农村留守儿童的命运，点燃他们智慧的火把，为他们照亮前行的道路，使他们体验到求知的乐趣，形成一种永远不满足的求知欲望和热情，让他们在未来生活中获得同等的成功的机会，成为一个他或她应该成为的那个人，而非受家庭和出生环境的影响而碌碌无为、抱憾终生。

---

①[美]尼古拉斯·M.米凯利，戴维·李·凯泽.为了民主和社会公正的教师教育[M].任友群，等译.上海：华东师范大学出版社，2009.9.

这既是儿童个人的不幸，也是国家和社会的损失，是教育应该极力避免的事情。尽管在很多农村学校，教师的教学还没有完全跳出教科书的死框框，照本宣科的现象仍然存在，然而，欣喜的是，我们也看到，教师的角色已经开始从知识灌输者转换到思维的启发者。他们创设环境、提出问题、提供材料，刺激和满足儿童在交流、探究、合作和表达等多方面的需要，帮助儿童形成合作、分享、观察、推理、探究和实验的能力和社会品性。这样的教师在很大程度上改变了农村学校的面貌，使原来死气沉沉的学校现如今变得生机勃勃，使家庭更美丽，使社区更和谐，使原本有逃学和辍学想法的农村留守儿童更愿意待在学校，使那些认为读书无用的家长看到读书的实实在在作用。越来越多的农村家庭选择待在农村，在离家更近点儿的学校上学，而非舍近求远，一窝蜂似的涌向城市，这既造成农村萧条，也造成城市人满为患。

教师在农村留守儿童教育上的地位是任何其他人或机构无法取代的。不管怎样，没有教师的协助及其积极参与，任何改革都不能成功。[①]从社会的方面来看，农村教师不是简单地从事培养人的工作，而是在促进更好的社会生活的形成。如果我们不努力做到使农村儿童在年幼时就形成热爱劳动和尊重劳动人民的习惯，那么农村最优秀的学生还将继续离开农村，使农村继续颓废，最终成为一片荒地。如果我们不努力做到培养每一个学生对知识的热爱，使其具备服务社会的能力，那么一代又一代地重复传统的农耕方法的习惯还将延续。关注农村留守儿童，不仅是农村教育持续发展的需要，也是完成美丽乡村建设的根本途径。再强调一遍，农村儿童教育的目的不是要教儿童逃离农村、逃离生他养他的家园，而是要通过改革农村学校的内容、方法和管理，确保每一个农村孩子都能够富有个性地发展，实现潜能开发最大化，为社会发展做出最大贡献，同时让那些在智力倾向和能力方面适合留在农村的孩子，能够在农村展现才华，实现抱负，达成农村大复兴的目的。

①联合国教科文组织.教育——财富蕴藏其中[M].联合国教科文组织总部中文科，译.北京：教育科学出版社，1996：15.

第一节　农村教师在儿童社会化中的作用

当下,能够对农村留守儿童起到教育作用的群体主要有这样几种:农村留守儿童父母、监护人、以干部为主体的社区人员、农村教师以及农村留守儿童自身。但是对于他们各自的地位与作用,我们的认识并不是十分清楚,由此导致了我们不知道谁应该在农村留守儿童的教育过程中起主导作用,谁应该起辅助作用,造成了各自责任不明,对农村留守儿童的教育没有起到良好的效果。仔细分析这几种教育力量,我们可以发现,应该以农村教师作为农村留守儿童教育的主导力量,而其他四种群体应该积极配合农村教师的教育工作。只有这样,才能保障农村留守儿童身心健康发展,实现农村留守儿童的良好社会化,满足儿童身体的、心理的、情感的、社会的、智力的和道德的发展需要。

一、农村留守儿童社会化影响因素分析

在农村留守儿童社会化过程中,单亲父母、监护人、农村留守儿童自身以及社区人员,都发挥着一定的作用,但都不起主导作用。

(一)单亲监护

父母是儿童人生的第一位老师,也是影响最深的老师。家庭教育中,父母是孩子最好的老师,他们的言传身教对子女人格的形成起着潜移默化的重要作用。父母的言谈举止、为人处世、生活习惯、思维方式,对儿童身心的发展、品德的陶冶、人格的形成、智力的开发与培养都起着关键作用。具体而言,父母对子女的教育的重要性,体现在以下几个方面。一是提供情感支持。子女与父母之间的亲情,是友情、爱情无法代替的一种情感。缺少父母的关爱,儿童与父母情感交流过少,亲情缺失,会导致儿童对生活的满意程度下降,会使儿童出现“情感饥渴”,会使儿童没有安全感,觉得自己不受重视,有被抛弃感,还会对父母甚至是社会产生憎恨心理,不利于儿童形成健全、独立人格,严重影响到儿童身心的健

康发展，还会引发反社会行为甚至犯罪。二是思维方式的熏染。父母对于子女智力方面的开发具有自然性、暗示性以及长期性。在与父母的共同生活中，从一日三餐，到穿衣打扮，到外出旅行，父母与子女，共同面对和解决不同的困境与难题，都对儿童品行的形成产生直接性的影响。父母与子女进行游戏活动，共同阅读和交谈，观看电视与电影，对影片与书籍中的人物进行评点与分析，能够促进儿童欣赏能力和特定思维方式的形成。三是道德的示范。身教重于言传。小孩子容易忘记你对他说的，而对你所做的却终生难忘。在日常生活中，在与父母的共同活动中，儿童要很好地融入家庭环境，必须形成与父母共同的理解、共同的态度和共同的情感，否此，他或她将很难融入家庭环境，很可能被当作异类排除在家庭之外。在很大程度上，孩子为人处世的方式和态度恰恰是他们的父母为人处世的方式和态度的反映。

以父母与子女为核心的家庭是社会最基本的组成部分，是社会的细胞，更是一种独特的文化圈。家庭的功能不仅是对儿童的生养，更重要的是为儿童提供社会化的环境，对儿童社会化具有重要意义。但是由于父母中的一方外出务工，留在家中的一方，其职责并不仅仅是照顾子女，大多还要从事繁重的田间劳作，或者是在附近务工。这样一来，对子女的教育就显得心有余而力不足。况且，大多数农村留守儿童父母，教育程度不高，不具备对子女进行教育的一些基本的知识与能力，对子女的成长提供帮助与指引非常有限。所以，农村留守儿童才会出现各种各样的问题。

（二）祖辈监护

祖辈监护人，由于受身体状况的限制，没有精力也没有能力对农村留守儿童进行教育，以确保他们正常社会化。一是精力有限。祖辈监护人，大多还要通过农业生产自谋生路，故而只能较为简单地照顾留守儿童生活起居，没有更多的精力去顾及其他方面。甚至有些祖辈监护人由于年龄偏大、身体欠佳、生活不能很好自理，还需要留守儿童反过来照顾他们，形成所谓的“逆向监护”。这种情况下，留守儿童负担过重，无暇顾及自己的生活和学习。二是缺乏教育知识与能力。祖辈监护人缺少生理卫生方面的知识，导致他们对农村留守儿童生理卫生指导严重缺失，使得部分留守儿童营养不良，身体健康受损。祖辈监护人文化素质普遍偏低，教育观念和方法落后，表达能力差，不了解留守儿童心理需求，不能为儿童提供必要的卫生、安全、法律等方面的帮助与指导，更谈不上学习方面的辅导。祖辈监护人与留守儿童年龄差距太大，思想观念上截然不同，存在很多不相适应的地方，他们之间的对话很少，沟通也极其困难。总体而言，祖辈监护人的知识与能力不能满足农村留守儿童成长的需要。留守儿童在这样的生活环境下，缺少心理倾诉的对象，精神压力得不到缓解，严重的甚至会出现紧张、焦虑、孤僻、冷漠甚至敌视他人等心理特征，出现人际关系问题。三是容易溺爱留守儿童。部分祖辈监护人对留守儿童溺爱，不注意培养留守儿童良好生活习惯、行为规范和正确的是非观和价值观，不利于孩子的发展。

（三）同辈或自我监护

同辈监护或自我监护，从本质上来说，这两种监护情况下的监护人都是留守儿童。虽然身为监护人，但是他们都是儿童，不具备自我管理、自我引导、自我教育的知识与能力。同辈监护是指由哥哥或姐姐对弟弟或妹妹进行监护。这些年纪较大的儿童，自己也是留守儿童，学习与生活都已经让他们捉襟见肘，除此之外还要承担照顾比自己还要小的、同样处于留守状态下的弟弟妹妹的日常起居与学习，就显得强人所难了。自我监护情况下，农村留守儿童需要独自面对生活与学习中所遇到的各种各样的问题，身心承受着同龄非留守儿童难以理解的压力，他们情绪上经常处于苦恼、压抑以及无助状态。总体而言，处于这种监护情况下的儿童，仅仅能够做到处理生活就已经是非常不错了，在身心的发展方面受到了极大的困扰，情形堪忧。

（四）邻里或亲戚监护

这种情况下，监护人监护责任意识不强和责任不明确，重“养”不重“教”，给农村留守儿童的身心发展带来了较多问题。首先,行为问题较多。监护人认为,严格监管会使原本就缺少父母关爱的留守儿童产生敌对甚至扭曲心理。所以,只要留守儿童没有出格的举动,监护人大多会对他们的错误与缺点放任不管甚至隐瞒,任由他们出入网吧、录像厅以及游戏厅等娱乐场所,助长他们的行为问题,使得越来越多的留守儿童成为问题学生。其次,监护人极少关注留守儿童学习。由此,留守儿童往往会缺乏有效的学习帮助和辅导,相当部分留守儿童学习目标不明确,没有良好的学习习惯,导致学业成就下降,进一步演化成厌学、逃学乃至辍学。再次,监护人与留守儿童之间有着较大的心理距离。一般而言,在内心深处,留守儿童不太可能真正把监护人当成家长对待,与监护人存在心理距离,有寄人篱下和被抛弃的感受,时间一长极易出现心理问题。加上监护人对自己子女的照管则要精细得多,容易让留守儿童体验到关爱程度的差异,更加会激起他们对于父母的思念之情,增长他们无助感与无力感,对他们心理造成不良影响。总体而言,处于这种监护状态下的农村留守儿童,大多渴求亲情,缺乏安全感,承受常人难以理解与忍受的心理压力。

二、教师作为农村留守儿童教育的主导力量

综上所述,农村留守儿童父母、监护人以及社会上各种教育力量在留守儿童的教育过程中,并不能起到较好的作用。由此可见,针对农村留守儿童这一群体,必须要由专业的人士来开展教育,环顾农村生活的整个环境,能够具备此种能力的人也就只有农村教师了。与以上各种社会力量相比,农村教师在农村留守儿童的教育过程中有着独特的优势。农村教师具有较高的文化素养与教育能力,与农村留守儿童相处时间是最长的,也最为了解农村留守儿童,因此,他们能够从农村留守儿童的经验出发进行个性化教育,真正做到因材施教,促进农村留守儿童的健康成长,使他们成为社会的有用之才。具体而言,与其他各种力量相比,一位合格的农村教师在农村留守儿童教育方面的优势体现在以下几个方面。

第一,农村教师能够将农村留守儿童校内经验与校外经验进行充分整合。我们都知道,儿童进学校以前所学的东西,没有一样不是与他的生活有直接的联系的。任何教育教学的起点都是学生的已有经验。如果身为一名教师,没有明白这一点,就不会从校外经验来认识学生,也不会利用学生校外的经验来对学生进行教育教学,就会造成巨大的资源浪费。可以认为,当代教育中最大的浪费是校外经验与校内经验的分离。之所以这么说,是有其道理的。从时间方面看,除去学校教育之外,儿童很大部分时间在家庭中度过。农村留守儿童的生活同样分为校内与校外两个部分,所以,我们在对农村留守儿童进行教育时,应该将他们在校内与校外所获得的经验结合起来,形成一种教育方面的合力,对农村留守儿童的发展起到促进作用。除了农村教师外,在农村留守儿童的生活世界中,没有人有专门的能力将这两种经验整合起来,促进农村留守儿童的发展。

第二,农村教师可以通过各种途径,全面了解农村留守儿童的生活学习情况,综合各个方面的信息。教师要了解儿童,才能够更好地因材施教,所以,农村教师应该对农村留守儿童校内外的情况都要特别留心。在校内,农村教师应该多多观察农村留守儿童的学习状况,也应该通过各种渠道了解校外的状况。农村教师可以通过QQ、微信以及电话等各种方式,密切联系留守儿童家长、监护人,就学生的情况进行沟通,了解孩子在家的情况。比如,农村留守儿童放学后看了哪些书?看的电视内容是什么?是否帮助家长干活?甚至连他们在校外玩的什么游戏都应该去了解一下。只有在充分了解这些情况的基础上,再和他们在学校的表现联系起来,农村教师才能对留守儿童建立一个具体、详细的印象,对他们形成较为正确、合理的认识,并且以此为依据,作为日后工作的基础。

第三,农村教师了解儿童发展过程以及各个阶段的不同需要,能够更好地为农村留守儿童提供适时、恰当的心理支援与引导。作为一名专业人员,农村教师在执教之前,大多具有大学本科学历,在职前培养的过程中,都应该学习过教育心理学、儿童心理学以及发展心理学方面的课程,大致了解儿童在不同阶段在心理方面的特征与诉求，掌握了一些基本的心理干预技能，能够有效地防止农村留守儿童出现心理方面的问题。在此基础上，再通过实际的教育教学工作，对农村留守儿童校内经验与校外经验进行收集与整理，形成具有针对性的工作方案，可以推进农村留守儿童的健康发展。比如，当发现农村留守儿童情绪低落时，农村教师可以与留守儿童交流谈心，进行情感方面的疏导，防止负面情绪长期郁积。再比如，当发现农村留守儿童烦躁不安时，农村教师可以鼓励他们把烦心的事情说出来，减轻他们心理负担。再比如，当农村留守儿童遇到困难时，老师可以给予安慰和关心。总之，农村教师应该在充分认识农村留守儿童的基础上，在教育实践的过程中运用自己儿童心理学方面的知识与心理教育方面的技能，对农村留守儿童进行心理方面的干预与疏通，让农村留守儿童感受到温暖，使他们形成乐观向上的精神面貌。

第四，农村教师能够依据农村留守儿童已有经验，开发适合农村留守儿童的教学内容和方法。目前，在新课程改革的大环境下，很多学校的课程与教学有了一定程度的变革，但是在很多农村学校，由于受到教育理念、办学条件制约，教学课程内容死板单一，教学方法落后，不能适应农村留守儿童成长发展的现实需求。农村留守儿童教育过程中课程内容组织与教学方法的选择，是一个农村教师不能够回避的问题。作为一个农村小学教师，在教育教学过程中选择的课程与教学就必须要契合农村留守儿童的经验。这就要求农村教师具备较强的课程开发能力，能够根据农村留守儿童的经验进行课程与教学。这就要求农村教师在进行教育教学时，要有创造性地安排课程和设计教学。比如，农村教师引导农村留守儿童进行语文领域的学习时，就应该思考：语文教学的三大要素是阅读、写作、口头语言，作为一名农村教师应该如何为农村留守儿童研发合适的教学内容。在选择阅读内容时，农村教师就应该想：小学不同阶段的阅读内容应该有什么样的不同？如何选择阅读材料？如何利用我们能够找得到的材料进行阅读教学？在进行写作教学时，农村教师应该思考：农村留守儿童想说些什么？如果不思考这些问题，就压根不会考虑到农村留守儿童的已有经验，而是想当然地给学生拟定好题目，限定好体裁，然后让农村留守儿童去写，这就显得非常突兀。在这种情况下，很多学生不知道写什么，更不知道如何去写，最终，把写作搞成了八股文，毫无生机与活力。但是如果教师让学生写他们喜闻乐见的一些事情，或者说是发生在他们身上的事件，那么情况可能就不 一样了。比如让学生去写他们生活当中的一些事件、他们所饲养的宠物、他们玩的游戏等。比如，可以让农村留守儿童给自己的父母写信，既可以锻炼他们的写作能力，在某种程度上还可以缓释他们对外出务工的父母的思念之情。在进行口头语言锻炼时，农村教师也应该结合农村留守儿童的已有经验来开发课程、设计教学。农村教师应该首先了解，口头语言是农村留守儿童一个薄弱的环节。受传统文化的影响，我们的农村儿童都被灌输了这样一个观点：不要乱说话。导致了一些农村儿童不爱说话，不爱表达自己，更不敢说出自己的喜爱与厌恶。考虑到这种背景，农村教师在进行口头语言的教学时，就可以让低年级的农村留守儿童讲故事，起初可以讲别人的故事，到了一定的程度，可以让他们自己写故事讲给其他的同学听。对于高年龄段的农村留守儿童，除了讲故事外，还可以让他们学习表演，当然表演的内容可以是戏剧，也可以是学生自己编写的剧本。农村留守儿童在表演戏剧的过程中，可以轮流扮演某一个角色，所以他们必须要对角色的心理活动以及由此而产生的行为进行理解与演绎，这丰富了他们的情感体验，加深了他们对人性以及人生等重大问题的思考。

第五，农村教师能够充分开发和利用各种农村教育资源，帮助农村儿童理解社会生活。农村教师在对农村留守儿童开展教育时，不应拘泥于时间与场所，也就是说，不应该将对农村留守儿童的教育等同于学校教育，而应该将农村留守儿童校内教育与校外教育联系起来。农村教师应该有更为广阔的视野，充分调动一切可以运用的资源，来对农村留守儿童开展教育。比如，农村教师可以通过开展手工制造、绘画、音乐、唱歌、打篮球以及踢足球等课外活动来对农村留守儿童开展教育。通过开展课外活动，首先可以将农村留守儿童剩余精力转移到一个正当的渠道。农村留守儿童大致处于6到16岁之间，这个阶段的儿童好奇心强、精力旺盛，在放学之后还存在着大量空闲时间，如果没有一些合理的爱好，他们多余的精力就有可能会转移到一些不太正当的渠道，例如，玩电子游戏、泡网络、上街闲逛，不利于他们的健康成长。其次，可以通过课外活动培养农村留守儿童的兴趣与爱好。在开展课外活动的过程中，农村教师也应该积极参与，观察不同农村留守儿童的兴趣、爱好，发现他们的特长，并对这些特长进行针对性的培养，充分发展他们的各种潜能。再次，农村留守儿童从事与自己特长相关的课外活动，可以增加自信，体验成功。除开展课外活动外，农村教师还可合理地利用当地城市的青少年宫、文化馆、体育馆、博物馆、图书馆等场馆开展一些有计划有组织的教育活动。比如，农村教师在组织留守儿童学习人与自然这一主题时，应该要思考：我们的学习目标是什么？如果认为学习的目标就是让学生在教师的指导下掌握一些地理知识，教师就会按照通常的做法去教授给学生一些诸如什么是经纬度、什么是温度带、什么是平原等枯燥的概念。但是，这些恰恰不是地理学习的目的。农村教师应该明确地认识到，通过地理的学习，学生应该看到地理对我们的生活造成了哪些影响，人对环境又进行了何种方式的改造，人与环境是如何互动的。农村教师应该在这一理念的指导下，进行课程的开发与教学的设计。还可以让学生去收集资料，开展研究性探讨与学习。比如，江汉平原地区的农村教师，就可以带领农村留守儿童认识江汉平原主要有哪些农产品。经过观察，学生就可以看到，江汉平原主要盛产水稻。教师就应该让学生去思考：为什么江汉平原产水稻？水稻在江汉平原一年可以种植几季？甚至还可以更进一步拓展研究的范围，让学生比较江汉平原与北方产稻区在环境上有什么不同。还可以进一步刺激学生去思考：北方的水稻与南方的水稻有什么不同？营养价值有没有差异？古代、近现代的北方为什么到了后来又有了水稻？除了物产之外，农村教师还可以让学生去思考：地理还对人们的生活方式产生了哪些方面的影响？比如，在饮食方面，为什么四川、湖南、重庆等地都喜欢吃辣椒？为什么会有火锅这样一种吃法？重庆的火锅与生活环境有什么样的关系？通过人与自然这一领域的学习，学生了解了人类与自然环境之间的相互作用，自然环境对人类生活造成了什么样的影响。总之，在世界上有话要说和不得不说点儿什么这两者之间是完全不同的。当儿童有了各种材料和事实并被要求谈论它们时，他的语言就变得更优美、更完整，因为它是受现实制约又来源于现实的。有事要讲，有话要说，有思想要表达，所有这一切都不是偶然发生的，而是出于更大的社会发展的需要。

三、发挥农村教师主导作用的保障条件

农村教师要真正对儿童的教育起到影响，还依赖其他各种教育力量的辅助作用。从这种意义上讲，政府机构、农村留守儿童父母、农村教师和农村社区都应该发挥各自的作用，在目的和观念上保持一致，出谋划策，共同创建适合农村留守儿童社会化的优良环境。

（一）政府政策支持

为了让农村教师有能力、有心力对农村留守儿童开展教育与管理，让农村教师在工作中可以无后顾之忧，师资培养机构应该提升自己办学水平，多为农村留守儿童培养合格师资。各级政府都应该加大对农村教育的投资，提升农村教师待遇，改善农村学校办学条件。

第一，培养合格的农村师资。教师对留守儿童的重要性是不言而喻的，为了更好地解决留守儿童教育问题，必须加强农村师资建设。这就意味着，师资培养机构在培养农村师资的过程中，应该做到以下几点：首先，应该把好入口关，招收热爱农村教育的学生作为未来农村师资加以培养；其次，在培养农村师资的过程中，应该培养师范生的文化适应能力，让他们熟悉农村教育环境，初步掌握在农

村开展教育教学的基本技能；再次，在师范生毕业后，应该为他们提供较长时间的入职引导；最后，在他们能够较为熟练地进行农村教育教学工作后，还应该为他们提供足够的机会让他们接受在职的培训。

第二，改善农村教师生活状况。首先，提升农村教师收入。如果农村教师的收入过低，那么他们在教育教学工作之余不得不从事其他经营活动，这就会影响到他们对农村留守儿童教育教学的投入程度，无暇顾及学生的情感需求，在很大程度上严重影响留守儿童的健康成长。鉴于此，可以适度提高农村教师工资，对于在农村工作时间较长的农村教师还可以额外提供补贴。其次，改善办公条件。加大对农村学校的投资，改变农村学校校舍破败、不足的现状，更新农村学校教学设备，为农村教师和农村留守儿童创造一个良好的工作和学习环境。

第三，对农村教师教育教学的评价方式进行变革。新课程改革以来，我国大力提倡素质教育，但是当下农村的教育仍然是应试教育大行其道。对教师教育教学工作的主要评价标准还是升学率。在这样一种评价体制下，农村教师将自己全部精力放在升学与考试方面，而忽略了对农村留守儿童的关爱与照顾。一般而言，大多农村留守儿童在学习方面落后于非留守儿童，这就会使得农村教师认为农村留守儿童拖后腿，更会忽略对他们的关注与爱护，容易使农村留守儿童产生破罐子破摔的心理。所以，教育主管部门在对农村教师进行评价的过程中，不能仅仅以升学率和考试成绩作为评价的唯一准绳，而应该把农村教师对农村留守儿童的教育与引导这部分作为一个重要标准。

（二）教师自我反思

和学生一样，教师也把他们个人的文化知识带到课堂中来，他们的这些知识是在他们个人和专业经验的一套根深蒂固的价值观念基础上形成的。然而，教师的价值观以及与这些价值观念相关的知识，往往是未被检验过的。教师需要批判性地检验作为他们个人知识基础的价值假设和前提，检验他们的知识观、课程观、学生观。教师带着自己的文化观点、价值观、希望和梦想站到了讲台上，他们同样存在偏见、思维定式和错误的看法。教师的价值观会影响和制约他们对学生的看法以及对教学内容和方法的选择,并最终影响学生对信息的理解。因此,要发挥农村教师在农村留守儿童教育过程中的作用,其应该对自身已有观念进行澄清和纠正。

第一,克服自身对农村留守儿童的一些偏见。农村留守儿童由于缺少来自父母的照顾,或多或少会存在着一些不良行为或态度,如生活较懒散、学习不是很努力、小动作较多等。这就导致部分农村教师对留守儿童的态度较为冷漠,不管不问,甚至冷嘲热讽,这种态度显然是不正确的。农村留守儿童存在的行为与态度方面的问题,并不是他们的一种自主选择,很多时候是因为他们缺少引导与关爱。所以,农村教师在面对这些孩子时,不应该漠不关心,让已失去亲情的留守儿童心灵遭受重大打击,而应该认识到他们的问题的形成原因,应该抱着同情的态度来看待这些问题,多关心他们,打破对他们的偏见。

第二,农村教师应该积极学习,参与研究和培训,提升自身业务素养。农村教师在教育农村留守儿童的过程中,必然会遇到各种各样意想不到的问题,而这些问题的解决都不会有现成的答案,这就需要农村教师具有较强的研究能力,能够对这些教育问题的本质、成因以及解决的方法有一个清晰的认识。当然,要具备研究能力,必须不断学习,并且在教育实践中开展行动研究。

第三,以平等和同情的方式对待农村留守儿童。从根本上看,因为农村留守儿童的成长缺少了来自家庭的关爱,所以,他们显得特别容易受伤,而非不正常儿童或问题儿童,他们容易受到教师和其他儿童的歧视和另眼相看。农村教师在与农村留守儿童交往的过程中,不要刻意强化农村留守儿童的“弱势”处境,相反应该让他们认识到困难只是暂时的,通过自身努力是能够克服的,增强他们面对生活和学习上的困难的信心。农村教师还应该有意识地去发现农村留守儿童具备的一些优良品质,比如善解人意、乐于助人、自立自强、自觉刻苦以及简朴节俭等等。除此之外,农村教师还应该帮助农村留守儿童养成健康的生活习惯和良好的学习习惯。农村教师这些举措,可以增加农村留守儿童对学习与生活的信心,帮助他们健康成长。

(三)父母的配合

农村父母应该从以下几个方面积极配合农村教师的教育与管理。第一,与农村教师的目的和观念保持一致。如果留守儿童父母与农村教师的教育目的和观念不一致,就会造成教育方面的浪费。举一个十分浅显的例子。在学校中教师让农村留守儿童要学会关爱他人,但是父母却告诉孩子:各人自扫门前雪、休管他人瓦上霜。这就会造成冲突,让儿童无所适从。第二,应该对自己的子女有一个正确的认识与定位。父母对子女教育方面的要求,应该实事求是地根据自己子女的爱好、兴趣以及个性来加以制订,而不是不顾实际情况地过度拔高或降低。但是无论如何,都应该鼓励孩子好好学习,认真对待自己的学业。当下,农村留守儿童父母对子女的要求,存在着两种极端现象,也就是所谓"唯读书论"与"新读书无用论"。有些外出打工父母,增长了见识,看到了教育可以提高人的收入与地位,于是把读书考大学当成孩子成才的唯一道路,这就是所谓的"唯读书论"。这种做法,会导致部分农村留守儿童心理负担过重,精神压力过大,反而会严重影响他们的正常学习和健康成长。与此相反,有些外出打工父母,通过自己的辛勤劳动,发家致富,于是觉得读不读书没有多大差别,不由自主地向子女鼓吹读书无用论思想,放松对子女的学习方面的要求,这就是所谓的"新读书无用论"。这种做法,同样会带来一些恶果。在家长的鼓吹下,部分农村留守儿童会认为学习好坏没有差别,对自己的学习没有明确的目标与追求,敷衍了事,漫不经心,能读书就读,读不好就去打工挣钱。期望过高,则会给小孩带来沉重的心理负担,期望过低,则会让小孩放纵自己,随波逐流。这两种做法,均不利于农村留守儿童的健康成长。正确的做法是,注意教育的方式和方法,为孩子营造一个宽松、自由而又不乏严格要求的生活和学习环境。第三,加强与教师之间的沟通和交流,及时全面地了解儿童的状况。除此之外,纵然父母外出打工也应该多与子女联系,谈话的内容除了生活、学习外,还要特别关注孩子的心理、品德、情感和行为等方面的需要。家长应该多与孩子分享生活中的经验,关心孩子有什么实际困难,有什么情感困惑,有什么高兴的、悲伤的、忧愁的事情。通过交流,共同找到问题的源头和制定解决的计划,帮助他们学会积极解决问题而非消极应对,建立成就感和自我效能感,而非怨天尤人、自暴自弃。

(四)监护人的协助

为了配合农村教师对农村留守儿童的教育与管理工作,监护人(非自我监护人的情况)应该从以下几个方面做好自己的工作:首先,监护人应该保证留守儿童的一日三餐膳食的营养,促进农村留守儿童身体健康发育;其次,监护人应该关注农村留守儿童的学习,对他们校外的学习情况进行有效的监督;再次,监护人应该对农村留守儿童进行基本的安全常识教育,避免农村留守儿童受到意外伤害;最后,监护人还应该通过自学以及培训等方式积极提升农村留守儿童教育与管理方面的知识与能力,配合农村教师合力做好农村留守儿童的教育与管理。

(五)农村社区的力量

一般而言,农村社区应该在农村干部的领导下,整合社区力量,从以下几个方面来开展工作,配合农村教师对农村留守儿童的教育与管理。

一是净化农村学校周边环境。当农村留守儿童缺少父母的关爱与引导,而监护人缺少精力与时间,也不能对农村留守儿童的行为进行有效的监管与看护时,如果社区干部不带头对农村留守儿童的生活环境进行清理与整治,身心发展还不健全的农村留守儿童就很容易受到不良环境的影响,从而导致不良行为与思想的产生,阻碍他们的社会化发展。比如,学校周边都有很多黑网吧和电子游戏厅,对留守儿童有着极大的诱惑,很多留守儿童沉迷其间,有的孩子甚至成瘾,其正常社会化受挫。

二是抵制落后的思想与观念。对于农村生活中的一些不良习气,社区应该出面制止与抵制。虽然时代在发展,但是在我国广大农村地区,落后的思想观念与生活习惯依然盛行,身处其间的农村留守儿童往往会受到不良影响。例如,农村地区的各种封建迷信活动,如果农村留守儿童参与其中或是驻足围观,势必会受到影响,在他们幼小的心灵中埋下迷信的种子,妨碍他们科学思想的形成,使他们从小难以树立科学的思想观念,也就谈不上科学生活方式。农村抽烟喝酒、打牌赌博等不良风气仍然存在,如果农村留守儿童沾染这些不良生活习气,则会丧失学习动力,失去学习兴趣,身心健康受到损害。对于这些恶习,农村干部应该整合社区村民力量,对其危害加以宣传,进行抑制。

三是密切关注农村留守儿童的校外行为,防止意外的发生。农村社区要发扬团结互助的精神,村干部组织力量对辖区内的农村留守儿童进行摸底排查,充分了解每个儿童的具体情况,并建立农村留守儿童档案。在此基础上,村干部可以将村民组织起来,分成若干小组,对农村留守儿童的校外生活进行联防,防止意外的发生。

四是建立相关的机构设施。比如,可以在农村社区建立一些小型图书馆,让农村留守儿童感受到文化的气息,提高农村留守儿童学习文化知识的自觉性,从而提高农村留守儿童的文化素质,让农村留守儿童花更多的时间读书,让他们少一些时间四处游荡,可以减少意外的发生。再比如,成立留守儿童学习辅导中心,把农村社区的众多留守儿童聚集在一起,选择一些文化素质较高的村民对留守儿童进行学业辅导,增强儿童学习的积极性与有效性。还比如,定时地放映具有教育意义的电影,丰富农村留守儿童的日常文化生活。近些年来,农村生源持续减少,加上一些农村学校的撤销与合并,很多学历偏低、年龄偏大的教师不得不走下讲台,成为闲置人员。农村学校可以对闲置教师加以培训,让他们专门从事农村留守儿童生活与人身安全方面的工作,给予农村留守儿童生活方面的帮助与支持。

通过对农村留守儿童的各种教育力量的剖析,我们可以知道,农村教师在农村留守儿童教育与管理中可以发挥主导作用。当然,农村留守儿童的家长、农村社区和监护人应该积极配合农村教师,只有这样,才能形成合力,促进他们良好地社会化。学校不仅仅是学习的地方,也应该是学生生活的地方。因此,农村学校应该全天开放图书室和体育活动场所,让学校不仅仅是上课学习书本知识的地方,更应该是农村留守儿童放学后满足其身体的、智力的、道德的、社会的、情感的和审美的需要的乐园。换句话说,随着农村社会的变化,农村学校应该扩大自己的功能,不仅关注儿童在学校的表现,而且关心农村留守儿童放学后的生活:他们都到哪些地方去了,都玩了些什么游戏,都和什么人在交往,在看或看了哪些书籍,在看或看了哪些电视节目,都议论了哪些课题,都在谈论什么主题,都做了哪些家务劳动,都在想些什么,都看到些什么,都听到些什么,受到了哪些影响,好的影响有哪些,不好的影响有哪些。我们如何强化这些好的影响,又如何避免这些坏的影响?教师应该如何做?课程应该如何增加和减少内容?教学如何让儿童感兴趣?学校管理如何适应农村留守儿童日常生活方式的变化?

第二节　农村教师应该发挥的角色与功能

教师总是社会利益的代言者,真正美好生活的引路人。教育既有培养创造力的作用,也有压抑创造力的作用,这全依赖于教师的素质。时代变化了,农村教师的角色和功能也应该相应变化。这个变革并不是突然出现的,也不是在朝夕之间就能完成的,然而,不得不看到,这个深刻变革已经在进行中。传统农村学校要帮助农村儿童积累知识、考出高分、考上大学,现在的农村学校则是帮助农村儿童学会学习、学会思考,充分发挥自身潜能,无论身处农村还是城市都能够为社会贡献自己的力量。在传统农村学校,教师主要充当独裁者和支配者角色,从外部为儿童提供记忆那个和背诵这个的指令,强调知识的量而不是知识的质，看重儿童的外在成绩，而不是个人的态度和方法。而现在农村教师的职责已经不仅仅是传递知识，越来越多是启发思考、创设环境、提供材料，教师越来越成为一位顾问，一位交换意见的参加者，一位帮助发现矛盾论点而不是拿出现成真理的人。他必须集中更多的时间和精力去从事那些有效果的和有创造性的活动：互相影响、讨论、激励、了解、鼓舞。①农村学生与城市学生的生活经验是不同的，东部农村儿童与西部农村儿童的经验也是不同的。如果拘泥于教材，给农村儿童和城市儿童以同样的课程与统一的教学，那样，只会给不适合者造成伤害。故而，对农村儿童的教育应该从农村儿童的生活经验出发，将他们的生活经验与课程和教学内容有机联系起来。

一、满足农村留守儿童的基本需要

长期外出后，父母对留守儿童的重要性和权威性丧失，留守儿童逐渐开始把对父母的情感依赖与需求和对权威的认同转移到教师身上。如前所述，农村留守儿童是弱势群体，由于出生环境的影响，他们在各个方面的发育都有可能受到一些阻碍，而教师的第一职责就在于关心和保护他们，满足农村留守儿童在身体、心理、情感、智力、社会和伦理等方面的需要，使他们能够健康发展，成为社会有用人才。留守儿童的特点决定了农村教育应该给予他们更多的帮助与疏导，通过教师、通过集体的温暖弥补亲子关系缺失对其人格健全发展形成的消极影响，应该为其提供个性化、针对性强的教育，在学习上、生活上予以更多的关心和爱护。杜威在中国演讲时曾说："现在的学校，讲义编得有条有理，书籍注释得完完全全，句子圈得密密麻麻，代学生用双手操作，代学生用眼睛观察，代学生用脑力思考，使学生如泥塑木雕。但人的本性，皆喜自动，一朝斩丧如此，厌弃教育的心，就从这里发生。因此，最快乐的读书事业，或顿生一种惨淡的情形。此种形象，自我来中国参观学校以后，常常看见。就是美国现在也还不少，课堂以内，完

①联合国教科文组织国际教育发展委员会.学会生存：教育世界的今天和明天[M].华东师范大学比较教育研究所，译.北京：教育科学出版社，1996：108.

全是教师的演讲,学生没有思考的时间,又怎能希望社会改良进化呢?学校以儿童为中心,社会以青年为中心,所以最希望学校养成一种有生气的儿童,社会养成一种有生气的青年。教师把儿童思考的一切东西都替他做完了,还要儿童去想什么呢?我们一定不要忘记,教科书中组织好的教材和预先排定的功课,都代表他人的思想。儿童从一岁到五岁,是真正自动的时期,一切外象,都由自己亲自探险得来,所以他的所得亦最多;如言语、行路等都在这个时期学会。等到一入学校,自动的方面,渐渐减少,被动的方面,反而增多,耳目不用、手足不劳、心思不想,终日终年,皆是得的一种死印象,不是自动的新生活,个性无由发展,性灵反多戕贼,这是最不好的事。"①传统教师,他们不去研究儿童在发展过程中所需要的究竟是什么,只是拿成人所积累的二手知识,和与生长的迫切需要毫不相关的东西强加给儿童。卢梭说,一个成年人确实必须知道许多东西。可成年人所应该知道的一切,难道儿童都应该学、都能学吗?把作为一个儿童用得着的东西教给儿童,你可以看到他已经花费他的全部精力了。为什么硬要他学习也许一生都用不着的东西,而忽略那些适应他的目前需要的东西呢?但是,你要问,等到要用的时候再去学那些应当知道的东西,岂不是太晚了吗?我不能说。但这点我知道,教得太早是不可能的,因为我们的真正教师是经验和情感,成年人除非根据他本身的条件,决不会学习不适合他的东西。儿童知道他一定要长大成人,他可能有关于成人的种种观念,这给了他很多教育的机会。但是对于不能领会的那些概念,却不应使他知道。我们对儿童一点儿也不了解,用我们的错误观念进行教育,越来越走入歧途。那些最聪明的著作家专门论述一个人应知道什么,却不问一个儿童能够学习的是什么。

儿童对远的东西的学习能力来自对近的东西的掌握。儿童需要花时间从已熟悉的事物中发现其意义。比如,儿童需要参与家庭生活,才能认识到人类生活的方式,才能养成勤劳和爱动脑筋的习惯。儿童需要花时间做些东西,参与形式

①[美]杜威."自动"的真义[M]//袁刚,孙家祥,任丙强编.民治主义与现代社会:杜威在华演讲集.北京:北京大学出版社,2004:107.

多样的游戏和工作,为其动手的本能的发挥提供了机会。儿童需要花时间亲自探险,在教师的带领下走出去,到知识取之不竭、永远常新的源泉那里去,到自然界去,到花园里、树林里、河岸边、田野里,等等。教师仅仅是一位观察者和支持者,跟儿童一起学习用准确而连续的语言表达事物和自然现象的最细微的色彩和形状差异。有效教学方法首先开始于生生和师生交往,而不是教科书。因此,学校作为一种特殊的社会环境,应该转变为一种交往的场所,经验和观念在那里进行交换并受到检验,错误的思想在那里得到纠正,新的思维方式和探究方法在那里形成起来。儿童聚在一块儿交谈,讨论他们所见所闻,利用种种东西进行活动,如木头、豆形果实、石头、树叶或树皮,把想要做的东西尽可能多地做出来。通过这些活动,教师能够不断地发展儿童的能力,熏染他的意识,形成他的习惯,锻炼他的思想,训练他的习惯,并激发他的感情和情绪。通过这种不知不觉的来自环境的间接教育,儿童便渐渐分享人类种族积累下来的智慧和道德财富,不仅成为人类财富的继承者和享用者,而且成为人类社会不断发展的建造者和创新者。在这里我们愿意不厌其烦地引述陶行知先生的五个解放来阐释农村教学如何满足儿童的需要①:

(1)解放小孩子的头脑。儿童的创造力被固有的迷信、成见、曲解、幻想层层裹头布包缠起来。我们要发展儿童的创造力,先要把儿童的头脑从迷信、成见、曲解、幻想中解放出来,对于世间事物不仅知其然而且知其所以然。

(2)解放小孩子的双手。人类自从腰骨竖起,前脚变成一双可以自由活动的手,进步便一日千里,超越一切动物。自从这个划时代的解放后,人类乃能创造工具、武器、文字,并用以从事于更高之创造。假使人类把双手束缚起来,就不能执行头脑的命令。我们要在头脑指挥之下用手使用机器制造,使用武器打仗,使用仪器从事发明。中国对于小孩子一直是不许动手,动手要打手心,往往因此摧残了儿童的创造力。小孩子的双手是要解放出来的。中国在这方面最为落后,直到现在才开始讨论解放双手。在爱迪生时代,美国学校的先生也是非常顽固,

①陶行知.创造的儿童教育[M]//胡晓风.陶行知教育文集.成都:四川教育出版社,2007:519-520.

因为爱迪生喜欢玩化学药品，不到三个月就把他开除！幸而他有一位贤明的母亲，了解他，把家里的地下室让给他做实验。爱迪生得到了母亲的理解，才一步步地把自己打造成发明之王。那时美国小学的先生，不免也阻碍学生的创造力的发展。我们希望保育员或先生跟爱迪生的母亲学，让小孩子有动手机会。

(3)解放小孩子的嘴。小孩子有问题要准许他们问。从问题的解答里，可以增进他们的知识。孔子入太庙，每事问。我从前写过一首诗，是发挥这个道理："发明千千万，起点是一问。禽兽不如人，过在不会问。智者问得巧，愚者问得笨。人力胜天工，只在每事问。"但中国一般习惯是不许多说话。小孩子得到言论自由，特别是问的自由，才能充分发挥他们的创造力。

(4)解放小孩子的空间。从前的学校完全是一只鸟笼，改良的学校是放大的鸟笼。要把小孩子从鸟笼中解放出来。放大的鸟笼比鸟笼大些，有一棵树，有假山，有猴子陪着玩，但仍然是个放大的模范鸟笼，不是鸟的家乡，不是鸟的世界。鸟的世界是森林，是海阔天空。现在鸟笼式的学校，培养小孩用的是干腌菜的教科书。我们小孩子的精神营养非常贫乏，这还不如让他们去接触大自然中的花草、树木、青山、绿水、日月、星辰以及大社会中外古今三百六十行学习。创造需要广博的基础。解放了空间，才能搜集丰富的资料，扩大认识的眼界，以发挥其内在之创造力。

(5)解放儿童的时间。现在一般学校把儿童的时间排得太紧。一个茶杯要有空位方可盛水。现在中学有月考、学期考、毕业考、会考、升学考，一连考几个学校。有的只好在鬼门关去看榜。连小学的儿童都要受着双重夹攻，日间由先生督课，晚上由家长督课，为的都是准备赶考，拼命赶考，还有多少时间去接受大自然和大社会的宝贵知识呢？赶考和赶路一样，赶路的人把路旁风景赶掉了，把一路应该做的有意义的事赶掉了。除非请医生，救人，路是不宜赶的。考试没有这样重要，更不宜赶。赶考首先赶走了脸上的血色，赶走了健康，赶走了对父母之关怀，赶走了对民族人类的责任，甚至于连抗战之本身责任都赶走了。最要不得的,还是赶考把时间赶跑了。我个人反对过分的考试制度的存在。一般学校把儿童全部时间占据,使儿童失去学习人生的机会,养成无意创造的倾向,到成人时,即使有时间也不知道怎样下手去发挥他们的创造力了。创造的儿童教育,首先要为儿童争取时间之解放。

无独有偶,卢梭也同样批判道:你以为你在节约时间,其实你在浪费时间。学生得到的可能是一些一知半解的词,而失去的却是对学习的兴趣和继续学习的能力。我们经常通过这些标准来判断一个人是否有学问和受过教化:你读过几十本或几百本经典名著吗?能背诵几千首故事吗?能否吟诗作赋?能否即兴作画?懂几个国家的语言?一分钟能够计算出几十道数学题目吗?然而,真正重要的东西却是,他是否通过这些东西的学习使生活本身更加有意义,而不是增加一些炫耀和装饰自身的外在资本。这一点常常被人们所忽略。我们将大部分时间用到对古代作品的注释上,却没有能力将它们的精神用到现实生活中,使自己的精神和想象力受到滋养,我们将大部分的精力用来占有过去的知识财富,却没有精力去规划和引导未来,让我们在未来面前不知所措、害怕退缩,我们将大部分的注意力放到零碎知识的收集上,却使自己的行为随意盲目,受情绪和环境的外在支配,我们将大部分的思考放到了自己身上,在生活问题的处理上,自私冷漠和缺乏同情心。通常的情况是,我们的学生鄙视体力劳动,认为它们低贱和低等,在头脑中堆积了大量知识,却在生活中派不上用场,既不提高行动的效率,也不增加行为的意义,百无一用。

总之,在当前瞬息万变的时代背景下,我们能给予儿童的唯一适应,便是训练他们的能力使他们能够适应各种不同的新环境。由于科学技术的发展和现代工业的出现,我们不可能准确地预言二十年后的世界是什么样子,因此也就不可能让儿童去适合某种定型的社会状况。准备使儿童适应未来生活,即是使他们能控制自己和环境,在需要的时候,知道如何制定目的和选择相应的手段,他的眼、耳和手都成为随时听命的工具,他的判断力能告诉他在当时的环境下,哪些事情是最重要的,哪些事情是第二位的,他的思维能够指挥他如何寻找信息,如何界定问题，如何观察现象，如何解释事实，如何计划进程，如何实践计划，如何修正计划，如何完善目的，等等。

二、提供农村留守儿童个性发展的环境

教师在学校中并不是要给儿童强加某种概念，或形成某种习惯，而是作为集体的一个成员来选择对于儿童起着作用的影响，并帮助儿童对这些影响做出适当的反应。儿童绝非小大人，如果千篇一律地对待儿童，就不可能有真正科学的教学。每个儿童都有很强的个性，教师只有熟悉他的每个学生，才有指望理解儿童，而只有理解了儿童，他才有指望去发展任何一种教育计划，使之或者达到科学的标准，或者符合艺术的标准。如果教师不了解各个学生的实际状况，他们就绝不可能知道自己的教育计划是否有价值。社会上存在多种职业，有机械师、音乐家、医生、农民、商人或者管理者等，但现实是，大多数人的理智兴趣并不占主导地位，而更多是实践操作的兴趣，这就是工人和手艺人比科学家多的原因。所以，农村学校仅仅提供书本学习，以抽象知识积累为目的的教学对大部分儿童而言是不公平的，这不能满足他们占主导地位的实践操作的需要，而仅仅满足了那一小部分对智力问题特别感兴趣的儿童。传统上，我们一向是不许小孩子动手，只允许向内冥思，动手要打手心，这往往摧残了儿童的创造力。儿童现在的能力要自己表现出来，儿童现在的才能要发挥作用，儿童现在的目的要实现。这种来自本能深处的冲动是无法人为阻挠的，强加干预只会造成性格的扭曲。比如，松树和牡丹所需要的肥料不同，你用松树的肥料培养牡丹，牡丹会瘦死；反之，你用牡丹的肥料培养松树，松树受不了，会被“烧”死。培养儿童的创造力要同园丁一样，首先要认识他们，发现他们的特点，而予以适宜之肥料、水分、太阳光，并须除害虫。这样，他们才能欣欣向荣，否则不能免于枯萎。陶行知讲了这样一个故事，很能说明问题[①]：“一个朋友的太太，因为小孩子把她的一个新买来的金表拆

①陶行知．儿童科学教育[M]//胡晓风．陶行知教育文集．成都：四川教育出版社，2007：306．

坏了，在大怒之下，把小孩子结结实实打了一顿。后来她到我家里来说：'今天我做了一件极痛快的事，我的小孩子把金表拆坏了，我给了他一顿打。'我对她说恐怕中国的爱迪生被你枪毙掉了。我和她仔细一谈，她方恍然大悟，她的小孩子这种行为原是有出息的可能，就向我们请教补救的办法。我说：'你可以把孩子和金表一块送到钟表铺，请钟表师傅修理，他要多少钱，你就给多少钱，但附带的条件是要你的小孩子在旁边看他如何修理。这样修表铺成了课堂，修表匠成了先生，令郎成了速成学生，修理费成了学费，你的孩子好奇心就可得到满足，或者他还可以学会修理咧。'"什么是人性？人性趋向于在愉快而不是不愉快以及在乐趣而不是痛苦之中寻求动机。在农村学校教学中，儿童心理的因素也许会遭到忽视或推在一边，但它们不能被排除出去，如果把它们从门里赶出去，它们又会从窗子里爬进来。换句话说，有效教学必须以儿童的心理为基础。心理学研究发现，儿童有四类兴趣——交谈或交流方面的兴趣、探究的或发现的兴趣、制作或建造的兴趣和艺术表现的兴趣，它们是自然的资源，是未被利用的资本，儿童的积极生长仰赖于对它们的运用。因此，统一的教学内容和方法不能适应不同儿童的需要，只能造就一大批平庸呆板和怪异另类的人。因此，农村教师充分发展每一个儿童的个性需要从两个方面着手：一是全面了解儿童，知道每一个儿童的兴趣、能力和已有经验；二是提供材料和环境，让儿童充分表达自己的个性，使儿童兴趣能够有所成就。用名人的故事来解释即是，农村教师应该成为富兰克林的父亲和爱迪生的母亲。

富兰克林的父亲[①]：一个小男孩认为自己几乎是世界上最不幸的孩子，因为小儿麻痹症使他腿脚行动不便，牙齿参差不齐。他很少跟同学们玩耍，老师叫他回答问题时，也总是低着头一言不发。一年春天，小男孩的父亲从邻居家讨了些树苗，想把它们栽在房前。他叫孩子们每人种一棵。父亲对孩子们说："谁栽的树苗长得最好，我就给谁买一件他最喜欢的礼物。"小男孩也想得到父亲的礼物，但是看到兄弟姐妹们快活地提着

①富兰克林·罗斯福与父亲的一段故事[EB/OL].(2017-08-01)[2018-02-10]http://www.sohu.com/a/161556868_706800.

水去浇树,不知怎么回事,他萌生了一个想法:他希望自己栽的树苗早日死去。因此他浇水一两次后,就再也没去照管小树苗了。几天后,小男孩再去看他种的树苗时,惊奇地发现它不仅没有枯萎,还长出了一些新叶,显得更加翠绿、更有生气。父亲兑现了他的诺言,为小男孩买一了件他最喜欢的礼物,并对他说:从他栽的树来看,他长大后一定能成为一名出色的植物学家。从那以后,小男孩慢慢变得乐观起来。一天晚上,小男孩躺在床上睡不着,望着窗外明亮的月光,突然想起生物老师说过植物一般都在晚上生长。何不去看看自己种的那棵小树呢?他轻手轻脚地来到院子里的时候,却看见父亲正用勺子在自己栽种的那棵树下泼洒着什么。顿时,一切他都明白了,原来父亲一直在为自己栽种的树苗偷偷地施肥!他返回房间,情不自禁地泪流满面。几十年过去了,小男孩并没有成为植物学家,却成了美国总统,他的名字叫富兰克林·罗斯福。爱是生命最好的养料,哪怕只是一勺清水,它都能使生命之树茁壮成长。也许那棵树是那样不起眼,甚至还有些枯萎,但只要有爱的养料孕育,它就能枝繁叶茂,甚至长成参天大树。

爱迪生的母亲[①]:关于爱迪生退学的原因,大家都知道是因为爱迪生问"老师,为什么一加一是二?"。老师说:"爱迪生,你拿一支铅笔再加一支铅笔,不就变成两支铅笔了吗?""可是老师,拿两只杯子里的水放到另一只杯子里,水就集中在一个杯子里了呀,一加一怎么会是二呢?"老师不知如何回答了。"老师,两块泥巴粘在一起就是一块,为什么一加一是二,也许一加一是一。"这时老师发火了:"真烦!你自己去想去吧。"于是老师又继续上课。爱迪生又举手了,"什么事,爱迪生?"老师强压住火气问。"老师,为什么会起风?""老师,鸡蛋为什么会孵出小鸡?"老师说:"那是因为母鸡给鸡蛋加温了。""老师,为什么给鸡蛋加温就能孵出小鸡?"爱迪生又问了许多为什么,"鱼为什么不会被淹死?""天空为什么是蓝色的?"等

①我的儿子不是低能儿[EB/OL].(2017-10-19)[2018-01-15]http://www.sohu.com/a/198929433_507440.

等。老师终于忍无可忍，狠狠地骂了他一顿："真烦，混蛋，老老实实学你的算数！你是傻瓜吗？像你这样读书也是白读。"爱迪生哭着回家了。妈妈听了儿子的诉说，拉着爱迪生的手到学校找到老师，质问了老师："你是不是说我儿子是傻瓜笨蛋，读书也是白读？"老师无言以对。"我明白了，儿子由我自己来教育，不用麻烦老师了，再见。"妈妈拉着儿子的手回家了，她一边走一边想："恩格尔老师强迫孩子把教科书完整地默记下来，儿子反感，两人才陷入僵局的。我不强制他，我要和他一起享受思考的快乐。默记教科书的内容，见鬼去吧！默记教科书长大一点儿用都没有，活的教材不是遍地都是吗？"南希暗暗发誓要给儿子尝试绝不输给其他孩子的教育。从此开始了对爱迪生的家庭教育。这个学校是妈妈和儿子两个人的学校，母亲教他学习算数、英语、文学、理科、社会……什么都在一起学。但母亲从不拘泥于教科书，而是注意身边发生的事。用无条件的爱来包容孩子的一切，孩子的心灵会得到支撑，这样的支撑将终身成为心灵的珍宝。

总之，农村学校的教学应该适应儿童的需要，而不是相反，强迫儿童去适应课程的需要。这就要求农村学校能够创造各种机会以适应具有不同能力和兴趣的儿童，包括提供丰富的材料，让不同的儿童各取所需，表达自身独特的看法，组织多元方法，让具有不同个性和能力倾向的儿童都能够发挥才能和贡献力量，在看待和处理问题的过程中采用不同的方式，而非强求一律、千人一面。

三、将农村留守儿童的脑力和体力劳动结合

学校是个体社会化的重要场所，对于那些父母外出务工的留守儿童，学校更是他们社会化的主要的理想场所。它肩负着儿童习得社会规范、掌握社会情感、形成生活技能、扮演社会角色和传递社会文化的重要使命。然而，事实上，农村学校教学条件相对落后，偏远孤立，师资力量薄弱，过度重视学习成绩，没有很好

地承担起农村留守儿童社会化的重要责任。受长期应试教育的影响,传统农村学校摆在第一位的是背书,是记住别人的思想,而不是让学生自己动手去探究、去观察、去判断、去实验,去得出结论和运用结论。没有机会让学生自己进行创造,操作材料、运用工具使物体发生改变,从而认识周围世界的事物、现象和相互之间的联系,最终将事实和现象转化成它们的科学的、历史的和社会的对应物。

众所周知,行是知之始,知是行之成。知与行是儿童认知过程相辅相成的两个方面,理应结合起来。然而,传统农村学校课程,都是从旧时代承袭下来的,掌握语言符号是最为重要的事情,因为它们是接近传统书本知识的唯一门径。虽然科目名称和内容表面已经改变了,可是旧时代的各种思想仍控制着学校的课程、教学和管理。

我们听到一些人强烈反对在课程中引入吃穿住行等社会活动,理由是儿童在校外游戏中经常玩这些东西,学校就没有必要继续重复这些活动,而应该教给儿童一些他们在校外学不到的东西,比如文字。这种反对论点不仅会导致可悲的结果,也将把儿童引入歧途。事实上,仅仅专注于书本知识学习而忽略和轻视体力劳动,这样一种教育才是非常片面的和狭隘的。这是一种几乎完全被西欧中世纪的知识观念所支配的教育,认为知识仅仅指那些通过理性冥想得来的恒定的和不变的东西,而从实践得来的经验不可靠。这种教育大体上只能投合人性的理智方面,投合我们积累知识和占有学问的愿望,而不是投合我们的制作、创造、生产和表达的冲动和倾向。把基本的农业生产作为实践的和功利的东西而加以反对这个事实,其本身就是为当前教育的那种纯粹学究化的思想提供了最好证据。然而,社会已经非常不同了。随着科学技术的发展、产业的进步、民主思想和观念的普及,阶级渐渐消失了,人人平等了,每一个人都既有劳动的义务,通过劳动获得生活的意义,也有从社会中取得报酬和享受休闲的权利。这种社会环境与传统的学究式的教学内容和方法格格不入。如果教育不等同于纯知识的、学术的占有,那么那些动手操作的材料和方法理应受到热烈欢迎,受到最殷勤的采纳，被有机地整合到学术知识的掌握中，知识成为活动的产物和成分，是活动顺利完成的必要内容。儿童通过从事有目的的社会活动自然而然地获得了相应的知识，知识不再是外在的强迫，而成为内在的需求，它不再是死的个人占有物，而成为可以迁移的社会资本，它也不再是最后的和自存的绝对真理而成为暂时的和有条件的需要被实践检验的假设。

体力劳动与智力培养紧密相连。手的技艺是头脑的好钻研、聪颖、创造精神的物质体现。使每个孩子在童年就能用自己的双手实现自己的意图，是非常重要的。①农村留守儿童体力和脑力劳动结合，包括两层含义。一方面它意味着，教学目的的改变。不仅需要培养儿童实际技能和技巧，还需要重视劳动活动在儿童的精神生活中的作用和地位，以及劳动创造中的充裕的智力内容、丰富的道德意义和明确的社会价值，意识到劳动的社会意义和目的，以及对他人生活的贡献。另一方面它意味着，儿童的双手越巧，头脑就越聪明。知识的获得不是靠灵感，技巧的获得不是靠反复训练。它取决于儿童脑力和体力的结合。智力随着技巧的完善而增强，而技巧则又得力于智力的提升。换句话说，智力通过技巧，技巧基于智力，两者互为因果、相互强化，须臾不能分离。因此，农村学校应该努力把儿童认识周围世界的活动变成孩子们的双手同周围环境之间积极相互作用的活动，帮助孩子用眼睛去观察，用双手去探索，用头脑去思考，用耳朵去倾听，用嘴巴去讨论，通过合作和分享来表现和发展社会精神、社会情感、社会认知和社会品行。然而，在传统农村学校，儿童在学习的过程中，缺少了自主探究精神，很多时候学习的材料都是由教师准备好的现成知识，教师的目的是让学生在考试中取得高分，将学习内容按照重点和难点进行一一区分，而全然不顾学生的活动需要。当然，学生也就只能依照教师所划定的内容进行学习、巩固，以取得高分，这种书本式学习方式大行其道。

尽管儿童有自发的好奇心和好动的天性，但是，仅仅指定儿童这样或那样“做”，一步步向他提出要求，那么大部分的做只会导致外在的肌肉锻炼而缺少智

①[苏]苏霍姆林斯基.把整个心灵献给孩子[M].唐其慈，等译.天津:天津人民出版社，1981:317.

力内容。换句话说，真正的活动应该是儿童体力和智力的结合，应该是反映社会生活的典型活动，具有社会价值和意义而非一些偶然的和随意的活动。应该使每个儿童都能够在活动中获得个性的体现和能力的彰显，具体地看到自己的能力的客观体现，从而对自己做出恰当的评估，认识自己能力的限度。具有社会价值的活动，不仅可以使儿童确立自己的个性，还是儿童道德品行的源泉。当儿童体验到劳动的价值的时候，他就会去尊重劳动和他人的劳动成果，他就变得更加有同情心，更为他人着想。当儿童感到自己是创造者的时候，他就要竭力想变得比现在更好，不断完善自我的动力将推动着儿童前进，今天比昨天好，明天比今天好，一步步走向更好的自己。人在童年，在意识未完全形成之前就意识到自己是劳动的创造者，它的意义是非常重大的。这个自我意识，也就是个性形成的实质所在。他将认识到自己不仅是劳动成果的享受者，还是劳动成果的积极创造者，可以通过自己的劳动去改变世界和改变自己，创造出更加美好的社会。同时，他也认识到，通过劳动，一切皆有可能，没有什么是不可改变的，他可以使自己变得更强大，战胜困难，实现心中的理想，他会变得越来越自信，越来越有能力控制环境，越来越有成就感和幸福感。然而，在传统农村学校里，教学方法和课程都是划一化和统一化的，没有任何机会适合不同的个性，个性被泯灭和压抑，仅仅剩下单调乏味和千篇一律。一切事情都以“静听”为基础，统一的教材和统一的教学方法，几十年不变。耳朵和书本构成了适用于一切人的媒介。几乎没有任何机会满足不同的能力和需要。有一大堆数量固定不变的现成的结果和技能要所有儿童在同一时间内以同样的方式学会。为了满足这种需要，产生了从小学一直到大学的课程。世界上成人需要的知识和专门技能实在太多了。于是，一些课程专家将全部知识按6学年、12学年或16学年分配到不同年级。每一个年级学习知识的相应的部分，从简单到复杂，从容易到困难，一步步，一年年，直到儿童掌握了全部的课程。儿童每小时、每天、每周或每学年应该学习哪些知识，怎样学习都被事先规定好，每一样东西都不分主次地呈现在儿童面前，要求儿童一点点识记，一点点背诵，完全不考虑这些东西儿童应不应该学，为什么应该学，应该在什么时候学，儿童是否为学习它们做好准备，以哪种方式学习最有效，为什么应该以这种方式而非那种方式学习，我们如何知道儿童已经掌握了这些东西，这些东西在儿童经验中有什么价值，在儿童现在的生活中有何用处，如果儿童缺乏学习这些东西的背景和直接经验，这种学习如何变得可能，等等。如果说教师在教学某个主题前没有对这些问题进行思考，那么，可以肯定地说，他或她的教学是武断的和强加的。无独有偶，对此，卢梭也深表赞同：他（教师）坚决表示不浪费时间，他给学生提供能够预先在商店橱窗里展览的货物，一些可以任意炫耀的成品。……如果儿童要考试，他就动手把他的货物陈列出来，他把他们的货物陈列出来，满足了那些观看他们的人以后，卷起了他们的包袱，走他自己的路。太多的问题对于大多数人特别是对于儿童，是冗长乏味和厌烦的。几分钟后，他们的注意力消退了，他们不再静听你的令人厌烦的问题，他们胡乱做了回答。因此，真正的有效的教学有一个时机问题。用专门术语来说即是，教学有一个准备性，不是任何时候的教学材料和方法，对特定时间的特定儿童都是有效的。没有放之四海而皆正确的教学材料和方法。教学必须等待儿童的愿望，等待自觉的需要，然后教师必须迅速地抓住这个时机，及时提供满足儿童愿望的材料和方法。在日常生活中，儿童的各种活动在成人看来似乎是漫无目的地瞎胡闹，然而，从儿童发展来看，它们是一些方法，通过它们，儿童逐渐熟悉自己的世界，学习使用自己的能力以及了解自己能力的限度。儿童经常不停地活动在成人的心目中似乎是无意义的，只是因为成人已经熟悉了周围世界，因而不感到继续试验的需要。但是当他们由于儿童不停地活动而感到不耐烦时，就力图使他安静下来，他们不仅干扰了儿童的快乐和健康，而且把他寻求真正知识的主要途径切断了，打击了儿童探索世界的激情和好奇心。教育如果忽视了儿童身上蕴藏的这种充满生机的活动的冲动，就会流于学院派和死气沉沉。我们让儿童离开他们自然的学习方式——从做中学，转而强迫他们死记硬背他人的抽象知识，使他们的思维变得迟钝了，智力干瘪得难以想像，对学习的厌恶之情越来越加深。对教师而言,如果教材被用作唯一的材料,那么,他们的工作就会难得多,因为这种学习方式违背了儿童的天性,与儿童真正的学习方式相反,除了书本上要教给儿童的知识以外,他还必须经常拿出时间和精力去压抑和阻止儿童的好动倾向,不允许他们交头接耳,不允许他们做小动作,不允许他们摆弄书本之外的一切东西,不允许他们东张西望,不允许他们乱涂乱画,不允许他们多说一个字或少写一个字,必须按照书本要求说和写,不允许他们先写这笔后写那一笔,因为这是书本事先规定好的,不允许他们先出左脚后出右脚,因为这违反了学校规定。然而,当教师能够通过社会环境中的活动将知与行、理论和实践联系起来,他们将会发现,儿童的自发性、活泼性和创造性,有助于教学,而不是需要被人为抑制、干扰儿童学习的东西。这些所谓的阻碍教学的东西,将会变成教师所要培养的积极品质,是儿童学习和成长的工具和资源,是人生有用的品质。

遗憾的是,封建等级社会把农业劳动看成低人一等的,不需要什么智力的事,这种长期形成的偏见至今仍然存在。晏阳初曾说:"我们历来有'万般皆下品,唯有读书高'的传统观念,由于这种封建意识的影响,产生了许多学究、书呆和书奴,养成了一大批士大夫阶层。'学而优则仕'的人才选拔制度则进一步强化了对外在书本知识的占有和对生产劳动的鄙视。这些人往往误国戕民。在中国历史上,有两种瞎子,两种盲人。一种是生活在社会底层的不识字无知识的瞎子,叫'文盲';一种是虽有知有识,但处在社会的上层,远离劳苦大众,不了解广大人民的疾苦,更看不到人民身上的潜在力量,这种人也是瞎子,我称之为'民盲'。"[①]因此,允许儿童身体自由是必要的,假如学生真正地从做中学的话,不仅可以养成独立和勤劳的习惯,还可以形成有序和整洁的能力和培养积极乐观的心理素质。总之,诚如苏霍姆林斯基提醒我们的那样,劳动,使人在劳动中表现自己,理解生活的意义,认识自己的力量和才能,为自己的人的尊严而自豪,珍惜自

①晏阳初.平民教育与乡村建设运动[M].北京:商务印书馆,2014.504.

己的荣誉——只有这样的劳动才是道德的开端。①

四、将农村留守儿童的校内和校外生活统一

当前农村教育失败的部分原因是学生在家庭文化中习得的东西与学校要求的东西错位。儿童日常生活经验和方式在学校中被忽略。学校学习的东西总是被视为存在于儿童生活世界之外的独立存在的东西，对生活没有什么影响。专注于零碎知识的记忆，每节课教几个字几个词几句话，传授一点儿语法知识，学生学完一课，便完事，教师讲解，学生静听，讲书、听书、读书便占了学校学习的大部分时间。它使人坐而言，而非起而行，用感官去观察世界，用双手去改变物质，它忽略生活的需要和要求，学生被迫接受教师传授给他的死知识，只动口而不动手和动脑，更没有进一步运用到生活中。因此，养成了儿童书呆子气，双手无用武之地，只是拿来写字和完成作业。长此以往，儿童便自然而然地认为，学校生活和校外生活本来就应该不一样，学校学习是专门用来学习过去知识的，日常生活是用来学习生活技能的。然而，从实际效果来看，这种分裂的教育是错误的和片面的，没有生命的力量，对儿童的行为不产生影响，最终使农村年轻一代"种田不如老子，管家不如嫂子"。

为什么一些人越受教育越偏离了自身固有的直觉？我们看到一些儿童自从上学之后，整天念叨的就是"我不想上学，妈妈，什么时候可以不上学，什么时候才到星期六星期天，什么时候才放假"。为什么有着丰富创造力、鲜明想象力、敏捷记忆力，对周围世界各种现象极为敏感的儿童，在学校学习了两三年后，变得一言不发，对任何事情理所当然，既提不出问题，也不感兴趣？为什么一些儿童对他们感兴趣的动画片上的故事情节和对话能够倒背如流，对故事中的人物记忆犹新，却怎么也记不住语法规则，分辨不清叶脉和叶柄？为什么他们难以记住怎么正确书写英语单词，记不住六加六等于几？苏霍姆林斯基得出的结论是这

①[苏]苏霍姆林斯基.给教师的建议[M].杜殿坤,编译.北京:教育科学出版社,1984:478.

样的:“在学校学习期间,掌握知识的过程往往脱离学生的精神生活。儿童记忆之所以敏捷和牢固,正是由于他们的记忆中注入了鲜明的形象、图画、概念和印象的清澈的溪流。儿童的思维之所以能以精细入微、出人意料而具有哲理性的问题使我们感到吃惊,也正是因为他们的思维受到了这一小溪的生机勃勃的源头的滋润。不让学校大门把孩子的意识和周围世界隔开,这是何等重要的事。我力求做到在整个童年时期内,使周围世界和大自然始终都以鲜明的形象、画面、概念和印象来给学生的思想意识提供养料,使儿童能意识到思维的法则像一座齐齐整整的建筑物,其样式是由更为齐整的建筑物——大自然——所提供的。”①

很多学生觉得学校生活毫无乐趣可言,最为根本的原因在于:学校生活与校外生活没有丝毫的关系,校内经验与校外经验是两个独立的组成部分,并没有真正统一起来,学生缺乏学习的内在动机和目的。传统认知理论认为,人的头脑中有一个思维的官能,能够对呈现出来的任何材料进行思维,不管它在思维中的地位和意义如何。与此不同,现代认知理论的研究表明,儿童在学习的过程中,都是从已有经验出发,去同化新的经验,新经验只有当在儿童已有经验中发挥作用才具有意义,儿童才会有学习它、掌握它的需要和意愿。因此,农村教学应该同学生的个人经历以及他们实际关心的事物相联系,以便更好地激励他们,让学生感受到学习的必要性,否则就是外在的强加,或者是以奖励为诱饵或者是以惩罚来威胁。换句话说,农村学校的教学要真正有效,满足儿童兴趣和影响儿童品行,它必须与农村环境相适应,课程与教学的开展,都应该从农村实际情况出发,以儿童的日常生活经验为中心。比如,将农村日常生活中的编织、手工、农作物种植和养殖等劳动类型引入学校,既可以丰富课程内容,又可以使学习过程本身更加生动有趣。为了确保教育的公平,让城乡儿童都能够接受到优质的教育,一些人出于好心提议应该将城市学校的教学内容和方法原模原样地照搬到农村学校,即现在非常流行的学校集团化趋势,然而,从教学适应儿童经验的基本原则

①[苏]苏霍姆林斯基.把整个心灵献给孩子[M].唐其慈,等译.天津:天津人民出版社,1981:157.

来看，这种做法违反教育规律，与儿童学习过程不符，其最终的结果恰恰是不公平，强行拉齐扯平。真正的公平，应该是创办适合不同环境儿童的教育，均衡不等于均等，公平不等于平均，数量的相同不等于质量上的公平。

从这个角度来看，教师的工作并非只是传授信息，而是以陈述问题方式介绍这些知识，把它们置于某种条件中，并把各种问题置于未来情景中，从而使学生能在答案和更广泛的问题间建立一种联系。只要学校的学习仍然是封闭式的，仍然过于集中在各学科的问题上，正规教育和非正规教育之间就仍存在着不可逾越的鸿沟，在校外获得的经验仍然是一堆模糊不清的图像和观念，很少能为人们所提起。①学习不是在孤立状态中进行的。教师只有将孩子们随身带至学校的知识作为教学的起点，孩子们才能学有所得，获得知识重组和能力发展。留心观察不难发现，学生在校外的生活是丰富多彩的，而一旦到了学校，则成了坐在座位上听教师讲课的木偶。农村教师应该将学生课外的生活与学校生活联系起来，将学生课外生活引入学校生活。比如语文阅读与写作，如果教师拟定好话题，让学生去说去写，学生就会无话可说，但是，如果教师让学生将他们在周末、寒假、暑假以及节假日中的生活事件作为讨论与写作的资源，交流各种不同的见闻和感受，学生就滔滔不绝、口若悬河。比如，将学生带到室外进行科学课和绘画课教学，儿童到田野和树林中去，提出一些关于它们的科学和审美问题；观察不同的树木和花朵，分辨不同树干、叶子和花朵的区别，相互告知他们思考的东西，并应用他们的书本回答关于树木和植物的问题，他们观察花的雌蕊、雄蕊和花瓣，注视一只蜜蜂把花粉从一个作物传播到另一个作物，回到教室通过文字记录下户外的收获，通过绘画表达自己对大自然美的感受和印象。比如，农村教师可以带领儿童访问邻近的一个农场，认识蔬菜，学习蔬菜的名称和特点。当他们回到课堂时，把能记得的所有蔬菜的名称和营养价值写下来，列成一张表，再将自家一周的菜单列出来，进行价格和营养比照。这样，他们的自然课、数学课、营

①[伊朗]S.拉塞克，[罗马尼亚]G.维迪努.从现在到2000年教育内容发展的全球展望[M].马胜利，等译.北京:教育科学出版社，1992:221.

养课和写字课就和儿童日常生活有机地联系了起来。

与此同时，农村学校应该邀请家长和社区人员积极参与学校工作，甚至是企业、事业单位、政府和非政府组织及其他机构等。教师作为教育过程的设计师和管理者起着关键作用，他们利用课内课外资源来帮助农村留守儿童正常社会化，使学校教育与更大范围的社会生活相结合。这就要求教师必须具备组织各种教育力量的能力，必须具备计划各种教育力量的能力。教师如果不是根据农村学生的生活经验来对自己的课程与教学进行加工与创造，而仅仅是依据指定的教材按部就班地展开教学，必然会造成学校经验和日常生活之间缺少必要的联系，造成经验上的冲突，而学生也不会对这种课程与教学抱有兴趣，这就会让学生丧失学习的动机与冲动，也无法体会到学习的乐趣和成就感。儿童的生活被分为了两个部分，一部分是学校内的生活，一部分是学校外的生活，学校围墙将儿童生活一分为二，造成生活的断裂和经验的破裂。校外生活与校内生活毫无关联，两种生活所获得的经验没有任何交集，儿童同时生活在两个不同的世界中，遵循两套不同的行为规则和伦理原则，让儿童痛苦不堪。一套适用于学校书本知识的学习，以满足教师要求为目的，尽可能地占有更多的知识，一套适用于日常生活，以自身兴趣为中心，学以致用，知与行结合。

总之，将农村留守儿童校内和校外统一，在实质上就是使教育社会化，使学校成为真正的实际生活的一部分，学校成为雏形的社会，在学校中审慎地利用学生们带到学校来的种种经验，不能让学校独善其身，杜绝一切外在的影响，使自己孤立起来。福禄培尔、裴斯泰洛齐及其他们的追随者都在试图实施这种与社会相联系的学校教育，以期帮助每一个儿童正常社会化。它意味着，教师要和学生建立一种新的关系，从“独奏者”的角色过渡到“伴奏者”的角色，从此不再主要是传授知识，而是帮助学生去发现、组织和管理知识，引导他们而非塑造他们。①

①联合国教科文组织.教育——财富蕴藏其中[M].联合国教科文组织总部中文科，译.北京:教育科学出版社，1996:136-137.

第三节　农村教师应该具备的核心素养

怀特海认为："克服教育的困难,特别是初级教育中的困难,值得最有天分的天才来为之努力。教育是人类灵魂的训练。"[①]把孩子交给一个连本身都没有受过良好教育的人培养,又怎能培养得好呢？在归根结底的意义上,农村小班化教育的质量和效果取决于教师的质量。再美好的理想和目的,再美好的设计和蓝图,没有优质的教师去实施都将变成纸上谈兵和不切实际。教师在农村小班化教育中的作用,应该说,无论如何夸大都不过分。每天谁与儿童接触的时间最多呢？除去家长,谁最了解我们的儿童呢？除去家长,儿童最信任谁,最尊敬谁呢？除去家长和同辈朋友,孩子最愿意和谁分享生活中的快乐、开心和悲伤呢？无疑,答案肯定是:教师。阿德勒布卢姆(Adlerblum)曾断言:"如果一个孩子是在一所幼儿园里的一位热情体贴的教师教导下开始他的受教育生涯的话,将来他就不大可能成为精神病院的病人(当今比率为每12人中有1人)。"[②]就一般要求而言,农村教师与城市教师在核心素养上的要求是相同的,比如,具有爱心、同情心、高深的学术知识以及心理学、哲学、教育学知识和能力。然而,由于农村环境和城市环境之间、农村儿童和城市儿童之间存在着一些重要差异,教学对象和教学环境的改变必然导致教师素养上的差异,要求不同的教师具有不同的核心素养。或者说,在特定的农村教学环境中尤其强调教师的以下几种素养。

一、对农村儿童的理智同情

如前所述,农村留守儿童,是弱势群体,与城市儿童相比,他们的成长环境比较恶劣,他们的周围存在着更多的不良影响,加上父母不在身边,缺少必要的引导,使得他们更容易走上歧途。由于家庭经济条件差,一些农村孩子身上穿的衣服可能是破旧的,没有刷牙和洗脸的习惯,半年难得洗一次澡,头发乱蓬蓬、指甲

①[英]怀特海.教育的目的[M].庄莲平,王立中,译.上海:文汇出版社,2012:71.

②[美]古德莱德.不分级小学[M].谢东海,等译.北京:教育科学出版社,2006:170.

长时间不剪，手上脏兮兮，流着鼻涕，乱扔垃圾，随地吐痰；只会说方言，对外面的世界一问三不知，不知道超市，不会用电脑，没听说过美国，没见过大海，不会说英语；用词不准确，玫瑰和菊花都被称作花，瓢虫和蟋蟀都被称为虫子，喝开水被称作喝开开，吃扁豆被称作吃刀刀，把妈妈叫作恩妈，把爸爸叫作恩爸；饭前从来不洗手，见到什么，不管手干净不干净就开吃，大口咀嚼，没有一点儿斯文相，见到陌生人，总是躲在成人后面，一句话说不出口，满脸通红。回答问题，支支吾吾，半天说不出一句完整的话，除了学校发的教材之外，从小到大不知道书长什么样，听到的和想到的都是鬼神，缺乏起码的科学常识，如此等等。这就是典型的一些农村孩子的日常面貌，如果缺乏设身处地地思考和深切同情，我们很难将他们与聪明和机灵对上号。尤其是那些没有相同遭遇的城市教师，仿佛隔世，进入到与自己的世界不同的另一个世界，更多的反应恐怕是轻蔑和嗤之以鼻，想早点儿逃离，躲得远远的，一辈子再也不想回来了。试想一下，在这样一种心理状态下，教师如何教得好农村孩子？如何与他们朝夕相处？如何与他们结为朋友？如何与他们惺惺相惜？所以，我们认为，对农村教师而言，第一重要的核心素养应该是对农村儿童的深切同情，无论教师来自城市还是来自农村。来自农村的农村教师可能在这方面有一些优势，他们与农村孩子有相同的经历和经验，能够体验到农村儿童的处境，而来自城市的农村教师由于缺乏相似经历可能会产生对农村孩子的误解和偏见。但是，这并不是问题的关键。因为理智上的同情比情感上的同情更能够影响到人的行为。现实中，确实有很多城市人向往农村生活，热爱农村孩子，摒弃自己优越的城市条件而主动申请到农村教书，这也是不争的事实。情感上的同情，往往容易流于感伤主义，以一种旁观者的与我无关的态度冷眼视之，而理智上的同情能够驱使人去行动，以一种参与者的态度主动改变环境，用实实在在的行动去帮助那些需要帮助的人，使他们生活得更好。农村教师应该为每一个农村儿童提供适合他们的教育内容和方法，满足他们在身体、心理、智力、道德、社会和审美方面的需要，最终成长为对社会有用的人才。要完成这些功能，农村教师首先必须了解儿童，了解他们的爱好和才能，了解他们的已有经验和精神世界，了解他们的欢乐和忧愁，对有效教学而言，恐怕没有比这一点更重要的事情了。

如果在教师的眼里看来，学生只不过是容器，可以把一定的知识和技巧灌输到脑子里面去，那么，这样的看法当然不会促进他们对学生的爱，相反地，倒是有可能把他在从事教师职业之前存在着的一种对儿童的喜爱情感，也扼杀了。当教师把每一个学生都理解为是一个具有个人特点的、具有自己看待和处理事情的方式的人的时候，才能有助于教师去热爱儿童和尊重儿童。在师生交往过程中，应该是双向的给与取，教师既要给，同时也应该取，仅仅是单向的来自教师的给和儿童的取，缺乏儿童的给和教师的取，这样的交往是畸形的交往，是提出命令和执行命令，而非平等交往。在与儿童的这种不平等交往过程中，教师既不能获得智力的启发，也不能获得来自充分给与取的交往乐趣。好问是儿童的天性，不好问就不是儿童，就代表智力增长的停滞和未老先衰。儿童充满好奇心，总是有问不完的问题：人为什么会变老、会死？我们周围的山河湖海都是从哪里来的？下雨时这么多水是从哪里来的？河里的水流到哪里去了？恐龙怎样灭绝的？人会灭绝吗？古代有没有车？古代的车子是什么样的？为什么古代没有汽车？种子是怎样长成大树的？为什么蝌蚪跟青蛙不一样？等等。学校教育的重要责任就在于澄清这些模糊的概念，厘清这些混乱的关系，帮助儿童获得理解环境的能力。然而，传统农村教育，将遥远的、陌生的知识灌输给儿童，无视儿童好奇心的存在，无视他们的需要，无视他们的感情，无视他们的兴趣爱好，无视他们的个性，无视他们的自尊心，无视他们获得快乐和成功的渴望，最终导致儿童对学校、对学习、对老师的否定态度，找各种借口不想到学校去，逃避学习。学习本应该是人的大性，尤其是未成年的儿童，学习是他们顺利生存下来的保障。在进入到学校之前，在学校之外，儿童总是有那么强烈的学习愿望和激情，恨不得一天时间里把世界上所有的事情都弄个明白，看个清清楚楚。然而，是什么原因导致他们如此讨厌学习？这个问题值得每一个家长和教师深思。

杜威认为，教育过程有两个方面：一个是心理的，一个是社会的。它们是平列并重的，哪一个也不能偏废，否则，不良的教育后果将会随之而来。这两者，心理学方面是基础。儿童自己的本能和能力为一切教育提供了条件，并指出了起点。外在强加的教育固然可能产生一些表面的效果，但实在不能称它为教育，如果从长远来看，它甚至起到了反教育的效果，使学习者不爱学习。因此，如果教师对学生个人的心理和活动缺乏深入的观察和了解，教育过程将会变成偶然性的和独断的，将会遇到阻力和对抗，或者束缚儿童的个性表达。实事求是地看，学校教学在模式上已经变得太千篇一律了：差不多年龄的一群儿童静止地坐在一个盒子似的屋子里，有一个教师站在前面，喋喋不休，念叨着几十年前的知识，加上少得不能再少的材料——教材和黑板。教师的教学基本上就是“粉笔加说教”（Chalk and Talk）。好奇心强的学生时不时地被视作“行为不端”，他们做小动作，思想开小差，不专心听讲，遭到教师的批评和羞辱。用弗莱雷（Freire，P.）的话来说即是，教育正遭受着一种讲述病，教师们设想他们的任务就是用（他们）讲述的内容来填充学生，这些内容脱离实际，割断了与一切来源和能够赋予它们意义的所有事物的关系。这种做法把学生变成了容器，等待教师填充的容器。这是存储教育观，在这种教育中，允许学生活动的范围仅限于接受、归档和存放储存物。[①]与这种“存储”法相比较，弗莱雷赞成“对话”和“提出问题”的方法。他主张，“教师”和“被教者”共同学习；个人知识，自主学习，由内到外；实践，在生活与行动的背景下学习；高度信任学习者的能力和尊重他们的人性本质；承认学习者已经具备了大量知识；承认学习者必须创造自己的世界，而不仅仅是接受别人的观念。

儿童不是小大人，他们有他们自己的思维、观察、感知和处理问题的方式。自然要求儿童在成人以前还是儿童。如果我们想要颠倒这个程序，就会结出一种不自然的果子，没有成熟，没有味道，不到成熟就烂掉了。教育必须从心理学

①[加]克里夫·贝克.优化学校教育：一种价值的观点[M].戚万学，等译，上海：华东师范大学出版社，2003：34-35.

上探索儿童的能力、兴趣和习惯开始。它的每个方面都必须参照这些考虑加以组织。这些能力、兴趣和习惯必须不断地加以阐明——教师必须明白它们的意义是什么,必须用和它们相对应的社会用语来加以解释——用它在社会服务中能做些什么的用语来加以解释。①在教学中,最重要的是要把学生看成活生生的人。学习——这并不是把知识从教师的头脑里移到学生的头脑里,而首先是教师跟儿童之间的活生生的人的相互关系。苏霍姆林斯基曾对教师提出了这样的建议:“你是明天的教师,请记住:每一个儿童都是带着想好好学习的愿望来上学的。这种意愿像一颗耀眼的火星,照亮着儿童所关切和操心的情感的世界。他以无比信任的心情把这颗火星交给我们,做教师的人。这颗火星很容易被尖刻的、粗暴的、冷淡的、不信任的态度所熄灭。要是我们,做教师的人,在心里也像儿童对待我们那样,把无限的信任同样地给予他们就好了!那将是一种富有人情的相互尊重的美妙的和谐。”②总之,真正充满着对农村留守儿童之爱的农村教学,应该建立在理智同情的基础上,不能强制和专横跋扈,而应该换位思考、感同身受。作为留守儿童,在父母外出打工后,要独自面对生活和学习上的困难,这很困难,不能仅仅靠他们自己,而教师袖手旁观。一个真正的农村教师不仅仅是名义上的农村教师,他们不仅需要具备情感上的怜悯,更应该具备理智上的同情,殚精竭虑,尽其所能地通过不断地实验和改进自身的教学内容和方法,去帮助农村留守儿童,帮助他们理解周围世界,认识周围的事物和现象,适应环境,并且努力认识自己的内心世界,提高对自己的要求,提升自己的精神力量和执行能力,不满足于现状,改造环境,在使自己变得更好、更完善的同时,创造更美好、更和谐的世界,做一个对社会有用的人。

二、具备农夫的身手

及早地培养儿童热爱劳动的习惯,这是儿童教育的首要任务。如果不能使

①[美]约翰·杜威.学校与社会·明日之学校[M].赵祥麟,等译.北京:人民教育出版社,2005:5.

②[苏]苏霍姆林斯基.给教师的建议[M].杜殿坤编译.北京:教育科学出版社.1984:409.

双手成为智慧的高明的老师，那么学生就会失去对知识的兴趣，教学的过程中就会缺少一种强有力的情绪刺激。每一个活动小组都是一个创造性劳动和完满的智力生活的中心。一个人在少年时代能自我认识和自我教育，就在于他对真理的认识和发现是跟个人付出的创造力融为一体的。他感觉到：由于自己的思考和钻研，大自然才向他揭示出自己的奥秘。[①]然而，要让儿童热爱劳动，农村教师本身就应该热爱劳动。因此，农村教师应该具备农夫的身手，当然这不是要求农村教师对于农村劳动样样都是能手，而至少应该是热爱劳动，懂农活，理解农业劳动的艰苦和困难，而不会嫌弃农村劳动，认为它是低等的和不值得一提的。那种认为农村教师只要有足够的学问就可以胜任的观念已经不合时宜了。陶行知认为，中国乡村教育之所以没有实效，是因为教育与农业都是各干各的，不相闻问。教育没有农业，便成为空洞的教育，分利的教育，消耗的教育。农业没有教育，就失去促进的媒介。他认为，中国有三种人：书呆子是读死书，死读书，读书死。工人、农人、苦力、伙计是做死工，死做工，做工死。少爷、小姐、太太、老爷是享死福，死享福，享福死。[②]

从儿童发展来看，严格区别脑力劳动和体力劳动的做法是肤浅的、表面的。这受传统认知观念和封建贵族思想的影响，认为体力劳动低贱，是那些处于社会底层的穷人干的事情，而处于社会上层的学问阶层是知识的拥有者，知识来自头脑的纯粹思维，它是自足的与社会服务无关。然而，随着民主社会的来临以及新的认知科学的发展，人们逐渐认识到，知识最重要的源泉是周围世界和自然界，知识是人们通过操作工具去改变客观物质的产物和结果，而非思辨和空想得来。同时，知识变成人类共同的财产，变得流通和广泛运用，每一个人都成为知识的生产者和消费者。具体到学校教育，除非学生从事某种真正的靠感官和肌肉的运用来锻炼思想的工作，教师就绝不可能废除传统的学究式的方法。因为在教师一手包办，学生只能倾听和回答提问的课堂中，允许儿童走出校园进行农业劳

①[苏]苏霍姆林斯基.给教师的建议[M].杜殿坤，编译.北京:教育科学出版社.1984:243.

②陶行知.读书与用书[M]//胡晓风.陶行知教育文集.成都:四川教育出版社，2007:351.

动，是不可思议的。只有当教师的作用改变为帮助者和观察者，每个儿童的发展成为目的，这样的劳动才成为教育上必不可少的东西，就像在只许儿童背诵的环境下安静是必不可少的一样。劳动使孩子不断成长。劳动要成为一种巨大的教育力量，就必须成为我们的学生精神生活的需要，能给他们带来团结友爱的快乐，能促进钻研精神和求知欲的发展，能在克服困难之后，产生激动人心的欢乐，能在周围世界里不断发现新的美好事物，能唤起初步的公民义务感——人类生活必不可缺的物质财富的创造者的感情。劳动的乐趣是一种巨大的教育力量。每一个孩子都应当在童年时代深深体验这种高尚的情感。[①]一个人以自己的劳动而自豪——这是道德纯洁高尚的重要源泉。培养学生对劳动具有正确的认识，教育学生尊重劳动和热爱劳动——这一切固然都是重要的和必需的，但学校和教师还应该致力于在学生身上培养劳动习惯，因为任何一种具有实际意义的严肃的劳动总是艰苦的，没有劳动习惯，就不可能持之以恒。因此，任何一个教师都不应该忘记，他有责任培养学生的劳动认识、劳动情感和劳动习惯。热爱劳动——这首先属于孩子情感生活的范畴。只有当劳动能给孩子带来愉快的时候，他才会产生做事的意愿。劳动给孩子带来的愉快越多，他就越珍惜自己的荣誉，越清楚地在工作中认清自己所做的努力，自己的名誉。劳动的快乐是一种巨大的教育力量。有了它，孩子们会把自己看成集体的一员。[②]

如果一个人在童年没有受到日常劳动的美的激励，他是永远也不会喜欢普通的农业劳动的。[③]使孩子们通过劳动，就像通过一条宽阔的道路，走进社会生活，认识别人也认识自己，第一次体验到作为一个公民的自豪感。只有那些善于努力工作和知道什么是汗水、什么是疲劳的人，才能领略这种快乐。童年不应当总是沉浸在节日之中——如果没有孩子力所能及的紧张劳动，他是不懂得劳动的幸福的。劳动教育的最高要求，就是要在孩子们心中树立起劳动人民对待劳

①[苏]苏霍姆林斯基.把整个心灵献给孩子[M].唐其慈，等译.天津:天津人民出版社，1981:298.
②[苏]苏霍姆林斯基.把整个心灵献给孩子[M].唐其慈，等译.天津:天津人民出版社，1981:300.
③[苏]苏霍姆林斯基.把整个心灵献给孩子[M].唐其慈，等译.天津:天津人民出版社，1981:311.

动的态度。劳动不仅是人们生活所必不可少的——没有它,人的生存是不可想象的,而且是多方面显示个人精神生活和财富的一个领域。人们纷繁多样的相互关系也在劳动中展现。如果孩子体验不到劳动的美,要培养他们热爱劳动,那是不可能的。人们把劳动看作是个人自我表现和自我肯定的最重要的方式。常言道:人不劳动,即成行尸走肉。使每个学生的自尊感和自豪感建筑在劳动成果的基础上,是一项重要的教育任务。①生活中的一切幸福和欢乐都由劳动所创造。不劳动,就不能正直地生活。常言道,不劳动者,不得食。在民主社会里,每一个都是社会的建造者,都应该贡献自己的才能和力量,懒汉和寄生虫是不允许存在的。

对教育来说,从劳动的心理意义中产生的另一个同样重要的结果,是这样一条规则:教育不仅应当发展人的理智和传授给他一定范围的知识,而且应使他燃起从事严肃劳动的强烈渴望,因为如果没有这种强烈的愿望,他的生活就既不可能是有意义的,也不可能是幸福的。对劳动的需求,正如我们已经看到的那样,是人天生就有的,然而这种需求可以变得异常强烈,也可以逐渐减弱下去,这就要看客观情况如何,而且特别要看人在儿童和少年时期受到的是些什么样的影响。②因此,农村教师自身不仅要在思想上认识到劳动的社会意义和价值,而且在行为上帮助儿童形成劳动意识和习惯。尤其是当前,在我国西部农村,众多农村年轻劳动力都外出打工,农田被荒废,在这种社会背景下,组织农村儿童进行必要的农业劳动具有重要的教育意义。因为在农业社会,农村家庭父母都是当着儿童的面劳动,儿童不仅可以亲眼看到劳动的过程,而且自己也要参加劳动。可是,现在大多数农村家庭,特别是农村留守儿童家庭,父母外出打工,不在家里干活,不仅父亲是这样,母亲也是这样,儿童看不到劳动的过程,也参与不了劳动,那种来自劳动对他们的智力和道德训练无从谈起。此外,在当今社会,科技

①[苏]苏霍姆林斯基.把整个心灵献给孩子[M].唐其慈,等译.天津:天津人民出版社,1981:301.

②[俄]乌申斯基.劳动在心理和教育上的作用[M]//郑文樾选编,张佩珍,等译.乌申斯基教育文选.北京:人民教育出版社,2007:141.

高度发达，很多农业生产和家务劳动都是自动化的，儿童参与劳动的范围日益缩小。过去，纺纱、织布、缝衣均在家里，制皂做烛，饲养家禽，自给自足。现在，劳动的范围日益局限于种地和饲养牲畜，以及一些零星的家务劳动，比如收拾房间、做饭和缝补衣服。对于这种情况，学校教育应该通过有社会意义的活动组织教学来弥补农村儿童日常生活劳动机会的缺乏。比如，打扫教室，整理花园或菜园，学习木工、烹饪和车工的手艺，装订书籍，等等。

初步的道德都是在儿童时期学到的。在苏霍姆林斯基的学校，孩子七八岁时就开始种植果树，把荒地开辟成鲜花盛开的园地，这使得他们到了十二三岁时就能看到亲手建成的果园了——这就是劳动之乐的源泉所在。这样他们从小就感到自己是一个劳动者。他们每个人到少年及青年早期就能在自己的劳动成果中像在镜子里一样照见自己，看到自己技能、意志、思想和顽强精神，因而在他们的心灵中牢固地树立起这样一种情感：不劳动就不能生活。教育必须给人传递勤劳品质，在思想上树立爱劳动的精神，让孩子们养成牢固的劳动习惯，培养他们真正热爱劳动。因此，应该在农村学校里创造劳动环境，绝不容忍懒惰、懈怠、闲散、做事马虎等。成为小懒汉是懒惰、懈怠等习惯的后果，他们不理解不劳动就不能生存这样一个真理。尽量使每个学生在幼年时期，就能在劳动中体现他个人的精神，为他自己完成的工作而自豪：“这是我种的树”“这是我为实验室做的活动机器模型”。如果在幼年做不到这一点的话，那么，到少年或青年早期再开始这种教育就要困难千百倍了。①

蒙台梭利认为，在学校里束缚儿童的身体，教他们养成被动顺从的心理习惯，这样就误解了学校的功能，于儿童实在有害。人为劳动而生，劳动就是他在人世间的幸福，劳动是人的道德的最好的捍卫者，它也应该是人的教育者。从物质生活来看，劳动创造物质成果，而这种成果自身又构成了人的财富，而从人的精神生活来看，乌申斯基认为，劳动能使人产生一种生气勃勃的内在精神力量，而这种精神力量乃是构成人的尊严、道德和幸福的源泉。乌申斯基还说：对劳动

①[苏]苏霍姆林斯基.帕夫雷什中学[M].赵玮，等译.北京：教育科学出版社，1983：185-186.

的需求是天生就有的。但是,这种天生的需求既可以被不断强化,也可以逐渐地减弱,而教育在这方面起着重要的作用。乌申斯基认为,如果一所学校只是教人如何去追求物质生活,那么这所学校就不可能完成自己的使命,“它不是引导人如何走向生活,而是一开始就把人引入歧途”。而为了使人能真诚地爱上严肃的劳动,首先就应该培养他严肃的生活态度。这方面学校和教师负有不可推卸的责任,要自孩子幼时起就教育,别让他“认为他学习只是为了想方设法哄骗自己的主考人,只是为了谋取官衔”,而科学不过是“一张进入生活大门的入场券”和“走上社会舞台的通行证”。从实质上看,绝不能把教育看作是谋取钱财的手段。最重要的是,必须使学生不要养成随意地打发时间的习惯。

三、具备科学的头脑

引导儿童学会思考,这种工作应该和教会儿童热爱劳动一样,及早进行。任何一堂成功的课都必须以学生和教师之间的自由的、充分的对话为基础,双方既要教又要被教。希望儿童获得科学的头脑,教师必须首先具备科学的头脑,一般而言,是先有后者然后才有前者。换句话说,农村教师具备科学的头脑并非目的本身,而是为了培养农村儿童具备科学的头脑。使儿童能够理解、控制环境和自身,明白自身活动的目的和意识,掌握活动的过程和材料,对自己所从事的活动,不仅知其然而且知其所以然,形成探本求源的态度,不贸然接受和盲目顺从权威的观点,其对立面就是行事盲目马虎和草率任性、随心所欲。它表明,儿童的活动或劳动,指的不是随便什么样的活动,而首先是指具有智力内容的活动,这种活动里要有思想、有技能和有目的。实践表明,那些双手灵巧的儿童,热爱劳动的儿童,能够形成敏锐的和好钻研的智力习惯。事实显示,手所掌握的和正在学习的技艺越高超,儿童、少年和青年就越聪明,他对事实、现象、因果关系、规律性进行深入思考和分析的能力就表现得越鲜明。[①]换句话说,具有教育意义的活动

①[苏]苏霍姆林斯基.给教师的建议[M].杜殿坤,编译.北京:教育科学出版社.1984:77.

应该促进儿童思考,具有智力的和研究的性质而非仅仅是消遣、感官刺激或浪费时间。活动的完成是体力和脑力相结合的产物。如果只需要动脑而不需要动手,就称不上是活动;如果只需要动手而不需要动脑,那么,这种活动顶多是肌肉训练和技巧操练,而不具有教育性价值;也只有二者的结合,才能够满足儿童身体和智力的发展的需要,身体和智力相互作用、相互强化。不是把有社会意义的活动或劳动过程当作最终的目的,而是当作达到目的的手段,使人感受到创造性的、研究性的、试验性的劳动的欢乐,产生对劳动的热爱,成长为一名社会有用人才。

很难想象一位不具备科学头脑的教师能够培养出具备科学头脑的学生。农村教师只有本身具备科学的头脑,才有能力选择和组织具有科学意义和智力价值的儿童活动或劳动。用科学认识的光芒来照亮普通的农业劳动,把土地、果园、菜园当成检验假设的场所,发表和修正见解并根据新的见解来指导自己的行为。把木工和车工等问题作为问题思考的导火线,把学校课堂当作科学研究和探究未知的实验室,在这个时候,即使儿童在翻地、施肥、收割,也可能体验到一种智力的欢乐——研究者和创造者的欢乐。当一个人看到,在劳动中可以使用自己的智慧和才能的时候,他就能享受到这种幸福,一种自我实现的快乐和成就感。然而,在某些农村学校里,将农村劳动简单等同于体力活动,仅仅让儿童做,儿童既不理解做的意义,也不了解做的过程和原理,这些都被排除在儿童理解之外,只有教师才明白。换句话说,这样的活动或劳动缺乏智力内容和社会意义,没有帮助儿童理解农业劳动背后的智力因素和思维要求,仅仅满足于一时兴奋和当作紧张课堂学习之后的娱乐和消遣。

世界上的每一个人都应该有一个职业,都有一些事情要做。每一个人都应该受教育,这种教育使他能够理解他所从事的日常工作的意义。今天有多少被雇用的人不过是他们所使用的机器的附属品?! 在大部分的工作中,工人没有机会发展他们的想象力和掌握工作中社会的和科学的价值。做事的人不理解做事的方法和目的,盲目接受外在指令,因为做事的目的和方法是由上级指定的,这种情况使他所做的事情对他本人缺乏意义,仅仅是被动完成他人的规定罢了,于是完成工作成了一项不得不干的苦工,一有机会就会逃避,做事的时候也是敷衍了事、心不在焉,完成工作的质量也就可想而知了。

目前,在传统农村教育中,儿童喜欢做事的冲动,不是被忽视了,就是被歪曲了。纵使有一些手工劳动,也仅仅停留在肌肉和技巧训练层面,不具有智力价值,失去它的社会的动机和目的,儿童从这些活动中看不到活动的意义和价值,也没有把它转化为历史的、社会的和科学的对应物,儿童仅仅是像被施了魔法一样地照章完成任务或体验单纯的娱乐和情绪兴奋。从整个社会的发展来看,除非在儿童时代把儿童的建造的和活动的本能利用起来,除非按照社会的方向训练这些本能,并为历史的和社会的解释所丰富,为科学方法所控制和阐明,否则将会有越来越多的人成为他所操纵的机器的附属品。解放儿童的双手、嘴、空间和时间,就是要解放儿童的头脑,培养农村儿童科学思维的习惯,学会从多种不同视角看待和处理问题,而不是受传统迷信和封建偏见支配。

与培根和洛克一样,笛卡儿作为一个新时代的哲学家,非常关注人类知识增长问题,用自己的亲身经历强烈批评了纯粹知识的文学教育,他说:"我从小就接受了文学教育。人们告诉我,通过文学教育,一个人就能获得所有在其一生有用的、清晰的和可靠的知识。因此我特别急切地想掌握它们。但是,一旦我学完了所有的课程……我完全改变了自己的想法,因为我发现我自己已经被多如牛毛的疑惑与错误所困扰。对我来说,我从自己的辛勤工作中所获得的唯一好处就是发现自己的无知。要知道,我所在的学校是当时欧洲最有名的学校之一。我曾以为那里一定充满了博学之士,有全世界最博学的人。我学习了别人所学习的所有东西……我甚至仔细阅读了我所能够弄到的所有书籍,对那些最有趣和最深奥的研究进行了思考。"[①]真正的知识并不是死记硬背得来的知识,而是那些与个人问题的解决结合在一起的知识,是来自实践生活中的知识。知识是与行

①石中英.知识转型与教育变革[M].北京:教育科学出版社,2001:185.

为联系在一起的，脱离开行为的知识是死的和无用的，仅仅是装饰和炫耀，脱离开具体的有目的的活动而直接灌输知识，儿童就再也不会运用自己的思考力了。

材料本身对每一个人来说浩如烟海，因此真正有用的东西不是它们的名称，而是理解它们并认识它们的相互关系及应用于环境的能力。所以，教师的作用必须从垄断者和指挥者变为智力活动的参与者和引导者。儿童也从被动的执行者变成主动的探究者和实验者。儿童关于周围世界的模糊认识越得到澄清，他们的理解力就越提高一个层次，他们进一步学习的愿望就越强烈，他们会主动地搜寻信息、界定问题、收集证据、提出假设、讨论观点、修正观点，从而获得问题的解决，成就感和效能感就会越强烈，也就越刺激他们进一步探究，如此良性循环。这种教学方法对一切主题都是适用的，比如关于水稻的主题。首先，在教师的帮助下，儿童开始陈述他们所了解的水稻的一切内容，每个儿童都有机会说出他所能想到的与水稻有关的任何东西，比如，他家里吃的食品和他在食品店看到的东西。然后，讨论水稻从哪里来的，如何进行保存，等等。然后，全班学生与教师一起参观农场，亲自参与水稻的种植和收割，这似乎很能吸引儿童的兴趣。还邀请农业能手一边示范一边讲解水稻的种植过程，儿童则作为小助手参与水稻种植过程。当他们回到自己教室时，他们再讨论他们所见的东西，讨论哪些国家和地区是水稻主要的生产区，为什么。能够写的学生将整个的水稻种植过程记录下来，还不能阅读的学生可以画一张水稻种植的画，或者安排一堂烹饪课，了解各种由水稻做成的食物。当然，儿童也可以按照同样的方式研究棉花和油菜籽，或者是周围的住宅、服装以及村民的娱乐问题。显然，这样的研究可以提供不断使用读、写、算并练习口语表达的机会。从本质上看，这种对儿童生活的社会所进行的研究，绝不只是一种读、写、算的借口，也不是为了训练儿童获得农业劳动技能以便更好地谋生，而是为了教会儿童思考，让农村儿童具备科学的头脑，过上一种理智的生活，更好地适应现代社会，读、写、算的教学仅仅作为工具，帮助儿童完成有价值的活动。

对此，乌申斯基强调指出：教师的最主要的职责在于“培养学生从事脑力劳动的习惯”，因为脑力劳动“未必不是一种最艰苦的劳动”。乌申斯基甚至认为，在学生身上培养从事脑力劳动的习惯，是一种比传授学科知识更为重要的教师职责。教师要想方设法使学生习惯于脑力劳动——习惯于思考。教师在授课时，要使学生的注意力处于兴奋状态之中，在指导学生学习时，要帮助学生与困难作斗争，但不应代替他们学习。教师要积极为学生创造进行独立思考——脑力劳动——的条件，同时也要注意使学生的脑力劳动与体力活动相互结合起来。乌申斯基最忌讳的是学生“手中无事可干，脑中无事可想”，因为在这种情况下“人的头脑、心灵和道德都会受到损害”。①儿童应该对社会生活怀有好奇心和浓厚的兴趣，并具备研究自然领域和社会生活领域各种现象和问题的热情。为了做到这一点，教师必须在教学与社会活动之间建立密切的联系，在教学中应该依靠儿童周围的现实生活，从儿童熟悉的具体的农村事实和生活问题出发。农村劳动为最终能获得知识的探究提供了丰富的机会，给儿童提供真正的动机和直接的经验，并使他接触和了解社会现实，训练儿童的观察、推理、判断和审慎思考的能力。为了完成这些功能，教师本身必须热爱和善于思考，才可能引导儿童思考，尊重儿童自身的思考，帮助他们形成科学的思维和行为习惯而非过上一种得过且过和漫不经心的生活。

四、改造农村社会的精神

农村学校是新农村建设的中心，农村教师作为新农村建设的主导力量，负有改造农村生活的神圣使命，即关心社区和社会利益，因为教育是一种社会功能。教师不是简单地从事训练一个人的工作，而是引导美好的社会生活的形成。陶行知先生也认为，乡村教师负有改造乡村生活的使命。他说：“让每一个乡村教师负责改造一个乡村之责任，舍去眼面前的事业不干而高谈将来的事业，舍去实

①[俄]乌申斯基.劳动在心理和教育上的作用[M]//郑文樾选编，张佩珍，等译.乌申斯基教育文选.北京：人民教育出版社，2007：145.

际生活不改而单在书本课程上做工夫,怕是没有多大成效的。不改造眼面前的乡村生活,绝不是真正的乡村教师。我们深信乡村学校应当做改造乡村生活的中心。我们深信乡村教师应当做改造乡村生活的灵魂。我们深信乡村教师必须有农夫的身手,科学的头脑,改造社会的精神。我们深信乡村教师应当用科学的方法去征服自然,美术的观念去改造社会。我们深信乡村教师要用最少的经费办理最好的教育。中国乡村教育走错了路!他教人离开乡下向城里跑,他教人吃饭不种稻,穿衣不种棉,做房不造林;他教人羡慕奢华,看不起务农;他教人分利不生利;他教农夫子弟变成书呆子;他教富的变穷,穷的变得格外穷;他教强的变弱,弱的变得格外弱。"①这些教学的特征及其危害正如当代著名教育学家弗莱雷(Freire,P.)所指出的那样:"教育因此成为某种储蓄的活动,学生是仓库,教师就是储蓄者。教师发出公报,进行储蓄,学生耐心地接受、记忆和重复。师生之间缺乏交流。这就是'银行式'的教育概念。在这种教育概念的支配下,学生活动被允许的范围至多只是接受、归档和存储教师所存放的东西。事实上,他们仅有对他们所存储的东西进行积累和分类的机会。……结果是:学生们越努力地存储委托给他们的'存款',他们的批判意识就越得不到发展,这种批判意识只能产生于他们作为世界的改造者对改造世界活动的参与之中;他们越全面地接受强加给他们的角色,他们就越倾向于单纯地适应这个世界,适应于他们头脑中所存储的破碎的世界观,就好像一切都从来如此,并将会永远如此。"②

教师活,则学生活,学生活,则社会活。而活的教师不仅需要具备改造农村社会的精神,还必须需要具备持续学习的愿望和能力。学习永无止境。陶行知先生说过:"唯其学而不厌才能诲人不倦;如果天天卖旧货,索然无味,要想教师生活不感觉到疲倦是很困难了。所以我们做教师的人,必须天天学习,天天进行再教育,才能有教学之乐而无教学之苦。现在中国许多学生及一般教员,有一个

①陶行知.中国乡村教育之根本改造[M]//胡晓风.陶行知教育文集.成都:四川教育出版社,2007:157.
②石中英.知识转型与教育变革[M].北京:教育科学出版社,2001:169.

很大的通病，就是容易‘自满’。不论研究何种学科，只有相当的了解，即扬扬自得、心满意足。尤其是在过教员生活的，觉得自己处在教师地位，不必再去用功研究了。中国‘四书’上有两句话说：‘学而不厌，诲人不倦。’这真是千古不灭的格言，并且是两句不能分开的话。因为要‘学而不厌’，才能够做到‘诲人不倦’。例如我们来教一班小学生，倘若自己全不加研究，只照着别人编的书本，自己抄的老笔记，依样画葫芦地教去，当学生的固然不能受多大的益，当教师的也觉得不胜其烦，没有多大的趣味。如是的粉笔生涯，不能不厌烦了。倘若当教师的，自己天天去研究，有所得的，即随时输之于学生，如此则学生受益较多，即当教师者也觉得无穷乐趣。所以学生求学，固然要‘学而不厌’，就是当了教员，还是要继续‘学而不厌’。”①总之，农村教师的一言一行，常常影响着学生。农村教师不但要教育别人，帮助农村儿童追求真、善、美，最大限度地发挥他们的天资和智力，还要进行自我教育、自我完善。换句话说，教学专业应该是一个真正的学习化的专业。

第四节　农村小学分科与全科教师争论

19世纪晚期的美国，发生了一场声势浩大的有关小学分科与全科教师的大讨论。杜威认为，全科教师更有利于学科整合的假设是错误的。确保儿童以对称方式获得相应经验，在心理上不可能有所谓的全科教师。而分科教师的提出不是在解决问题，仅仅是在转移问题。杜威思想表明，小学教师培养应该摒弃传统二元论，坚持综合的、联系的思维方式，超越全科与分科，探索一种更完善的小学教师培养模式，打破长期以来存在于教师教育领域里的理论与实践、儿童与课程、逻辑与心理、学术性与师范性之间的隔离，内在地实现“教什么”和“怎么教”

①陶行知．学生的精神[M]//胡晓风．陶行知教育文集．成都：四川教育出版社，2007：127．

的有机统一，破除当前小学教师培养中“一专多能”“大文大理”“样样精通”等五花八门、莫衷一是的乱象。

一、小学分科教师与全科教师争论的历史背景

回顾历史可以发现，小学分科与全科教师的争论是一个长达上百年的跨世纪争论。在杜威所处的年代，也就是19世纪晚期，一场有关小学分科与全科教师的争论就已经上演。主要以“Specialized versus General Instructing Force”“Departmental Instruction”等专题形式出现在各大报纸和杂志上。在争论双方相持不下、扑朔迷离之际，杜威提出了自己的主张。历史往往会重演，从背景和争论的具体内容来看，发生在美国百年前的争论与我们今天的分科和全科讨论具有惊人的相似性。

19世纪晚期，杜威提出的新教育思想逐渐得到了社会和学校的认可，并以课程的形式进入到学校。于是，出现了新旧教育分庭抗礼的局面。一方面，旧教育，传统小学教育读写算仍然占据主导地位，另一方面，随着民主运动和新教育逐渐得到认可，众多学校和家长要求引进手工、音乐、绘画、科学等代表新教育趋势的内容。于是，新旧教育同时存在于小学课程中。小学课程变得越来越拥挤、臃肿，学生的负担越来越重。

更严重的是，旧教育和新教育仅仅是折中式的妥协，并没有有机地整合起来。旧瓶装新酒，旧教育仍然固守机械的、死板的“3R”训练，而新教育尽管出现在课程表上，却仅仅是花边和装饰，成为消遣和放松的工具，仍然服务于旧教育的目的。因此，在小学教育领域，新旧教育形成了各自为政、各行其是的局面，目的和方法分散。而且各种权威调查发现，学生的学习并没有对品行造成影响。也就是说，学校学习是无效的，甚至是负效的，既造成了学生心不在焉和负担过重，又造成了教师负担过重和精神涣散。在这样一种背景下，一部分人认为应该推行全科教学，由一名教师教所有学科，实现课程整合，使不同课程之间能够相

互强化而非相互竞争和对抗。与之同时，另一部分人认为应该推行分科教学，分别由不同的教师教不同学科，发挥旧教育和新教育各自的优势。在学术界和教育实践界都不知所措之时，杜威为迷茫中的人们提供了线索。他从小学儿童的需要和小学教育的本质属性出发，认为问题的关键在于我们到底需要什么样的小学教师。如果教师没有被培养好，不具备相应的能力，从分科教师到全科教师，仅仅是从武断专制的教师转换到无所作为的教师。

二、通过全科教师实现课程整合，这种假设是错误的

鉴于课程的繁重，全科教师主张者认为，儿童的世界是一个整体，让一个教师教所有学科，更有利于学科整合的实现，而实行分科教学，让儿童接触多名教师容易造成儿童分心。因此，他们将全科教学作为解决小学教育困境的上策。

对此，杜威并不以为然，他认为，一个教师教所有方面，这仅仅是受环境所迫(缺乏教师)而采取的临时之策而非好的原则。尽管儿童很容易被环境中的众多事物所吸引而分心，但儿童的调节主要通过个人兴趣而非智力或实践的基础，所以，虽然不让小孩子接触大量教师有一定道理(但这个道理从来没被正确地认识到)，但它是很难的，甚至是不可能的，主题材料的意义和内在价值能够被真正地开发出来，除非基于分科教学。①

用成人的思维去解释儿童思维，认为他是有意识的综合，是错误的。认为儿童从一开始便能够用逻辑的砍刀将事物条分缕析，从不同的、孤立的视角看待事情，然后，仅仅学习如何将它们结合到整体中，这种错误观念的基本错误在于破坏了儿童经验的自然统一性。儿童思维的突出特点是，它是基于情绪、情感、本能和习惯而实现统一。只要儿童投入到事情中，他就将它作为整体。这个整体不是数量上的整体，而是在性质上属于整体。任何人在任何方面形成了一个习惯，他就有了一个整合的基础，无意识地照顾到众多不同的经验，否则，多样经验

①Dewey, J.Lectures in the Philosophy of Education:1899[M].NY:Random House.1966:182.

不会内在地、无意识地整合起来。对儿童而言,有一个直接经验的基础,这是一个整体,没有被区分和隔离成地理课、语言课和文学课。杜威批判赫尔巴特心理学忽略了经验的自然结合和内在的整合力量,因而必须提供人为的整合。即通过教师使用各种教学花招,外在地实现教学材料的整合,这一节课与下一节课的整合。而一旦认识到儿童主导冲动、习惯和兴趣的整合力量——它们能够选择、吸引任何与它有关的东西,像磁铁吸引铁屑一样。我们就不需要煞费苦心地在主题材料方面实现外在的整合,语文课中加入一点儿数学的东西,数学课中加入一点儿科学的东西。因此,主要的事情是找到重要的起作用的冲动和兴趣,它将自然地将各种经验整合起来。任何地方,只要它起作用,它将抓住任何相关的材料,忽略不相关的,结合所有的材料成为连续的、和谐的整体。儿童生活在他的环境中,他自己的生活中,不需要任何专门的整合将他多种经验整合起来。它是一个整体的世界,他的世界,他的环境的整体。儿童虽然不能通过分析的方式表达这个统一的环境是什么,但儿童习惯性地将他接触和熟悉的事物联系起来,特定的环境、条件、人和事,他与他人的联系,强烈的个人和情感的因素,将多种经验整合成整体。它应该成为小学教育工作的背景,成为整合的基础。用杜威的话来说,当下讨论的课程整合问题在很大程度上是妥协的和不必要的,主要是解决当下紧迫性问题而并没有触及根本性原则。即仅仅被当作了课程整合的问题,而不是作为一个更大的经验组织(organization of experience)问题中的一部分。①

杜威指出,通过一名教师教所有学科来实现课程整合,是形式的、外部的整合,而非心理的、思维的整合。它缺少重要的内在的统一原则,仅仅是材料的混合和相加,而非经验的整体。全科教师主张者假定,多种学科理所当然地需要教给儿童,问题仅仅是如何使它们整合,更好地彼此过渡。然而,真正的统一性原则应该告诉我们:为什么有这些不同的学科?它们彼此之间的关系怎样?这些多种独立的、孤立的学科如何而来?在什么基础上,我们获得不同的学科内容?

①Dewey,J.Lectures in the Philosophy of Education:1899[M].NY:Random House.1966:184-185.

基于什么原则？我们选择如科学、历史、文学和手工等不同的方面？也即是说，整合问题的背后是分化问题和选择问题。分化问题是基本的，整合问题是分化问题被提出之后的问题。客观地看待事实，不顾它在自身经验中的地位和意义，意味着分析和综合的能力，高度成熟的智力习惯。分类的学习是科学发展的产物不是儿童经验的产物。从一开始将它们呈现给儿童，是反组织（disorganize）和反整合（disintegrate），而非整合（coordinate）和统一（connect）。因此，针对全科教师主张者所认为的，由多名教师给儿童授课容易造成儿童分心，破坏儿童经验的整体性，杜威再次重申：我承认这确实可能对儿童造成一些影响，但这种影响最多局限在5、6、7岁的儿童，而超过这个年龄，这种说法纯粹是教条。①

三、确保儿童以对称方式获得相应经验的全科教师，是不存在的

众所周知，小学教育起源于产业发展，需要大量的技术工人。其主要目的是为社会下层子女提供简单的3R训练，帮助儿童获得基本的谋生手段。杜威认为，现在的教师是旧教育的产物，仅仅确保儿童3R能力的形成。只要小学课程是狭隘的和形式化的，主要包括传统的3R，一个教师可以轻而易举地胜任所有方面的教学工作而不会超过一个正常成人的智力水平。事实上，成人往往还需要降低他的智力水平去教3R，而游刃有余。但是，当课程要以对称的方式包含经验的所有方面，在心理上，不可能有所谓的全科教师。当然，这并不是说世界上绝对不存在这种人，但他们太少而不足以满足学校教育的需要。客观上看，一个人，他既在学术上，还在方法上，在历史、艺术和多种手工活动方面被充分培养，还能确保儿童以一种平衡的（balanced）、对称的（symmetrical）方式获得所有的经验，这种人基本没有。

小学教育的任务在于利用儿童日益增长的目的意识，打破模糊统一的日常经验，逐渐分化出各种能力，包括3R能力，观察、探究、归纳和陈述观点的能力

①Dewey，J.Lectures in the Philosophy of Education：1899[M].NY：Random House.1966：184.

等。因此，小学阶段提供的经验应该尽可能作为一个整体，保持儿童整体的感受，尽可能对应、对称地强调和引出日常经验。而不是现在强调这个方面，这方面被丰富，然后强调那个方面，那方面被丰富。比如，地理的学习，仅仅强调和澄清儿童在周围环境中总是以模糊的、不系统的方式意识到的东西，而非以脱离日常经验的外在的方式进行孤立的学习。儿童发展是一个连续的过程，初等教育主要是从儿童统一的日常经验中分化出各种能力。儿童生活在地理、数学、化学、物理和语言的世界。在儿童经验中已经潜在地有特定的地理、数学、化学、物理和语言的成分，但这仅仅是潜在的，儿童没有明确地意识到它，他不能阐释它，没有客观地认识到它，所以，他不能控制它，不能理智地在实践中运用它。小学教育的过程就是解释的过程，以一种与儿童日常经验相对应的方式确保儿童获得相应的经验，让儿童看到和理解到，并能够理性地运用模糊地缭绕在他的生活中的事物，从而逐渐分化出各种能力，而非孤立地从外部提供大量分门别类的与儿童日常经验不相干的主题。

这要求小学教师同时完成三项任务：第一，深入地掌握主题材料方面的知识。第二，全面地了解每一个儿童的日常经验。第三，以一种与儿童日常经验相对称的方式提供材料。在实践上，任何人都承认，其中的每一项任务都足以耗费教师大量的时间、精力和智力。从教师精力和时间的付出来看，全科教学都是不现实的。换句话说，小学教育，“必须是合作的工作，没有任何人能够在所有方面成为专家，或充分地、准确地掌握全部的事实和材料”。[①]因此，杜威提出了“专家教学”(expert teaching)的概念，认为应该由各个领域的专家合作进行主题教学，而非由一名教师教主题的所有方面。

就此，全科教师主张者马上又提出了异议，认为如果由专家来教，主题的各个方面将得不到很好的整合，每个专家都会不恰当地夸大自身领域，从孤立的视角看待主题，整合的理想烟消云散。

对此，杜威给出了有力的回击：我们当然反对教师作为孤立的个体，但如果

①Dewey，J.Lectures in the Philosophy of Education:1899[M].NY:Random House.1966:171.

认为一个人成为特定领域的专家就会变成不懂合作和不能从其他视角看待主题的怪人,这纯粹是教条式的假设。事实上,生活中的其他部门都存在着智力的劳动分工,这是一个基本的事实。当每一个人都去做他最适合做的事时,这就是最好的合作、统一和协作的机会。它恰恰说明问题的另一个方面,由一个教师教主题的多个方面,不可能获得任何真正的整合。获得整合的唯一方式是认识到"专业化"(specialization)(让专业的人做专业的事,而非外行冒充专家,装模作样),这也是唯一可能的方式,让那些真正具备高级学术成就的人能够进入到小学教育领域,[①]革除传统上小学教育领域"任何人只要会认几个字,会做几道算术题,都可以当小学教师"的乱象,实现杜威一直以来的理想:让那些优秀教师给小学教育带去一直被大学所占有的训练、知识和技能。在杜威的实验学校,实施的正是专家教学。当一些人质疑实验学校的专家教学能否确保整合、完整、和谐的工作时,杜威的回答坚定而又自信:我很高兴地告诉大家,我们的经验表明,没有内在的困难。通过共同贡献于儿童的最优发展,协作的方法达到共同的目的,我们的教师表明,在教育上,如同在商业上一样,通过劳动、兴趣和专长的分工,能够确保最好的合作。每个教师以多元方式服务于共同理想,从而促进和强化理想的实现。

四、杜威思想的深刻启示

尽管全科与分科争论越演越烈,各执一词,互不相让。然而,仔细分析可知,争论双方,消极批判有余而积极建设不足,更多的是一些有关表面效果和现象的批判,却很少有人真正深入分析问题的根源和症结,进而提出解决方法。从根本上看,全科与分科,不是两个问题而是一个问题,其根源在于人们观念和实践上的关于课程与儿童、逻辑与心理以及教师"教什么"和"怎么教"的二元对立。认为分科和全科是内在对立的,这仅仅是迷信。小学教师培养应该是两方面的问

①Dewey, J.The Educational Situation[M].Chicago:the University of Chicago Press.1902:36.

题:如何确保小学教师既掌握“教什么”,又懂得“如何教”。将小学全科和分科教师内在地对立起来,认为它们互不相容,是一种极端的二元论思维。全面地看,全科教师主要强调儿童的问题,忽略了课程的问题,而分科教师则主要强调了课程的问题,忽略了儿童的问题;全科教师强调了教学中的心理的因素而忽略了逻辑的因素,导致全科教学的肤浅、表面;分科教师强调了教学中的逻辑的因素而忽略了心理的因素,导致分科教学的机械、呆板;全科教师强调了“如何教”的问题而忽略了“教什么”的问题,主张师范性更重要;分科教师强调了“教什么”的问题而忽略了“如何教”的问题,主张学术性更重要。实践表明,如果没有被培养好,无论全科还是分科教师,一旦不具备作为一名小学教师应该具备的能力,都是不合格的小学教师。

认为分科和全科的对立是绝对的和内在的而非历史的和社会的,这仅仅是偏见。传统上,我们在小学教师培养中走极端,在分科和全科教师之间做非此即彼的选择。然而,诚如杜威所正确指出的那样,将两者对立起来,从一个极端走向另一个极端,用全科教师替代分科教师,仅仅是在转移问题而非解决问题。因此,小学教师培养应该打破传统的二元论思维,坚持综合的、联系的思维方式,超越全科与分科,在比较分析小学分科和全科教师培养各自优劣的基础上,综合两者的优势,重构小学教师培养理论和模式。

然而,不得不承认,二元论的思维方式仍然占据着小学教师培养领域。一直以来,小学分科与全科教师被认为两相对立、互不相容。与之不同,我们认为问题的核心不在于名称上的姓“全”还是姓“分”,无论全科还是分科教师都应该具备一名真正的小学教师应该具备的核心素养——既在某一领域具备高深学术知识,又掌握对儿童心理的洞察力和解释力,还能够与其他教师合作共同完成特定主题的教学。这意味着无论小学全科教师还是分科教师,他不仅彻底地掌握本学科知识,理解到所教学科与儿童经验和兴趣的关系,在儿童经验整体中的地位,而且能够以这种方式为儿童呈现知识。唯有如此,他才能够敏感地察觉到在

7岁、12岁儿童身上表现出来的思维活动信号，才能够自动地、无意识地判断哪些学科事实和原理能够被特定发展阶段的儿童理解，哪些学科事实和原理是儿童满足当下目的和兴趣所需要的，哪些学科事实和原理最适合用于激发和引导思维活动。当小学教师通过培养获得了这种更高级的思维方法，他就成了一名真正的小学专家教师。只有当小学专家教师获得了这种高级思维方法，他才能够真正意识到什么是真正的智力活动，真正的智力活动意味着什么，才可能在实际行为中而非在口头上尊重儿童思维的整体性和潜能。

总之，问题的关键不是称呼。小学教师培养的正确做法应该是超越全科与分科，将两者结合起来，探索一种更完善的小学教师培养模式。唯有如此，才能从根本上解决小学分科与全科争论，打破长期以来存在于教师教育领域里的理论与实践、儿童与课程、逻辑与心理、学术性与师范性之间的隔离，内在地实现“教什么”和“怎么教”的有机统一。

第五节　农村小学专家教师培养的意义

当前，在我国农村教育的理论界和实践界正在进行着一场激烈的关于全科与分科的争论。这个问题在理论界，在那些专门研究教育理论的学者中尚且没有定论，可想而知，普通老百姓和教育管理者，更是一头雾水。难道这真的是一个没有解的谜题吗，难道我们真的只有跟着直觉走，跟着美国和芬兰走，任凭潮流推着我们随波逐流吗？从性质上看，全科与分科之争，它不仅仅是一个抽象的理论问题，更是一个实践问题，不仅是小学教育的问题，也是教师教育的问题，涉及千千万万的小学生，更涉及如何培养小学教师的重大问题。因此，如何使全科和分科争论明朗化，是一个亟待解决的教师教育理论问题。从本质上看，这个争论表面上看起来是有关教育管理的问题，即一个教师教几个学科的问题，然而，争论背后反映的恰恰是人们在理念和实践上的儿童与课程、逻辑与心理、学术性与师范性之间的二元对立。因此，要从根本上解决这个问题，必须超越全科与分科之争，推行专家教学和培养小学专家教师。

一、分科教师可能提供技巧，而不是教育

因为认识到全科教师不能保证最好的教学效果，于是人们又纷纷开始将希望寄托于分科教师。然而，与人们的乐观不同，杜威却认为："分科教学只是在转移而非解决问题。"①杜威认为，分科（Departmental）是一个不好的表述，代表了学科之间不恰当的隔离，各自为政，因而容易走向过度专门化教学（over-specialized）。比如，手工（或其他分科）教师，如果缺少统一的教育观念，没有整体的视野——他自身的学科是儿童整体经验中的一部分的视野，将自身的工作孤立出来，完全从学科本身出发，教学的开始、结束和中间，其材料和方法完全局限在手工训练内，那么，它可能提供技能，而不是教育。鉴于此，当时的一些有识之士提醒教师：警惕分科教学成为工厂车间流水线生产，每个工人仅仅负责完成鞋子制造的一部分，然后便交给其他工人。实践表明，分科教学的过度专门化使得儿童经验的整合变得困难，教师被迫局限在儿童完整经验的越来越小的片段内，要全面把握儿童经验的整体变得愈益困难。分科教师被放逐到相互隔绝的狭小的知识圈内，使之丧失了广阔的视野，沦为一个匠人的水平。

第一，各学科教师独善其身、各自为政，存在着与其他学科教学隔离的危险，不能很好地实现学科整合，破坏了儿童经验的完整性。比如数学教师可能将自身的工作孤立出来，完全从数学学科本身出发，教学的开始、结束和中间，其材料和方法完全局限在数学学科内。

第二，分科教师对儿童的了解流于片面和零散。由于分科教师仅仅负责本学科的教学工作，对儿童的了解仅仅限于本学科的领域，无法了解儿童对其他学

①Dewey，J.The Educational Situation[M].Chicago:the University of Chicago Press.1902:35.

科的反应，容易对儿童的表现做出错误的判断，导致在儿童问题的解决上武断、偏颇。

第三，分科教学仅仅从本学科出发，以学科知识为目的，忽略儿童需要和兴趣，与儿童日常经验相脱离，武断地从外部提供固定的、现成的材料，强迫儿童接受。不恰当的孤立，使学习过程仅仅成为机械的操练和事实的积累，而非完整生活的一部分，儿童可能积累了大量的知识，但是这些知识没能转化成儿童的品德和行为，成了智力不必要的负担。

二、全科教师的提出不是在解决问题，仅仅是转移问题

分科教学的出现绝对是当下处境的必然要求。杜威认为，反对分科教学有管理方面的原因，然而，全科教学的危害是显而易见的。应当记住，一间教室一个教师，是在延续儿童早期教育的形式主义和无指导的自发性。没有任何一个教师能够充分地回答儿童提出的所有问题，并创设条件，确保其有所成就，为持续的发展提供坚实的基础——尽管一个教师可能允许儿童做他们喜欢做的事，讨好儿童，让儿童为所欲为，或仅仅教传统的、形式化的主题。①

同样地，假设只要我们让师范生什么都学，掌握全部的所教学科，我们就可以获得全科教师，这是错误的。这是因为人的能力是有限的。一个人，如果他的兴趣和能力是全方位的，那么，这种人肯定是人类文明进程中科学、产业和政治领域的伟大领袖而不是在中小学任教。纵使全科教师掌握了十五种不同的学科，却缺少智力组织，对这些学科之间的关系没有明确的认识，没有能力从这种认识为儿童呈现材料，我们仅仅增加负担过重（overburdened）、思维混乱（confused）的教师给负担过重、思维混乱的学生。②

在这种情况下，如若继续推行所谓的全科教师，将会产生一系列不良后果：

第一，可能对儿童的连续发展造成人为的断裂，破坏了学段之间的衔接和顺

①Dewey，J.The School and Society & Child and the Curriculum [M].Chicago:the University of Chicago Press.1991:176.

②Dewey，J.The Educational Situation[M].Chicago:the University of Chicago Press.1902:35.

畅的过渡。当适应全科教学的小学生升入到实施分科教学的中学时，冲突便会出现。我们不能因为分科教学在早期年级的过度使用，便认为儿童不能从多名教师中受益，即便是在一年级。杜威认为，“它仅仅是一个具体的比例问题”。①只是在小学实行全科，而初中、高中和大学又在实行分科，必然导致学段的断层，对儿童而言，造成不必要的思维转换、冲突和适应。

第二，可能给儿童提供片面的甚至是错误的观念。一个教师教主题的所有方面，他可能依据自身的喜好和能力，在他最感兴趣的方面给儿童造成不恰当的强调，却因为缺乏足够的技能水平而模糊甚至是忽略经验的其他方面，从而导致儿童不仅在数量上缺少特定经验，甚至于获得一些来自教师的错误观念，而这些观念恰恰对儿童理解这些主题非常重要。比如，对语文感兴趣的全科教师可能强调语文的重要性，将大部分时间用到语文教学上，而有意无意地忽略或不重视数学和科学教学。

第三，在心理上，基本上不可能有所谓的全科教师。在实践上，任何人都承认，其中的每一个学科都足以耗费教师大量的时间、精力和智力，更何况一个教师要同时负责语文、数学、英语、科学等多个学科。更严重的是，现在，小学班级规模过大，少则六七十人，多则上百人，学生差异性极大，教师要全面地了解每一个儿童，同时还必须掌握所有学科方面的知识，且能够以一种对称的、平衡的方式为儿童设计和开发课程材料，考虑到所有这些任务和要求，所谓的全科教师基本上是神话。

第四，教师可能将个人的喜好和偏见强加给儿童。我们知道，儿童正处于各种习惯形成的时期，他们的反应尤其受到他们看到的其他人对待事物的方式的影响。一个教师教所有学科，儿童受一种习惯和见解的影响，将会无意识地用教师处理事情的方式去评价其他人处理事情的方式，认为教师的方式是唯一可取的，进而排斥和抵制其他的处理事情的方式，造成经验的偏颇和思维的狭隘。而杜威认为，这种独立判断和自我控制的能力无论在道德还是智力发展领域都是

①Dewey, J.Teachers, Leaders, and Schools[M].Carbondale: Southern Illinois University Press.2010: 140.

最不可缺少的成分，这个目的只有在分科教学或者最好说“专家教学”的基础上才能被充分地达成。更重要的是，从教育的本质来看，如果说教育即是生活，为了生活，那么，学校教育应该让儿童接触到不同的教师。儿童在与每个领域的专家接触的过程中将获得思维训练、知识和来自不同专家的独特优点。儿童必须接触更多的成人和儿童，从而获得最自由、最丰富的社会生活。

最后，脱离开教师的教育而谈论儿童的教育，是愚蠢的。正是看到了不合格全科教师和分科教师的危害，杜威提出：要使教学有效，无论是分科教师还是全科教师，除了特定学科知识之外，还必须具备作为教师的健全的（sanity）、训练好的（steadiness）、系统的（system）思维方式。问题是两方面的。真正的小学教师不仅应该知道教什么，而且应该知道如何教。比如，科学分科教师或艺术分科教师可能更好地掌握了教什么，但缺少关系意识，没有意识到这个特定学科与儿童其他经验类型的关系，与他自身个人成长的关系。这样，从全科教师到分科教师，仅仅是从无知表面的教学转换到呆板机械的教学。

三、农村小学专家教师培养的必要性

专家教学超越了全科与分科，推行专家教学，分科和全科之间的冲突便荡然无存，由此所产生的诸多教育问题也就烟消云散。此外，专家教学还具备了一些全科与分科所不具备的独特优势。

第一，小学专家教师之间的交流能够实现对儿童的全面了解。实践表明，分科教师独善其身，与其他学科教师各自为政，对儿童的了解流于片面和零散，容易对儿童的表现做出错误的判断，导致在儿童问题的解决上武断、偏颇。对此，全科教师主张者认为，全科教师有更多的时间与儿童接触，对儿童的了解更全面。然而，事实显示，这种论断是不成立的。全科教师对儿童的了解恰恰容易走向表面和肤浅，仅仅根据一名教师所提供的信息，对儿童的表现做出判断，这种判断肯定是不充分和不全面的，甚至是有偏见的——基于全科教师本人的喜好

和偏见。这恰恰说明了问题的另一方面,只有通过来自不同教师对儿童表现的不同意见和信息,对儿童表现做出的判断才是有充分根据的和可信的,也才能够实现对儿童的全面了解。换句话说,专家教师对儿童的了解并不必然片面,关键在于教师之间是否有充分的沟通和合作。

第二,小学专家教师的合作能够促进儿童经验的扩展和深化。教育即是经验的改造。“学校最有用的事情是让儿童与大量不同的人建立亲密的关系。”[①]然而,全科教师则可能将自己的喜好强加给儿童。一名教师教所有学科对儿童经验和习惯的形成而言,是非常有害的。一些全科教师可能由于自身的喜好不恰当地强调某一学科,另一些全科教师可能由于自身不擅长而不恰当地忽略了某一学科,这样不仅导致儿童经验的残缺和片面,更可能导致儿童获得错误的经验,进而形成对某一学科的错误认识和理解。与此不同,专家教学能够让儿童接触更多不同的教师,充分实现经验的给与取,扩大经验的范围,提升经验的质量。因此,从一开始,就应该安排专门的专家负责专门的学科。这对儿童发展有好处,学校即是社会。如同在家庭一样,儿童在学校也应该可以请教在某一方面有专长的教师以便获得问题的解决,进而扩展和改造经验。

第三,小学专家教师能够正确引导和利用儿童的兴趣。从本质上看,教学有一个心理化的过程。学科知识应该基于儿童的兴趣,从儿童经验的角度进行重新阐释,还原到儿童直接经验,只有将学科知识转化成儿童感兴趣的活动和目的,它才具有起源和意义。科学、历史和艺术等学科知识将真实的儿童呈现给教师。教师的学科知识可以帮助他们正确地认识和评估儿童的兴趣,提供标准,揭示儿童兴趣的可能性,让教师看到表面冲动和自发反应的意义,帮助他正确地解释和引导儿童的需要和行为。除非教师对所教学科领域具备高级的、彻底的、专门的知识和对儿童心理的洞察力,儿童的兴趣将不能被充分地利用和引导。当然,没有这个知识和能力,儿童的兴趣也可能得到暂时的满足,但它不可能有所成就,或者像分科教师那样,无视、忽视兴趣,兴趣得不到利用,慢慢消失殆尽,或

①Dewey,J.The School and Society & Child and the Curriculum [M].Chicago:the University of Chicago Press.1991:175.

者像全科教师那样，纵容、迁就兴趣，使兴趣一无所获、一事无成。

第四，小学专家教师能够共同强化和巩固儿童专家思维的形成。在当今这样一个分工越来越细，知识越来越分化的时代，学有专长、术业有专攻，是个人服务于社会的最好方式。教育的最终目的在于培养各行各业的专家，形成专家思维，让他们各尽所能，为社会做出独特贡献。要培养专家肯定需要专家教师。对于儿童专家思维的形成，不同的专家教不同的学科，能够以不同的方式起到更有力的强化和巩固效果。心理学研究发现，一个人的行为往往是对某一个人或某一些人有意无意提供的刺激的反应。从教师的视角来看，每一个儿童表现出来的习惯是儿童对某个教师或某些教师提供的刺激的反应。对教师而言，最重要的事情就是，他自身作为一个人的态度和习惯——说话和做事的方式如何能够促进或抑制儿童一些特定思维习惯的形成。专家教师不仅具备高深的学术知识和专家思维，而且具有强烈的探究欲望和兴趣，他能够将这种智力兴趣和思维方式在潜移默化中感染和传递给儿童。名师出高徒，具有正确的心理学依据。众所周知，儿童的模仿性和可塑性很强，教师看待和处理事情的方式和方法往往会耳濡目染地影响和形成儿童看待和处理事情的方式和方法。在全科教学的情况下，儿童每天仅与一名教师接触，教师更容易将自身的为人处世的方式通过内隐或外显的方式传递给儿童。显然，这种处境对于儿童正确智力和思维习惯的形成非常不利。总之，在缺少专家思维和工作模式可供模仿和学习的情况下，儿童获得的将是散漫和马虎的工作习惯和思维方式。

第五，专家教师之间的有效合作能够为儿童示范如何进行合作。当前世界各国教育都在强调培养小学生的合作能力。如果教师之间缺乏合作，却又要求儿童学会合作，这是不现实的。除非它首先在前者发生作用，否则，它不可能运用到后者。一名真正的小学专家教师，不仅对某一领域具有强烈的热爱和具备高级学问，而且能够与其他专家教师进行有效合作。围绕共同的目的和理念，通过充分的交流和沟通，共同促进每一个儿童的健康发展。在小学专家教学中，尽管不同的专家是在完成不同的活动，教不同的学科，却都是在教育，分享共同的观念和理想，完成共同的目标。这种来自实践中的活生生的合作案例是儿童学会合作的生动教材，比任何的说教都来得更真实、更有效。学校是一个社会机构，与商业和医学一样，在教育领域，专家之间的合作应该成为常态，相信在不久的将来也肯定会成为常态，因为它对教师的教和学生的学都有利。

总之，小学专家教师及其培养对小学教育和儿童发展具有重要意义。小学专家教师作为未来小学教师类型，超越了全科与分科，内在地汲取了两者的优点而有力地避免了两者的弱点。推行专家教学是唯一确保高级学者和专家进入到小学教育领域的方式。革除传统小学教育领域里“什么人都可以当小学教师”的乱象，让那些真正的专家教师给小学教育和小学生带去一直被大学所垄断的知识、技能和训练。

第六节　农村小学专家教师的本质特征

小学专家教师指的是，在某一领域具备高深学术知识，又掌握对儿童心理的洞察力和解释力，还能够与其他专家教师合作共同完成特定主题教学任务的小学教师。小学专家教师作为未来小学教师类型，超越了分科教师与全科教师，既掌握高级学术知识，又具备心理洞察力，既理解课程的种族表达，又了解儿童的经验和兴趣，既理解“教什么”，又懂得“如何教”，内在地实现了儿童与课程、逻辑与心理、学术性与师范性的有机统一。从一个极端走向另一个极端，用全科教师替代分科教师，仅仅是转移问题而非解决问题，从一种无知的、肤浅的教学转移到另一种机械的、片面的教学。问题不是全部推翻，关键在于撇开分科与全科之争，推行专家教学和培养小学专家教师。

一、小学专家教师既具备高级学术知识，又获得充分心理学训练

一名真正的小学教师应该同时具备充分的学术知识和心理学训练，它们是正确引导和利用儿童兴趣的必要条件。教学的问题是让儿童经验进入到专家已知的方向，所以，教师不仅需要掌握学科材料的知识，还需要了解学生的需要和兴趣。教师不应该专注于学科本身，而应该专注于儿童需要和能力与学科材料的互动。仅仅占有知识还不够，孤立地看，学科知识对教师的教学反而有害。教师不同于学者，应该有兴趣和能力跟踪他人的思维反应，观察儿童的思维活动，觉察到儿童对材料的思维反应信号，提供相关的学科事实和原理，引导儿童的思维向着健康的方向发展。教师需要了解学科知识，但他的注意力应该放在儿童对待学科知识的态度和反应上。换句话说，理解儿童思维与材料的互动是教师的主要任务。教育有两个方面，一个是儿童的，一个是课程的，教学的过程就是将这两个方面有机地统一起来。教学的问题是让儿童经验进入到成人经验，帮助他们成为有效的社会成员。所以教师不仅需要掌握高级的（advanced）、完全的（thorough）、专门的（specialized）学科知识，还应该持续地、仔细地观察儿童兴趣，了解儿童的已有经验和能力。然而，分科教师和全科教师分别强调了儿童与课程的一个方面，导致儿童的兴趣不能很好地得到引导和利用。

一方面，分科教学主要强调了课程的问题，忽略了儿童的问题。他们认为，学科知识的学习是主要的，儿童必须掌握成人的知识，为将来做准备。于是，把成人知识平均分成若干份，分配到不同的年级，让儿童一年一年地、一点一点地逐渐掌握这些知识，每一个年级分别学习其中的一部分，到毕业时，儿童就能够把所有成人的知识全部学会。唯一的区别就是，容易的知识被放到低年级，难一点儿的知识被放到高年级。然而，缺乏对儿童心理倾向和活动的洞察力，教育过程必然是偶然的和武断的。心理学研究表明，兴趣是正在形成的能力的信号和表征。因此，持续地、仔细地观察儿童的兴趣是教师最重要的工作。被观察到的兴趣是儿童已经达到的发展阶段的表现，它预示着将要来临的阶段，是教师教学

可以利用的宝贵资源。儿童的兴趣和经验是教学的起点和出发点,教师只有连续地、用心地观察儿童的兴趣,才能够进入到儿童生活中,了解它为什么做好了准备,开发哪些材料有益于兴趣的发展。

另一方面,全科教学主要强调儿童的问题,忽略了课程的问题。在实质上,兴趣是对可能经验的态度,而不是现成的成就。它仅仅是可以利用的工具,存在于儿童身上教师可以利用的教育资源。利用儿童的兴趣就不需要教师煞费苦心地从外部提供一些教学技巧和花招吸引儿童的注意。然而,儿童的兴趣仅仅是起点而非终点。在不考虑儿童自身兴趣的情况下,强迫儿童接受成人为他们提供的现成的学科知识,是有害的。将兴趣作为最后的目的和结果同样是有害的,应该将兴趣作为起点和线索,作为杠杆将儿童引导到理想的方向上。这样的结果便是,过度刺激,导致儿童分心,片面地迎合、放纵和讨好儿童一时的兴趣,牺牲长远的、持久的发展。与成人专门、持久的兴趣不同,儿童的兴趣往往很具体化、很短暂,通常是对石头、树和动物感兴趣。教师的学科知识可以帮助他们正确地认识和评估儿童的兴趣,提供标准,揭示儿童兴趣的可能性,让教师看到表面冲动和自发反应的意义,帮助他们正确地解释和引导儿童的需要和行为。除非教师对所教学科领域有高级的、完全的、专门的知识,儿童的兴趣将不能被充分地利用和引导。当然,没有这个知识,儿童的兴趣也可能得到暂时的满足,但它不可能有所成就。

教师越了解音乐就越能够看到儿童初期音乐冲动的可能性。[①]一名真正的小学教师应该同时具备充分的学术知识和心理学训练,既要认识到兴趣的价值,又要认识到高级的、充分的、专门的学科知识的价值。换句话说,要最大限度地利用儿童的兴趣,即使是年龄非常小的幼儿所表现出来的兴趣,也需要教师具备足够的学术知识。除非教师理智地、彻底地了解体现在课程中的种族表达,他既不知道儿童现在的能力是什么,有何价值,也不知道如何表达、训练和实现它。因此,对于教师而言,整个自然界的科学知识都不足以解释儿童对光和形状的冲

①Archambault, R.D.John Dewey on Edcuaition[M].Chicago:the University of Chicago Press, 1974:361.

动的意义，整个物理科学都不足以为我们充分解释到底什么包括在儿童要求我们解释的一些吸收他注意的偶然变化之中，整个艺术内涵也不足以让我们评价儿童在绘画和涂鸦中产生的冲动。在本质上，教师的学科知识将帮助他们解释和评价儿童当下的表现，在更大的生长过程中它们应有的地位，只有这样我们才能区别那些代表正在形成的能力的信号和那些代表正在逐渐退化的能力的信号。教师具备高级的、彻底的、专门的学术知识，他就能够从一开始看到儿童兴趣的可能结果和目的，也才能够更有效地引导和利用儿童的兴趣。一旦教师缺乏专门的、高级的、完全的学术知识，将儿童现在的倾向、兴趣和经验从整个发展过程中孤立出来，仅仅看到现在，不了解它在儿童长远发展中的价值，不理解它在种族持续进化过程中的意义，那么，儿童所有的倾向和冲动将处于同样的水平——同样的好，也同样的坏。

二、小学专家教师既理解课程的种族表达，又了解儿童的经验和兴趣

毋庸讳言，当前小学教学的最大危害在于教学中逻辑与心理的对立。从儿童经验的本质来看，逻辑的即是心理的，心理的即是逻辑的，逻辑的并不注定反对心理的，心理的也并不必然对抗逻辑的。儿童来到学校的目的不是要学习与生活不相干的东西，而是概要地复现他们校外经验的典型方面，扩大、丰富和逐渐阐释它。孤立是不必要的，也是有害的。教学有一个心理化的过程，学科材料需要从儿童经验的角度重新进行阐释，还原到儿童直接经验，只有将学科知识转化成儿童的直接的个人经历，学科材料才具有起源和意义。算术、地理、语文和科学本身即是经验，它们是种族经验，体现了人类种族世代努力的成果。教学的过程就是从儿童日常经验通达种族经验的过程。事实上，在儿童日常经验中已经潜在地存在着特定的地理、数学、化学、物理和语言的成分，但这仅仅是潜在的，儿童没有明确地意识到它，不能阐释它，没有客观地认识到它，所以，他不能

控制它,不能理智地在实践中运用它。小学教育的功能就在于,以一种与儿童日常经验相对应的方式确保儿童获得相应的学科知识,让儿童看到和理解到,并能够理性地运用那些模糊缭绕在他生活中的事物,从而逐渐分化出各种能力,而非孤立地从外部提供大量分门别类的与儿童日常经验不相干的学科知识。儿童年龄越小,越应该保持教学与儿童日常生活经验的联结。比如,地理的学习,仅仅强调和澄清儿童在周围环境中以模糊的、不系统的方式意识到的东西,而非在脱离日常经验的情况下,以一种外在的方式提供给儿童,作为孤立的学习。儿童对纯粹外在的事情不感兴趣。学习地理事实和原理没有任何心理意义,除非儿童看到这些事实和原理进入并在他自身的生活中起作用。然而,分科教师和全科教师分别强调了逻辑与心理的一个方面,导致儿童经验不能成功地通达种族经验。

一方面,全科教师强调了教学中的心理的因素而忽略了逻辑的因素,导致全科教学肤浅、表面,走向放任自流。全科教师可能察觉到儿童兴趣表现出来的思维信号,但是,由于不充分的学科知识,他不知道如何利用儿童的兴趣,仅仅使儿童的兴趣停留于表面,或者纵容、迁就儿童的兴趣,或者用暂时的、外在的兴趣替代长远的、有价值的兴趣,或者以儿童兴趣之名,使教学沦为消遣和娱乐,或者仅仅教一些传统的读写算的机械技能。

另一方面,分科教师强调了教学中的逻辑的因素而忽略了心理的因素,导致分科教学的机械、呆板。它提供技能,而不是教育。武断地从外部提供固定的、现成的学科知识,强迫儿童接受,它脱离于儿童的日常经验,儿童没有内在兴趣和动机。心理学研究表明,儿童对他们需要了解的东西感兴趣。他的兴趣和他的需要是一致的,否则,他便存活不了。如果教学是教育性的,促进全面发展和对品行产生影响,知识必须成长于日常经验背景和在日常经验中得到运用。一旦学习不是纯粹外在的,儿童认识和感受到它们与日常生活的关系,那么,学习的最大吸引力和全部意义才能被确保。地理不仅是一堆事实和原则,它也是一种真实的个体感受和思考世界的方式。先有后者才有前者,前者是后者的完成。必须发现,在儿童日常经验内什么可以称为地理(知识)。问题不是如何教儿童地理,首要的问题是,对儿童而言,地理是什么。分科教学太专门化、太片面化、太狭隘化,不恰当的孤立,导致学习过程成为机械的操练和纯粹事实的积累,而非完整生活的一部分,与日常经验无关,不影响品德和行为。

因此,将学习与生活结合,儿童的学习自然是统一的,不再有学科整合的问题。这就是说,通过全科教学来实现课程整合的想法是错误的。它仅仅是形式的、外部的整合而非心理的、经验的和思维的整合。主要的事情是找到重要的起作用的冲动和兴趣,自然地将各种经验整合起来。任何地方,只要它起作用,它将抓住任何相关的材料,忽略不相关的,结合所有的材料成为连续的、和谐的整体。这应该成为小学教育工作的背景,成为学科整合的基础。因此,小学专家教师的第一件事就是,找出在儿童日常经验中哪些东西与教学有关,对特定发展阶段的儿童而言,他们所能理解和所需要的事实和原理有哪些。第二件事就是考虑如何以最好的方式提供环境和刺激使两者有效地联结起来,以最有效的方式实现儿童日常经验向成人经验的过渡。完成这两项任务,依赖教师以一种联系的和发展的方式看待和处理学科知识,不仅需要深入了解课程中的种族表达,而且需要对儿童的兴趣和日常经验有充分的了解,使学科知识的引入不是孤立的而是作为儿童自身经验的生长物,从而内在地实现逻辑与心理的统一。

三、小学专家教师培养既重视教什么,又重视如何教

脱离开教师的教育而谈儿童的教育,是愚蠢的。[①]要从根本上解决全科和分科教学中存在着的儿童与课程、逻辑与心理的二元对立,关键在于完善小学教师培养,帮助小学教师既知道教什么,又知道如何教,实现学术性与师范性的统一。

众所周知,教什么和如何教、学术性和师范性的不恰当隔离体现了当前教师

①Dewey,J.The Educational Situation[M].Chicago: the University of Chicago Press.1902:37.

教育中最严重的问题。在师范生培养过程中，大学和教育学院在教什么和怎么教的问题上，独善其身、各自为政，学术性和师范性的统一烟消云散。师范生学习怎么教，独立于学习教什么，材料和方法隔离，学科知识的获得与教学方法的掌握无关，教学方法的掌握脱离于学科知识的学习。在本质上，方法与材料是内在统一的。方法存在于材料之中。正如杜威（Dewey，J.）所说，在教学法出现以前就已经有好教师存在。学术知识本身就是培养教师最有效的工具。[①]一个人在缺乏充分的教什么的知识的情况下可以学会如何教，是不可能的。同样地，一个人在充分掌握了教什么的情况下还需要花大量时间去学习如何教的问题，是滑稽的。因此，小学专家教师的培养不仅应该解决教什么的问题，帮助师范生掌握高级的、完全的、专门的学科知识，还应该解决如何教的问题，帮助师范生理解所教学科与儿童经验和兴趣的关系，认识到所教学科在儿童经验整体中的地位，而且能够以这种方式为儿童呈现学科知识。换句话说，学科专家不一定是好的小学教师，而好的小学教师肯定是学科专家。

一方面，全科教师培养强调了如何教的问题而忽略了教什么的问题，主张师范性更重要。认为小学教学内容浅显，不需要高深的学科知识，只要掌握一些现成的教学技巧和方法就能完全胜任小学教学工作。然而，理论和实践都表明，这种想法和做法是天真的。从心理学的角度来看，学习的过程需要经由教师而通达学生。学科知识本身没有魔法，像爱丽丝穿越镜子一样，从教师的头脑直接进入儿童的头脑。儿童对课程材料的认识和理解依赖于教师的认识和理解。通过教师，包含在课程里的内容才能进入儿童的思维。如果教师对学科材料的理解是充分的、全面的，那么，儿童对学科材料的理解也才是充分的、全面的，如果教师的理解是机械的、片面的、肤浅的，那么，儿童的理解肯定也是机械的、片面的、肤浅的。要提高儿童对学科材料的理解程度，而又不考虑教师个人对学科材料的理解，是自欺欺人的。如果教师对学科没有充分的个人理解和情感，那么，教

①Dewey，J.The Relation of Theory to Practice in the Education of Teachers[M].Illinois: Public School Publishing Company, 1927.21.

师的教学只可能是消遣娱乐或技巧炫耀。因此,小学专家教师的培养应该注重教什么的问题,确保小学教师获得高级的、完全的、专门的学术知识。

然而,在传统分科教师的培养中,师范生学科知识的学习在目的和方法上是错误的。在脱离如何教的学习的情况下,孤立地、自足地进行教什么的学习。理论和实践表明,学科知识的学习不是要帮助师范生获得高的学历和深的知识,而是要形成一种思维习惯,将整个课程作为持续发展的过程,反映种族成就和思维成长本身,从而连续地而非断裂地看待和处理小学课程。名称的多样性往往掩盖了意义的统一性。事实上,提供给师范生的学科知识,包括数学、历史、文学和科学等都是基于特定思维方法被选择和组织起来的体系,而非杂乱无章、零散破碎的知识堆积,它们来自同一棵人类智慧之树,是人类种族世代努力的成果和思维发展的产物。因此,在方法上,师范生的学科知识教学不应该以纯粹的事实和原理呈现,而应该将学科知识还原到它们共同的心理根基,帮助师范生从它的教育价值和运用的视角掌握学科知识,让师范生看到和感受到学科知识的学习是人类思维活动的重要体现——思维活动使经验的原材料马上满足和刺激思维发展的需要。这就是说,在小学专家教师的培养过程中,无论是数学、文学、科学、艺术还是其他学科,都应该让师范生看到并感受到这些学科作为人类思维活动的客观体现,认识到它们不是技术方法的产物,而是代表基本的思维态度和活动,它是人类的思维训练,从而有效控制自然的态度、冲动和反应。所以,教师若在未来从事小学教育,非常需要这种训练。否则,在小学教育中,仅仅根据考试成绩武断地将儿童划分等级的做法,仍然将继续下去。

另一方面,分科教师培养强调了教什么的问题而忽略了如何教的问题,主张学术性更重要。在分科教师的培养中,师范生更好地掌握了教什么的知识,却欠缺了如何教的能力。仅仅从本学科出发,将所教学科孤立起来,看不到所教学科与其他学科之间的关系,不了解所教学科与儿童兴趣和经验之间的联结,导致产生过度专门化的教学现象。如同生产流水线上的工人,不同工作之间缺乏联系,互不相干，只管完成鞋子的某一部分，然后交给下一位工人，既不知道自身工作在整个工作中的意义，也不知道别人在干些什么。

然而，在当下全科教师的培养中，师范生教学法的学习在目的和方法上是错误的。学习如何教是在独立于学习教什么的情况下进行的，要求师范生积累一些他人现成的教学方法和技巧，希望它们能够在将来的教学中发挥作用。事实上，这种想法和做法是无效的。方法与材料紧密相关，方法从来不是在材料之外。方法是学科材料的心理化，使它与儿童兴趣相结合。对教师而言，方法的作用在于，将学科知识重新进行阐释，用儿童日常经验的语言表述出来，以至于它能够被吸收和整合到儿童自身经验之中。从本质上看，呈现和处理学科材料的方法内在于儿童的兴趣和经验之中。方法问题最终是一个经验转化的问题——儿童的粗浅的经验形式如何能够以最小阻力和最有效的方式发展为最丰富的、最成熟的经验形式。反之，在脱离儿童日常经验的情况下，希望通过一些外部的教学技巧和花招，让儿童接受教师提供给他们的现成的学科知识，永远不可能成功。换句话说，儿童思维发展需要什么事实和原理，教师就应该为他们提供什么事实和原理，而非教师一厢情愿地将自认为有用的事实和原理灌输给儿童，强迫他们接受。你可以将马牵到河边，但你不可能强迫它喝水。并且，心理学研究也表明，通过这种孤立的方式获得的教学方法和技巧不可能被灵活地运用到变化了的教学环境中，反而以牺牲师范生的持续发展为代价。由此可知，在目的上，师范生教学法的学习不是要去复制和积累一些将来用得上的教学技巧，而是要获得一种高级思维方式——建立一种关系意识，认识到儿童思维发展与学科知识提供之间的联结，运用学科知识作为判断、选择和组织环境的标准，进而引导儿童已有经验进入到新的领域，激发新的观察和探究。换句话说，教师最重要的责任在于引导儿童的思维活动，必须首先了解这个思维活动然后才能去引导。而如何了解儿童的思维活动依赖于教师的心理观察和解释能力——能够跟踪儿童的思维活动，洞察到思维活动出现和消失的信息，知道如何激发和维持思维活动，如何通过获得的结果检验思维活动，又通过思维活动检验获得的结果。它标志着洞察灵魂活动的能力，能辨别真、假思维活动(有能力推进前者而防止后者)。因此，在方法上，师范生教学法的学习不应该脱离学科知识，熟记一些教材上他人提出的心理学和教育学原理和原则，了解历史上不同心理学派、教育学派和心理学家、教育学家的主张，积累一大堆将来可能派得上用场的教学方法和技巧，而应该形成一种心理洞察和解释能力，获得一种高级思维方式——理解材料与方法之间的互动，及时地判断在特定时间里特定儿童需要哪些学科知识和材料，从而保持它的思维向着有效的、健康的方向发展。它意味着师范生养成一种思维方式，习惯于从学科知识与思维反应的关系看待学科知识。唯有如此，他才能够敏感地察觉到在4岁、16岁儿童身上表现出来的思维活动信号，才能够自动地、无意识地判断哪些学科事实和原理能够被特定发展阶段的儿童理解，哪些学科事实和原理是儿童满足当下目的和兴趣所需要的，哪些学科事实和原理最适合引出和引导思维活动向更有成效的方向发展。仅仅当小学教师通过培养获得了这种更高级的思维方法时，他才能够真正意识到什么是真正的智力活动，真正的智力活动意味着什么，才可能在实际行为中而非在口头上尊重儿童思维的整体性和潜能。

结 语

教育儿童的问题是世界上最复杂也是最困难的问题之一。农村留守儿童出生在农村，生长在农村，这是无法回避的事实。然而，实事求是地看，在农村，物质产品的增长已经远远走到农村精神文化增长前面去了。换句话说，农民在享受到物质文明的同时，其本身的精神文化素养还滞后于物质文化的发展，有待提高。一些农民用上了手机和电脑，其思想和观念仍然停留在农业文明时代，迷信、无知、醉酒、打架、赌博和粗俗的习惯还时常出现在农村。这些都时刻对农村留守儿童造成潜移默化的影响。国外权威研究发现，影响学生学术成就最主要的因素不是教师和教学，而是学生的家庭背景及来自不同家庭的学生的相互交往。造成学生成绩差异的最大原因也不是学校的教学材料、设备、课程和教学法，而是学生的家长是否受过良好的教育等。①

如果我们拿城市和农村拥有书籍的情况比较一下，拿城市家长和农村家长用到孩子身上的教育费用和精力投入比较一下，拿城市人均读书数和农村比较一下，其结果是令人沮丧的。如果我们再思考一下，受过高等教育的人有多少留在农业生产上和有多少留在城市里，这种比较的结果同样令人悲观。从农村出来考上大学的年轻人，至少90%以上成了城市居民，永远离开了农村。如果细想一下，就会发现这种现象不仅包含着某种令人担忧的东西，而且包含着某种危险信号。如果出生在农村的优秀青年都不愿意留在农村，继续离开农村，那么农村的前景就可想而知了，农业生产的发展必将有一天陷入停滞，农村的时代发展就只能是水中月、镜中花了。因此，农村留守儿童的成长不仅是农村家庭的个人事情，而且关系到我们整个农村社会的持续发展，关系到以农业为根基的城市的持续发展，关系到整个社会的和谐发展。

我们应当培养好农村孩子，使他们不仅在智力上学会思考，理性生活，还要

①[美]约翰·I.古得莱得.一个称作学校的地方[M].苏智欣，等译.上海:华东师范大学出版社，2006:4.

在情感上和道德上热爱劳动和尊重劳动人民，以及积极有为、奋发上进，让他们用他们的聪明才智和双手去改变农村、改进农村——一个生他、养他的地方，用科学的方法去征服自然，在为农村提高物质生产水平的同时，给农村注入科学的力量、社会的精神和艺术的气质。

谁来完成这一时代任务呢？肯定是农村学校，也只有农村学校，有这个能力去完成这项神圣而又伟大的使命。而农村教师则应该一马当先，当好领航员和设计师。

杰斐逊(Jefferson，T.)曾说：我四处寻找希望之光，教育成了最可靠的来源，它可以培养美德和增进人类的幸福。杜威也说，教育是社会进步和社会改革的基本方法。仅仅依赖法律的制定，或是惩罚的威胁，或仅仅依赖改变外在的制度，都是暂时性的和无效的。但是通过教育，社会却能够明确自己的目的，能够组织方法和手段，有效地朝着它所希望的方向前进。然而，教育既可以向前看，也可以向后看。在静止的社会，教育的目的在于保存已有的习俗，但是，在一个进步的社会，教育不仅代表儿童和年轻人的未来发展而且代表将由儿童构成的未来社会。通过教育，我们可以主动设计环境，使年轻一代形成更好的思维和行为习惯，使未来的社会比现在更好，而非一代一代地延续传统习俗，无所作为，或受外界环境支配无能为力。我们千万要记住：儿童是人类的未来。社会的明天寄托在儿童的身上，今天的儿童就是明天的社会，明天的社会怎样就在于我们在多大程度上把他们教育好——满足每一个儿童，包括农村留守儿童的身体、情感、智力、社会、道德和审美等多方面的需要，充分开发每一个孩子的潜能，使他们都能够各尽其才，获得平等的成功的机会，将自己的聪明才智贡献于社会，不论这个孩子出生在农村还是城市，不管他在将来可能从事什么样的职业——农民、清洁工、艺术家、工程师、科学家或医生。

参考文献

中文文献

1.[美]约翰·杜威.学校与社会·明日之学校[M].赵祥麟,等译.北京:人民教育出版社,2005.

2.[美]约翰·杜威.民主主义与教育[M].王承绪译.北京:人民教育出版社,2001.

3.[美]约翰·D.布兰思福特,等编著.人是如何学习的:大脑、心理、经验及学校(扩展版)[M].程可拉,等译.上海:华东师范大学出版社,2013.

4.[美]约翰·I.古得莱得.一个称作学校的地方[M].苏智欣,等译.上海:华东师范大学出版社,2006.

5.[美]罗尔斯.正义论[M].何怀宏,等译.北京:中国社会科学出版社,2009.

6.[美]波伊尔.基础学校——一个学习化的社区大家庭[M]//吕达,周满生.当代外国教育改革著名文献(美国卷·第四册).北京:人民教育出版社,2004.

7.[美]阿尔文斯·托夫勒.第三次浪潮[M].黄明坚译.北京:中信出版社,2006.

8.[美]詹姆斯·科尔曼.教育机会均等的观念[M]//张人杰主编.国外教育社会学基本文选(修订版).上海:华东师范大学出版社,2009.

9.[美]贝内特.关于美国教育改革的报告[M]//吕达,周满生.当代外国教育改革著名文献(美国卷·第一册).北京:人民教育出版社,2004.

10.[美]爱因斯坦.爱因斯坦晚年文集[M].方在庆,等译.北京:北京大学出版社,2008.

11.[美]劳伦斯·A.克雷明.美国教育史2 建国初期的历程1783—1876[M].洪成文,等译.北京:北京师范大学出版社,2002.

12.[美]劳伦斯·A.克雷明.美国教育史3 城市化时期的历程1876—1980[M].朱旭东,等译.北京:北京师范大学出版社,2002.

13.[美]班克斯.文化多样性与教育:基本原理、课程与教学[M].荀渊译,上海:华东师范大学出版社,2010.

14.[美]杜威."自动"的真义[M]//袁刚,孙家祥,任丙强编,民治主义与现代社会:杜威在华演讲集.北京:北京大学出版社,2004.

15.[美]尼古拉斯·M.米凯利,戴维·李·凯泽.为了民主和社会公正的教师教育[M].任友群,等译.上海:华东师范大学出版社,2009.

16.[苏]克鲁普斯卡雅.克鲁普斯卡雅教育文选(上卷)[M].卫道治,译.北京:人民教育出版社,2006.

17.吴式颖,等.马卡连柯教育文集(下卷)[M].北京:人民教育出版社,2005.

18.[苏]阿莫纳什维利.孩子们,你们生活得怎样?[M].朱佩荣,高文,译.北京:教育科学出版社,2005.

19.[苏]阿莫纳什维利.孩子们,你们好![M].朱佩荣,译,北京:教育科学出版社,2005.

20.滕大春.美国教育史第2版[M].北京:人民教育出版社,2001.

21.[苏]苏霍姆林斯基.把整个心灵献给孩子[M].唐其慈,等译.天津:天津人民出版社.1981.

22.[苏]苏霍姆林斯基.给教师的建议[M].杜殿坤,编译.北京:教育科学出版社.1984.

23.[苏]苏霍姆林斯基.帕夫雷什中学[M].赵玮,等译.北京:教育科学出版社.1983.

24.郑文樾.乌申斯基教育文选[M].北京:人民教育出版社,2007.

25.[英]怀特海.教育的目的[M].庄莲平,王立中,译.上海:文汇出版社,2012.

26.[法]卢梭.爱弥尔[M].李平沤,译.北京:商务出版社,1982.

27.[德]福禄培尔.人的教育[M].孙祖复,译.北京:人民教育出版社,1991.

28.[意]蒙台梭利.蒙台梭利幼儿教育科学方法[M].任代文,译.北京:人民教育出版社,2001.

29.[瑞典]托尔斯顿·胡森.平等——学校和社会政策的目标[M]//张人杰主编.国外教育社会学基本文选.上海:华东师范大学出版社,2009.

30.[加]迈克尔·富兰.变革的力量:深度变革[M].中央教育科学研究所,加拿大多伦多国际学院,译,北京:教育科学出版社,2004.

31.[加]迈克尔·富兰.变革的力量:续集[M].中央教育科学研究所,加拿大多伦多国际学院,译,北京:教育科学出版社,2004.

32.[加]克里夫·贝克.优化学校教育:一种价值的观点[M].戚万学,等译,上海:华东师范大学出版社,2003.

33.[奥]阿尔弗雷德·阿德勒.儿童的人格教育[M].彭正梅,彭莉莉,译,上海:上海人民出版社,2006.

34.[伊朗]S.拉塞克,[罗马尼亚]G.维迪努.从现在到2000年教育内容发展的全球展望[M].马胜利,等译.北京:教育科学出版社,1992.

35.联合国教科文组织.教育——财富蕴藏其中[M].联合国教科文组织总部中文科,译.北京:教育科学出版社,1996.

36.联合国教科文组织国际教育发展委员会.学会生存:教育世界的今天和明天[M].华东师范大学比较教育研究所,译.北京:教育科学出版社,1996.

37.胡晓风.陶行知教育文集[M].成都:四川教育出版社,2007.

38.石中英.知识转型与教育变革[M].北京:教育科学出版社,2001.

39.晏阳初.平民教育与乡村建设运动[M].北京:商务印书馆,2014.

40.方明.陶行知教育名篇[M].北京:教育科学出版社,2005.

外文文献

1.Dewey, J.Schools of Tomorrow[M].NY:E.P.Dutton & Company, 1915.

2.Dewey, J.My Pedagogic Creed[M]. Chicago:The University of Chicago Press, 1964.

3.Dewey, J.The School as a Means of Developing a Social Consciousness and Social Ideals in Children[J].The Journal of Social Forces.1923, 1(5):513–517.

4.Dewey, J.The School and Society & Child and the Curriculum [M].Chicago:the University of Chicago Press.1991.

5.Dewey, J. Monastery, Bargain Counter, or Laboratory in Education [M]//Simpson, D.J. Teachers, Leaders, and Schools. Carbondale: Southern Illinois University Press.2010.

6.Dewey, J. American Education and Culture[M]//Archambault, R.D. John Dewey on Education. Chicago: the University of Chicago Press, 1974.

7.Dewey, J. The Economic Situation: A Challenge to Education[A]. Boydston, J. A. The Collected Works of John Dewey: Volume 6:1931–1932[C]. The Board of Trustees: Southern Illinois University Press.1985.

8.Dewey, J. Democracy in Education[A]. Boydston, J.A. The Collected Works of John Dewey: Volume 6:1903–1906[C].Carbondale and Edwardsville: Southern Illinois University Press.1977.

9.Dewey, J.The bearings of Pragmatism upon Education[A]. Boydston, J.A. The Collected Works of John Dewey: Volume 4:1907–1909[C]. Carbondale and Edwardsville: Southern Illinois University Press.1977.

10.Dewey, J.Democracy and Education[M].VA:Wilder Publication, 1916.

11. Dewey, J. Lectures in the Philosophy of Education: 1899[M]. NY: Random House.1966.

12. Dewey, J. Teachers, Leaders, and Schools[M]. Carbondale: Southern Illinois University Press.2010.

13.Dewey, J.The Relation of Theory to Practice in the Education of Teachers[M]. Illinois: Public School Publishing Company, 1927.

14.Dewey, J. The Educational Situation [M].Chicago: the University of Chicago Press.1902.

15.Coleman, J.S.Families and Schools[J].Educational Researcher, 1987, 16(6): 32-38.

16. Ausubel, D.P.Educational Psychology: A Cognitive View[M].Holt, Rinehart and Winston, 1978.

17. Archambault, R.D.John Dewey on Edcuaition[M].Chicago:the University of Chicago Press, 1974.

18.Noguera, P., Darling-Hammond, L., Friedlaender, D. Equal Opportunity for Deeper Learning[R].Jobs for the Future:Deeper Learning Research Series.2015.

19.Boydston, J.A.The Collected Works of John Dewey:Volume 5[M].Southern Illinois University: The Board of Trustees.1972.